2012

中国社会科学权威报告系列
The authority reports of Chinese Social Sciences

2012
中国可持续消费研究报告

RESEARCH REPORT ON
CHINA SUSTAINABLE CONSUMPTION 2012

姜天波 钟宏武 张蒽 许英杰 孙青春 等著

经济管理出版社
ECONOMY & MANAGEMENT PUBLISHING HOUSE

图书在版编目（CIP）数据

中国可持续消费研究报告.2012/姜天波等著.—北京：经济管理出版社，2013.1
ISBN 978-7-5096-2305-3

Ⅰ.①中… Ⅱ.①姜… Ⅲ.①消费经济学—研究报告—中国—2012 Ⅳ.①F126.1

中国版本图书馆CIP数据核字（2013）第014385号

组稿编辑：陈　力
责任编辑：杨国强
责任印制：木　易
责任校对：熊兰华　超　凡

出版发行：经济管理出版社
（北京市海淀区北蜂窝8号中雅大厦A座11层　100038）

网　　　址：www.E-mp.com.cn
电　　　话：（010）51915602
印　　　刷：北京银祥印刷厂
经　　　销：新华书店
开　　　本：720mm×1000mm/16
印　　　张：14
字　　　数：227千字
版　　　次：2013年1月第1版　2013年1月第1次印刷
书　　　号：ISBN 978-7-5096-2305-3
定　　　价：48.00元

·版权所有　翻印必究·

凡购本社图书，如有印装错误，由本社读者服务部负责调换。
联系地址：北京阜外月坛北小街2号
电　话：（010）68022974　　邮编：100836

编委会

主　任　陈佳贵

副主任　姜天波　黄群慧　栗元广

编　委（按姓氏笔画排序）
　　　　　孙孝文　孙青春　许英杰　张　蒽　张峻峰　张德志
　　　　　李　健　陈　锋　姜　明　钟宏武　郭　毅　郭沛源

中国社会科学院经济学部简介

中国社会科学院经济学部组建于 2006 年，由八个经济类研究所组成：经济研究所、工业经济研究所、农村发展研究所、财政与贸易经济研究所、金融研究所、数量经济与技术经济研究所、人口与劳动经济研究所、城市发展与环境经济研究所。

在这八个研究所中，有的历史悠久，具有深厚的学术积淀；有的成立不久，展现着前卫的创新优势。这八个研究所都聚集了一批国内外知名的经济学家。

经济学部的主要任务是统筹和协调中国社会科学院在经济方面的学术研究活动，重点组织和协调单个研究所难以承担的大型研究项目。目前，经济学部有主任 1 人，副主任 2 人，有学部委员 12 人，荣誉学部委员 16 人。经济学部的研究活动覆盖当代经济学理论研究、政策研究和经济史研究的各个领域，并在不少中国经济问题的研究上占有世界领先地位。

经济学部每年都开展多种规模不等的学术研究和实地调研。每年完成的研究成果数量大，影响面广，其中有不少成果对国家的重大经济决策起到了重要参考作用。经济学部及其所属八个研究所与国际学术界有着长期、广泛的合作和交流，每年要接待大量到访的国外学者。

中国消费者协会简介

1984年12月26日，经国务院批准，中国消费者协会在北京成立。中国消费者协会是依法成立的对商品和服务进行监督的、保护消费者合法权益的全国性社会团体，具有法人资格。

根据《中华人民共和国消费者权益保护法》，中国消费者协会及其指导下的各级消费者组织履行以下七项职能：

（1）向消费者提供消费信息和咨询服务。

（2）参与有关行政部门对商品和服务的监督、检查。

（3）就有关消费者合法权益的问题，向有关行政部门反映、查询，提出建议。

（4）受理消费者的投诉，并对投诉事项进行调查、调解。

（5）投诉事项涉及商品和服务质量问题的，可以提请鉴定部门鉴定，鉴定部门应当告知鉴定结论。

（6）就损害消费者合法权益的行为，支持受损害的消费者提起诉讼。

（7）对损害消费者合法权益的行为，通过大众传播媒介予以揭露、批评。

中国社会科学院经济学部企业社会责任研究中心简介

中国社会科学院经济学部企业社会责任研究中心（以下简称"中心"）成立于2008年2月，是中国社会科学院主管的非营利性学术研究机构。全国人大常委、中国社会科学院经济学部主任陈佳贵研究员任中心理事长，国务院国有资产监督管理委员会研究局局长彭华岗博士、中国社会科学院工业经济研究所书记黄群慧研究员任中心常务副理事长，中国社会科学院社会发展战略研究院副研究员钟宏武博士任主任。中国社会科学院、国务院国有资产监督管理委员会、人力资源与社会保障部、中国企业联合会、中国人民大学、国内外大型企业的数十位专家、学者担任中心理事。

中心以"中国一流、世界知名"为目标，积极践行研究者、推进者和观察者的责任：

研究者：中心积极开展中国企业社会责任问题的系统理论研究，研发颁布《中国企业社会责任报告编写指南（CASS-CSR 1.0/2.0）》，组织出版《中国企业社会责任》文库，促进中国特色的企业社会责任理论体系的形成和发展。

推进者：为政府部门、社会团体和企业等各类组织提供咨询和建议；主办"中国企业社会责任研究基地"；开设中国社科院研究生院MBA《企业社会责任》必修课，开展社会责任培训，传播社会责任理论知识与实践经验；组织、参加各种企业社会责任研讨交流活动，分享企业社会责任研究成果。

观察者：中心每年出版《中国企业社会责任蓝皮书》，跟踪记录上一年度中国企业社会责任理论和实践的最新进展；持续发布《中国企业社会责任报告白皮书》，研究记录中国企业社会责任发展的阶段性特征；制定、发布、推动《中国企业社会责任报告评级》。

中国社会科学院经济学部企业社会责任研究中心

2012年10月

电　话：010-60537905　　　　传　真：010-58246998

网　站：www.cass-csr.org　　E-mail：csr@cass-csr.org

地　址：北京市朝阳区东三环中路39号建外soho写字楼A座1710室

欧莱雅简介

欧莱雅集团创立于1909年，总部设在法国巴黎，是世界上最大的化妆品公司，也是《财富》全球500强之一。作为全球化妆品行业的领袖，欧莱雅集团的业务活动遍及全球130多个国家和地区，在世界各地拥有66000多名员工和38家工厂。欧莱雅集团拥有28个国际知名品牌，代表了多样化的品牌文化渊源，其产品极为丰富多彩，包括护肤、防晒、护发等。

1996年底，欧莱雅正式进入中国大陆市场，经过16年的持续、稳定的发展，截至目前，欧莱雅在中国推出了21个深受消费者喜爱的品牌，致力于满足中国消费者对于"美"的追求，并成为市场领导者。作为中国化妆品市场的行业领袖，目前，欧莱雅在中国拥有一个总部、一个研发与创新中心、两个工厂和三个分销中心，在过去的11年中一直保持两位数的高速、稳健发展，并创造超过3万个就业机会。同时，作为优秀的企业公民，欧莱雅（中国）也为社区建设做出了卓越的贡献。

欧莱雅（中国）将企业社会责任和可持续发展融入企业的经营管理之中，在发展业务的同时稳步推进可持续发展工作，获得中国利益相关方的广泛接受和认可。作为一个负责任的跨国企业，欧莱雅（中国）也积极推动中国消费者对可持续消费的认知，通过与各利益相关方的协同合作，共同实现"美丽中国"。

电　话：(8621) 5200 8999　　　传　真：(8621) 5200 7999

网　站：www.loreal.com.cn

地　址：中国上海市南京西路1601号越洋广场25层（200040）

作者简介

姜天波 中国消费者协会副会长兼秘书长。1967年6月出生，男，河南省南阳人，硕士研究生学历。曾任北京顺义区人民法院法官、国务院法制办工交商事司副司长、国家工商行政管理总局反垄断与反不正当竞争执法局副局长。主持、参与起草、审查、修订了《反垄断法》、《反不正当竞争法》、《公司法》、《公司登记条例》、《合伙企业法》、《独资企业法》、《外国企业常驻代表机构条例》、《个体工商户条例》、《产品质量法》、《广告法》、《消费者权益保护法》、《标准化法》、《计量法》、《行政处罚法》、《认证认可条例》、《工业产品许可证条例》等法律、行政法规。参与建立现代企业制度、税费改革、规范和整顿市场经济秩序等重大政策制定和实施工作。中国政法大学民商法学硕士，伦敦大学银行与金融法学硕士，中国政法大学、北京工商大学、中央财经大学兼职教授、研究生导师。独著、合著有《公司法详解》、《公司法教程》、《公司法释义》等教材、专著20余部，在《法学研究》等核心期刊发表论文80余篇。

钟宏武 中国社会科学院经济学部企业社会责任研究中心主任。1977年出生，男，四川省简阳人，管理学博士，副研究员。2007年，受日立奖学金资助，前往日本三井全球战略研究所访学半年，研究日本企业的社会责任。先后访问日本、南非、英国、瑞典、中国台湾等国家和地区，研究企业社会责任。主持了《中央企业社会责任推进机制研究》（国资委课题）、《从中国一流到世界一流》子研究（国资委课题）、《社会责任国际标准研究与风险应对》子研究（科技支撑计划）、《上市公司社会责任信息披露》（深交所课题）、《上市公司非财务信息披露报告》（证券时报合作课题）、《海外中资企业社会责任》（社科院课题）等课题；编著《中国企业社会责任报告编写指南（CASS-CSR 1.0/2.0）》、《中国企业社会责任蓝皮书（2009/2010/2011/2012）》、《企业社会责任管理体系》、《政府与企业社会责任：国际经验与中国实践》、《慈善捐赠与企业绩效》等专著；在《经济研究》、

《中国工业经济》、《人民日报》等报刊发表学术论文50余篇。

张　蒽　中国社会科学院经济学部企业社会责任研究中心副主任。1982年生，女，管理学博士，经济学博士后。2007年开始从事企业社会责任研究工作，作为主要研究人员参与《中央企业社会责任推进机制研究》（国资委课题）、《上市公司社会责任信息披露》（深交所委托课题）、《中央企业社会责任理论研究》（国资委课题)、《企业社会责任指标体系研究》（科技部课题）等重大课题的研究。参与出版《中国企业社会责任报告编写指南（CASS-CSR 1.0/2.0）》、《企业社会责任蓝皮书（2009/2010/2011/2012）》、《中国企业社会责任报告白皮书（2011/2012）》、《企业社会责任管理体系研究》等专著。在《中国工业经济》、《经济管理》等期刊上发表过学术论文；为数十家中外企业提供社会责任管理咨询。

许英杰　中国社会科学院经济学部企业社会责任研究中心助理研究员。1986年生，男，河南鹿邑人，中国社会科学院研究生院管理学博士生。先后参与《中央企业社会责任推进机制研究》（国资委课题）、"企业减缓贫困"、"工业大国国情与工业现代化战略"、《企业社会责任管理体系研究》等多项企业社会责任领域课题研究，参与出版《中国企业社会责任蓝皮书（2010/2011/2012）》。

孙青春　中国社会科学院经济学部企业社会责任研究中心合作研究员。1969年生，男，湖北广水人，管理学博士，中国科学院科学时报社副研究员。主要研究方向为企业可持续创新、企业社会责任、项目管理、新媒体与新经济。出版专著1部，参与创新型国家建设、陕西新媒体与青年发展等项目，发表学术论文数十篇，主持或参加国家自然科学基金、国家社科基金及省部级项目多项。

摘　要

推动可持续消费对于经济社会可持续发展具有重要意义。本书是第一本可持续消费权威研究报告，探索性地构建了可持续消费研究框架，调查了中国可持续消费现状，创建了可持续消费指数，以期反映中国可持续消费阶段性特征，为政府制定可持续消费政策提供依据，促进企业负责任运营，并引导消费者树立可持续消费理念，实施可持续消费行为。本书由六章和附录构成。

第一章（概论）阐述了可持续消费研究的背景与研究意义，对本书所关注的可持续消费议题进行了概念界定，介绍了研究的总体框架与研究方法，阐述了中国可持续消费现状。

第二章至第四章是对调查结果的呈现。第二章（可持续消费问卷调查概述）详细介绍了问卷结构、问卷主要内容以及网络调查的实施方法，描述了样本特征。第三章（中国可持续消费基本特征）依托问卷调查结果，分析了中国消费者的可持续消费意识和可持续消费行为。第四章（中国企业形象、产品特征与消费行为）呈现了中国消费者对企业形象的认同情况，对企业履行社会责任信息的关注情况，并分析了企业社会责任信息对消费者购买倾向的影响以及消费者愿意为负责任企业的产品和服务支付多少额外的购买成本。

第五章（中国可持续消费指数）构建了可持续消费指数框架，从消费者信息关注度、购买倾向、支付意愿以及行为表现四个维度构建了可持续消费指数，并分析了不同特征的消费者在四个维度上的表现差异以及可持续消费指数差异。

第六章（进一步推动中国可持续消费发展）承接前文的调查分析结果，从政府、社会力量和企业三个方面提出了进一步推动中国可持续消费的建议。

附录包含三个部分：附录一为"中国消费者可持续消费指引"；附录二为"欧莱雅（中国）的可持续消费之路"；附录三为"中国可持续消费状况调查问卷（2012）"。

目 录

第一章 概论 ... 1

第一节 研究背景和意义 ... 1
第二节 关键概念体系 ... 6
第三节 研究框架及方法 ... 21
第四节 中国可持续消费现状 ... 25

第二章 可持续消费问卷调查概述 ... 29

第一节 问卷设计 ... 29
第二节 在线调查 ... 32
第三节 样本特征 ... 38

第三章 中国可持续消费基本特征 ... 45

第一节 中国可持续消费认知情况 ... 45
第二节 中国消费者可持续消费品选择情况 ... 49
第三节 中国消费者产品处理情况 ... 76

第四章 中国企业形象、产品特征与消费行为 ... 81

第一节 企业形象与企业认同感 ... 81
第二节 消费者对企业履责信息关注特征 ... 87
第三节 企业履责行为与消费者购买倾向特征 ... 104
第四节 企业履责行为与消费者支付意愿 ... 120

第五章　中国可持续消费指数 ………………………………… 133

　　第一节　可持续消费指数构建 ………………………………… 133
　　第二节　信息关注 ……………………………………………… 143
　　第三节　购买倾向 ……………………………………………… 147
　　第四节　支付意愿 ……………………………………………… 150
　　第五节　行为表现 ……………………………………………… 153
　　第六节　可持续消费指数 ……………………………………… 157

第六章　进一步推动中国可持续消费发展 …………………… 161

　　第一节　政府加快制定和实施可持续消费公共政策 ………… 161
　　第二节　社会力量发挥引导和监督作用 ……………………… 164
　　第三节　企业积极履行企业社会责任 ………………………… 166

附录一　中国消费者可持续消费指引 ………………………… 169

附录二　欧莱雅（中国）的可持续消费之路 ………………… 171

附录三　中国可持续消费状况调查（2012） ………………… 197

后　记 …………………………………………………………… 205

第一章 概论

第一节 研究背景和意义

一、研究背景

(一) 可持续消费成为时代要求

18世纪中叶以来,随着第一次工业革命在英国爆发以及随后的几次科技革命的到来,人类社会经济的发展取得了长足的进步。经济的长期高速发展使得人类社会创造和消费资源的能力和水平比以往任何历史时刻都更大、更高。然而,正如任何事物都有两面性一样,经济的高速发展和财富的极大提高也是一把"双刃剑",它在使人类享有巨大物质财富的同时,也使经济增长和物质财富消费所带来的问题应运而生。作为这一系列问题的代表,资源枯竭、生态环境恶化、气候变化、贫富差距、全球经济发展不平衡等问题不绝如缕,它们已经并将长期成为人类头顶的一把达摩克利斯之剑,时刻威胁着全球经济的进一步发展,给人类社会经济发展的可持续性蒙上了一层厚厚的阴影。与此同时,这些问题也不断警醒着人类社会,促使人们不断反思和改进经济发展模式,以使经济的发展和物质财富的创造能最大限度地降低对于资源的消耗、对生态环境的破坏以及其所带来的社会问题。

为此，1972年6月，在联合国召开的第一次人类环境会议研讨会①上，一种新的发展模式——可持续发展的理念应运而生。所谓可持续发展，是指"既满足当代人的需要，又不对后代人满足其需要的能力构成危害的发展。"②可持续发展以全新的理念、特殊的视角、创新的原则、丰富多彩的方式向人类社会展示它的强大吸引力和伦理高度。2012年6月，联合国可持续发展大会在巴西里约热内卢举行，会议围绕两大主题、三个目标进行。两大主题：①绿色经济在可持续发展和消除贫困方面的作用；②可持续发展的体制框架。三个目标：①达成新的可持续发展政治承诺；②对现有的承诺评估其进展情况和实施方面的差距；③应对新的挑战。40年来，可持续发展由理念到概念，由概念到文件，由文件到机制，再到行动，逐步成为人类经济发展的重要指针。

1992年，联合国环境与发展大会通过的《里约环境与发展宣言》③中指出，"为了实现可持续的发展，使所有人都享有较高的生活素质，各国应当减少和消除不能持续的生产和消费方式，并且推行适当的人口政策"成为"里约宣言"的重要原则。可见，可持续的生产和消费方式对实现可持续发展有着重要的支撑作用。在大会商定通过的《21世纪议程》④中，消费形态单独成为该可持续发展全球行动计划的一章，该章对"集中注意不可持续的生产和消费形态"和"制定鼓励改变不可持续的消费形态的国家政策和战略"两个方案领域进行阐述，"可持续的消费形态"多次被正式提及。《里约宣言》所提出的不可持续的生产和消费方式以及《21世纪议程》中所提出的"可持续的消费形态"标志着可持续的理念第一次正式在国际多边场合进行讨论并成为国际文件的重要内容。

自1992年6月地球峰会闭幕以后，可持续生产和消费议题成为许多国家关注的主题。挪威环境部在1994年和1995年主持的两次会议（The Soria Moria Conference and Oslo Roundtable）极大地推动了对于该议题的讨论⑤。1994年，联

---

① Declaration of the United Nations Conference on the Human Environment, http://www.unep.org/Documents.Multilingual/Default.asp?documentid=97&articleid=1503.
② 世界环境与发展委员会. 我们共同的未来 [M]. 吉林：吉林人民出版社，1997.
③ 里约环境与发展宣言. http://news.xinhuanet.com/ziliao/2002-08/21/content_533123.htm.
④ 21世纪议程. http://www.un.org/chinese/events/wssd/chap4.htm.
⑤ Overview of Issue and On-line Resources: Sustainable Production and Consumption.http://www.iisd.ca/consume/overview.html.

合国环境署在肯尼亚的内罗毕发布报告《可持续消费的政策因素》，明确提出较有说服力和广泛得到认可的可持续消费定义。

此后，可持续消费无论是在学术界还是在政策层面都引起了极大的关注，内容得以丰富，实践不断发展。2002年召开的可持续发展世界首脑峰会通过的《约翰内斯堡可持续发展宣言》再次强调消除贫穷、改变消费和生产格局、保护和管理自然资源基础以促进经济和社会发展，是压倒一切的可持续发展目标和根本要求。

（二）可持续消费成为中国趋势

中国对于可持续消费的关注和身体力行大体可以分为传统的可持续消费和现代的可持续消费两个层面。

在传统的可持续消费层面，中国历来具有可持续消费的传统，比如"勤俭节约"、"黜奢崇俭"是中华民族的传统美德，提倡适度消费。"天人合一"注重人与自然和谐相处，是中国古代人民自然观的真实写照。"由俭入奢易，由奢入俭难"、"俭，德之共也；奢，恶之大也"，反映了中国古人对于"铺张浪费"与"节俭"之间关系的哲学思考。"知足常乐"，"食无求饱、居无求安"，"见素抱朴、少私寡欲"更是反映了中国古代人们对于物质生活的淡然态度以及对于精神生活的崇高追求。"俭节则昌，淫逸则亡"，"克勤克邦，克俭于家"，"以俭得之，以奢失之"进一步反映了国家的繁荣昌盛与节俭之间的关系。这些历久弥新的隽语深刻地反映了我国古代人民对于可持续消费理念的重视和身体力行。这些可持续消费的理念产生于中国古代自给自足的自然经济生产方式和消费方式，与中国传统的小农经济相适应。

改革开放以来，中国经济社会不断变迁。在居民消费领域，经济的发展带来了人们可支配收入水平的提高以及消费方式的多元化。传统朴素的消费观念受到"知足行乐"、"奢侈型消费"、"攀比性消费"等不可持续消费方式的挑战。在生产领域，中国逐步进入工业社会，当前已经整体步入工业化的中期阶段。工业化中期阶段的一个巨大的特点就是重化工业进入黄金时期，高耗能、高资源消费等资本密集型行业迎来巨大的发展。一方面，高耗能、高资源消耗行业等资本密集型行业的巨大发展带来了中国经济的高速发展；另一方面，这也使得中国经济发展所面临的资源、环境、能源约束越来越强烈。同时，中国经济的发展是处于全球经济体系开放的发展，重化工业集聚扩张带来温室气体排放受到的国际减排压力不断增大。这些问题促使中国政府和社会各界不断反思中国经济发展之路，并提出转型升级方案，进行转型升级的活动。不仅如此，"衣食足而知礼节"，中国在整体进入小康社会后，人民对于社会的和谐发展、环境问题、企业社会责任问题的关注不断增强，中国公民社会正在日趋成型。以企业社会责任运动为例，在各级政府的促进下、在媒体的积极监督下、在社会公众的积极参与和协调配合下，中国企业社会责任在2005年之后进入快速发展轨道，截至2012年，企业发布社会责任包括的数量已经超过1000份。企业履行社会责任既是企业进行可持续生产的重要表现，又是消费者进行可持续消费的重要依托。

居民消费方式的变化、中国经济发展阶段的转变以及中国公民社会的变革，均不断地促使中国探索和思考新兴的生产方式和消费方式。为此，作为一种新型的消费理念和方式，可持续消费引起国内政府和社会各界的重视。

中国政府在国际舞台上也积极推动可持续发展，签订一系列多边文件，并提出观点和主张，不断丰富和发展可持续发展以及可持续消费的内涵。在1992年里约热内卢召开的环境与发展大会上，时任国务院总理的李鹏签署了包括《里约环境与发展宣言》以及《21世纪议程》在内的一系列文件，表明了中国已经认识到可持续性的生产及消费对于可持续发展的重要性。而且，在会议以后，结合中国国情和实际，制定了具有中国特色的《中国21世纪议程——中国21世纪人口、环境与发展白皮书》。《中国21世纪议程》中多次提及"改变不合理的消费模式"，建立"可持续的消费"模式。此后，在1997年第十九届特别联合国大会、2002年在南非约翰内斯堡召开的"可持续发展世界首脑峰会"中，中国均发布《可持续发展国家报告》，阐述中国对于可持续发展的立场、实践以及取得的成效。

在国内层面上，2002年，党的十六大报告将"可持续发展能力不断增强，生态环境得到改善，资源利用效率显著提高，促进人与自然的和谐，推动整个社会走上生产发展、生活富裕、生态良好的文明发展道路"作为建立小康社会的目标之一。2003年，胡锦涛总书记提出"坚持以人为本，树立全面、协调、可持续的发展观，促进经济社会和人的全面发展"的科学发展观思想，体现了中国对于可持续发展的最新理解和主张。2012年，在巴西里约热内卢召开的联合国可持续发展大会期间,中国发布《中华人民共和国可持续发展国家报告》[①],该报告重申了中国政府改变不可持续消费方式的决心,重点阐述了中国"倡导绿色消费方式"的背景、理念、制度、实践等内容。2012年11月闭幕的党的十八大报告中,胡锦涛总书记大篇幅地阐述了生态文明建设,认为"建设生态文明,是关系人民福祉、关乎民族未来的长远大计","面对资源约束趋紧、环境污染严重、生态系统退化的严峻形势,"我们"必须树立尊重自然、顺应自然、保护自然的生态文明理念,把生态文明建设放在突出地位,融入经济建设、政治建设、文化建设、社会建设各方面和全过程,努力建设美丽中国,实现中华民族永续发展。"显而易见,中国政府对于可持续发展以及可持续消费的认识和认同不断加深。

二、研究意义

(一) 理论意义

可持续消费作为未来社会的基本命题之一,已经成为企业社会责任理论、消费行为学、消费伦理学以及消费社会学等学科共同关注的重要课题。但国内对可持续消费结构、方式、模式等进行深入探讨的研究仍较为缺乏,开展实证性研究的文献更是凤毛麟角。在此背景之下,本研究的提出,具有一定的理论意义。

一方面,本研究从可持续消费行为与企业的关系出发,构建了可持续消费研究的理论框架。可持续消费这一概念的内涵和外延十分丰富,从何种角度出发、抽取关键概念构建一套定义明确、层次清晰的分析框架,是深化可持续消费研究的关键。

另一方面,本研究探索性地构建了可持续消费指数,为评价中国可持续消费综合水平提出了新思路。

---

① 中华人民共和国可持续发展国家报告.http://www.china.com.cn/zhibo/zhuanti/ch-xinwen/2012-06/01/content_25541073.htm.

(二) 实践意义

本研究基于从消费者层面之间获取的信息进行，全面地反映了有关中国可持续消费的信息，具有以下三个方面的实践意义。

第一，帮助生产者了解消费者诉求，促进企业履行社会责任。本研究反映了当前中国消费者对于可持续消费的认识，反映了企业履行社会责任的行为对消费者购买行为的影响。为企业针对消费者的可持续消费行为采取相应的举措提供了重要的依据，为企业更好地提供消费者偏好的产品或服务提供了经验支撑。

第二，教育并引导消费者。调查问卷的设计充分考虑了可持续消费在消费者消费过程中的现实体现，从而使得调查报告能够进行可持续消费的教育，有助于消费者对于可持续消费的理解，进而指导消费者的行为向更可持续的方向转变，树立新的可持续的消费方式。

第三，为政府制定可持续消费政策提供依据。中国可持续消费调查结果以及中国可持续消费指数以定量的形式综合反映了中国的可持续消费水平，有利于政府准确把握中国可持续消费状况，制定有针对性的政策。

第二节　关键概念体系

一、可持续消费的概念

可持续的消费模式最早是在1992年召开的联合国环境与发展大会通过的《里约环境与发展宣言》和《21世纪议程》等文件中正式提出的，会后，有关可持续消费的讨论不断引起人们的兴趣。1994年，联合国环境署在肯尼亚内罗毕发布报告《可持续消费的政策因素》，首次正式提出可持续消费的定义，即"提供服务以及相关产品以满足人类的基本需求，提高生活质量，同时使自然资源和有毒材料的使用量减少，使服务或产品的生命周期中所产生的废物和污染物最少，从而不危及后代的需求"①。该报告还指出"可持续的消费并不是介于因贫困引起的消费不足和因富裕引起的过度消费之间的折中，而是一种新的消费模式，它适用于全球各国各种收入水平的人们"②。1994年和1995年，挪威环境部主持了两次有关可持续消费的研讨会，会议在提出可持续消费的概念，"可持续消费是一个包容性的，它将一系列关键议题聚在一起，比如满足需要，提高生活质量，改善资源效率，增加可再生能源资源的使用，将污染降到最低限度，从产品生命周期角度看待问题以及重视公平维度"③。英国生态学家D.皮尔斯（David Pearce）认为，"提倡可持续消费并不是要减少消费，而是要改变原有的高消费方式，把消费模式从资源密集型产品转变成低密集型产品④。E.萨利姆（Emil Salim）认为，可持续消费由可持续发展的观点而来，可持续消费需要"既满足当代的需求，又不危及后代满足其需求的能力"⑤。

在国内，对于可持续消费的研究开始于国际社会对于可持续发展和消费的重视以及中国政府的积极响应。以"可持续发展"作为关键字在中国期刊网全文数据库进行检索发现，1994年以后才有对于"可持续消费"的研究。对于可持续消费的概念，国家环保局环境信息研究所的曹凤忠⑥在"可持续消费与可持续生产是实施可持续发展的战略基础"一文中指出"可持续生产'力求满足消费者对产品需求而不危及子孙后代对资源和能源的需求'"；"随着活水平水准的提高，人们的消费将向复杂多变转变，引起人的价值观观念演变，这要求市场不但要适应这种变化，同时，也有责任引导消费向有利于环境保护，有利于生态平衡的方向发展"。也就是说，有利于环境保护和有利于生态平衡的消费就可以称为可持

---

① 张坤民. 可持续发展论 [M]. 北京：中国环境科学出版社，1997. (英文为：the use of goods and services that respond to basic needs and bring a better quality of life while minimizing the sue of natural resources, toxic materials and emissions of waste and pollutants over the life cycle, so as not to jeopardize the needs of future generations.)
② 白雅琴. 影响传统消费模式向可持续消费模式发展的因素 [J]. 内蒙古科技与经济，2006 (1)：124-125.
③ Overview of Issue and On-line Resources: Sustainable Production and Consumption.http: //www.iisd.ca/consume/overview.html．
④ 宋开元. 可持续消费视角下的居民消费方式变革研究 [D]. 陕西：西安理工大学，2008.
⑤ 唐代盛. 可持续消费初探——基于可持续发展的一种研究 [D]. 四川：西南财经大学，2002.
⑥ 曹凤忠. 可持续消费与可持续生产是实施可持续发展的战略基础 [J]. 环境科学动态，1995 (4)：5-8.

续性的消费。杨家栋和秦兴方[①]认为，可持续消费应界定为"一种符合代际公正和代内公平的、能保证人类物质生活和精神生活不断由低层次向高层次演进并促进可持续发展目标的消费"。傅家荣[②]在探讨了可持续消费所包括的三个基本要素之后认为，可持续消费应该"是从满足人们的生态需要出发，在使用消费品或享受服务的过程中遵循代际公平和代内公平的原则，以实现消费主体与消费客体及消费环境之间持续、协调、共同发展的消费"。方显仓和杨侠[③]认为，可持续消费是一种新的消费理念，它的目标是保证社会在长期发展过程中，产品（包括劳务）的生产和消费维系一个永续的动态循环，永不枯竭，即既满足当代人的消费需求，又不损害子孙后代满足其需求能力的消费。

国内外研究者仁者见仁，智者见智，对可持续消费的概念均给出了自己的概念定义，虽然不尽相同，但是在所包括的可持续生产和可持续消费两个层次、在坚持的公平的原则等方面具有一致性的看法。可持续消费是一种高层次的理性消费，它体现了人类崭新的道德观、价值观和人生观，表达了人类对生命、健康、活力和美好未来的追求。整体来看，联合国环境署在肯尼亚发布的报告《可持续消费的政策因素》中所建立的定义较具有说服力，并得到了广泛的认可和接受。在本书中，将以此定义作为研究的出发点和落脚点。

二、可持续消费的类别

最终需求和中间需求是经济学讨论的两类基本需求类型，消费也可以划分为对于中间产品的消费和对于最终产品的消费。从可持续消费的角度来看，可以划分为可持续的中间产品消费和可持续的最终产品的消费。前者的消费用于生产的目的，可以称为可持续的生产；后者的消费用于最终消费，可以称为狭义的可持续消费。由以上对于可持续消费的定义可以看到，虽然不同的可持续消费定义表述不同，关注的重点具有微妙的差别，但从类别看，可持续消费大多可以看作可持续的生产消费和狭义的可持续消费两个基本类型。二者在消费的主体上也存在

[①] 杨家栋，秦兴方. 重视可持续消费研究，促成可持续发展 [J]. 江苏经济探讨，1997（6）：47-49.
[②] 傅家荣. 可持续消费的合理内涵及其实现对策 [J]. 经济问题，1998（3）：48-50.
[③] 方显仓，杨侠. 全新消费模式：可持续消费 [J]. 可持续发展研究，1998（2）：39-41.

差异，前者是企业的可持续消费，而后者是消费者的可持续消费。在现实中，人们往往将"可持续消费看作是对于消费者可持续消费"的界定，而不将可持续消费是对于企业生产活动的界定考虑在内。

本书所关注的中国可持续消费是从狭义的角度出发，探索和发现中国消费者在最终产品消费中的可持续性问题。

三、可持续消费的原则

关于可持续消费的原则，不同的研究者具有不同的看法。适度消费原则和公平性原则为其大多数学者公认的可持续消费所应该坚持的原则。除此之外，还有学者认为可持续消费应更坚持共同性原则[①]、和谐消费原则[②]、不断增加精神消费比例原则[③]、以人为本原则[④] 等。

（一）适度消费原则

适度消费是针对人类对自然界的恶意、无度的消费欲而提出的，也就是说，人们的消费是满足人的需要，而不是铺张浪费，它要与生产的发展和环境的承载力相适应[⑤]。俞海山[⑥] 从两个角度来衡量一种消费是否适度、是不是符合适度消费原则，即一方面，从人类总体角度上，适度原则要求人类把消费需要的水平控制在地球的承载能力范围之内；另一方面，从人类个体角度上说，适度消费原则要坚持以人的健康需要作为出发点，以人的健康生存作为目标，逐步减少无意义的消费和有害消费。喻雪红从消费规模和消费结构两个层面理解适度性原则，认为适度消费在消费规模上要求消费量和生产量要保持一致，消费量不能明显超过消费品的生产量从而产生超前消费，也不能明显小于消费量从而导致供给过剩或生产过剩；在结构上，适度消费应当逐步减少人类的物质消费，大力提升精神消费，促使人们把生活水平的提高建立在对艺术和美的消费上，实现经济增长和生

---

① 方显仓，杨侠.全新消费模式：可持续消费[J].经济问题探索，1998（2）：39-41.
②⑥ 俞海山.可持续消费：内涵、原则与意义[J].消费经济，1999（3）：42-44.
  宋开元.可持续消费视角下的居民消费方式变革研究[D].陕西：西安理工大学，2008.
③ 俞海山.可持续消费模式的原则[J].经济研究参考，1999（85）：42.
④ 徐瑞蓉.可持续消费的理论与实践[D].福建：福建师范大学政治经济学，2007（5）.
⑤ 李宁，王子彦.论可持续消费[J].大连理工大学学报（社会科学版），2004（1）：42-45.

态协调的综合发展①。宋开元认为，适度消费除了要与自然承受能力相适应外，还需要与生产力发展水平相适应，因为与生产力水平相适应的正常合理的消费有利于促进社会生产和经济生活②。

适度消费可以从微观、中观和宏观三个层面来进行理解。从微观侧面来说，在消费者方面，适度消费要求消费者为满足基本的需要而进行消费，不拒绝消费，不铺张浪费；消费者要转变消费结构，提高精神消费，降低物质消费，不进行有害消费（如烟草、毒品、酒精等）。从中观层面来看，国家之间的经济发展差距影响可持续消费，发达国家政府要制定鼓励可持续消费的政策，提倡节俭消费，抑制过度消费；帮助贫困国家摆脱贫困，使发展中国家具备进行基本消费的能力；发展中国家要提高资源利用效率，降低环境污染，减少生态破坏。从宏观层面来看，适度消费要求人类生产和消费活动所造成的环境和生态影响不能超过自然界的承受能力，不危及后代人进行消费的能力，不降低后代人提高生活质量的能力。

（二）公平性原则

对于可持续消费的公平性原则，大多数学者从代内和代际两个方面进阐述。比如，俞海山认为，"代内公平消费要求任何国家和地区的发展与消费不能以损害别的国家和地区为代价；代际公平消费要求当代人自觉担当起在不同代际之间合理分配与消费资源的责任"③。李宁和王子彦也将可持续消费的公平性原则分为代内消费公平和代际消费公平两个方面，认为"代际消费公平强调人类在资源消费上一代公平地对待下一代；代内消费公平强调任何国家、任何地区和任何人的生存和发展不能损害和危机其他国家、地区和人们的生存和发展的消费能力"④。宋开元基于"消费主体在消费自然资源和物质资料时应充分考虑到其他消费主体的消费权益，考虑消费活动对自然的影响"的观点，将公平性原则分为四个层面，即群际公平原则、国际公平原则、代际公平原则和人际公平原则⑤。喻雪红基于利益公正是一切伦理思维的出发点，在伦理学意义上定义了可持续消费的公

---

① 喻雪红. 可持续消费理论的伦理学基础和原则 [J]. 社会科学家, 2003 (1): 102-105.
②⑤ 宋开元. 可持续消费视角下的居民消费方式变革研究 [D]. 陕西：西安理工大学法学, 2008 (5).
③ 俞海山. 可持续消费：内涵、原则与意义 [J]. 消费经济, 1999 (3): 42-44.
④ 李宁, 王子彦. 论可持续消费 [J]. 大连理工大学学报（社会科学版）, 2004 (1): 42-45.

正原则,即包括人与自然的公正、社会与社会之间的代内公正以及人与人之间的代际公正①。

通过学者对可持续消费公平性原则的分析,可以看到可持续消费的公平原则主要是从横向维度和纵向维度两个维度进行阐述。横向维度的可持续消费的公平原则体现在国际之间公平消费、群际之间的公平消费、人际之间的公平消费、人与其他物种之间的公平消费,国际之间的公平消费要求一个国家或地区的生产和消费不能给其他国家的生产消费造成负面影响。群际之间的公平消费可以看作一个国家内部的不同地区、不同民族、不同收入类型等的人群的消费不能以牺牲其他人群的消费为代价,不同群体均具有公平消费的权利、相似的义务。人际之间的公平消费要求每个人的消费不能以牺牲其他人的消费为代价,每个人必须为自己消费所造成的负外部性负责。人与其他物种之间的公平消费是指人类在消费产品、消费地区资源的过程中,要保证其他的物种享有消费相同资源的权利。例如,人类不能因消费带来的生态污染造成其他物种的福利降低,甚至致使有些物种因此而灭绝。

纵向维度的可持续消费公平原则是从代际角度考虑,无论国家、群体、个人,当前的消费要以不牺牲未来国家、群体、个人的消费能力为标准。消费要建立在生产力水平和资源环境约束的基础上,量入为出,为未来国家、群体和个人的生产和消费创造必要的条件,留下充足的资源,打下坚实的基础。

(三)其他原则

另外,还有些学者根据自己的理解提出了一些涉及可持续消费的其他原则,比如方显仓和杨侠提出的共同性原则②,俞海山③、宋开元④等提出的和谐消费原则,俞海山提出的不断增加精神消费比例原则,徐瑞蓉⑤、宋开元⑥等提出的以人为本原则等。

具体来看,共同性原则认为,可持续消费是一种全球各国都应当追求的理想

---

① 喻雪红.可持续消费理论的伦理学基础和原则[J].社会科学家,2003(1):102–105.
② 方显仓,杨侠.全新消费模式:可持续消费[J].经济问题探索,1998(2):39–41.
③ 俞海山.可持续消费:内涵、原则与意义[J].消费经济,1999(3):42–44.
④⑥ 宋开元.可持续消费视角下的居民消费方式变革研究[D].陕西:西安理工大学法学,2008(5).
⑤ 徐瑞蓉.可持续消费的理论与实践[D].福建:福建师范大学政治经济学,2007.

和目标,为实现这一目标,全球必须采取联合行动,发展全球共同的认识,共同的责任感,并付出共同的努力。和谐消费原则认为,可持续消费就是将消费主体、消费客体、消费环境看成是相互依赖、相互影响、互相作用的系统,因此,提倡从消费角度建立一种人—自然—社会相互之间协同的关系。不断增加精神消费比例原则认为,较物质产品的消费,精神消费具有很大的伸缩性,一旦基本物质生活需要得到满足后,精神消费就决定了人的生活质量,对于提高人的思想觉悟、道德修养、心理素质、审美观等起着关键作用。因此,可持续消费应当坚持不断增加精神消费比例原则,改变消费结构,增加精神消费比例。以人为本原则认为,可持续消费既要满足人们的物质需要,也要满足人们的精神需要和生态需要;不仅要满足基本的需要,还要满足不断提高人的消费层次、满足人发展的消费需要。因此,强调可持续消费的目标是实现人的本质需要及全面发展目标,即可持续消费符合以人为本原则。

以上是不同学者从不同的角度对于可持续消费原则的理解,既相互交织,又各有侧重,为我们更好地理解可持续消费的原则提供了有意的参考和借鉴。

四、不同类型消费

经济的发展带来了人们整体生活水平的提高,在满足基本的生存消费之后,消费越来越具有更多的符号内涵和象征意义,不同消费方式层出不穷。从可持续的角度来讲,可以将不同的消费方式分为不可持续的消费方式和可持续的消费方式。

(一) 不可持续的消费方式

1. 炫耀性消费

在特定的社会文化情景下,消费不同的商品和服务将具有其特定的超于商品使用价值的意义,而消费者也将获得超于物质、生理满足之外的心理、精神及社会性满足[①]。在很久以前人们就注意到,个人关心他们的社会地位,并且在市场

---

① 周馨.表现与象征:消费的文化意义[J].社会,2002(10):4-7.

经济条件下，人们倾向于消费更多以便给其他人留下深刻的印象[1]。19世纪后30年，当英国由"世界工厂"的领头地位衰落下滑的时候，美国却以崭新的面貌快速兴起[2]。美国经济的崛起造就了一大批富裕人群，形成了一个富裕阶层。在此背景之下，一种新的消费方式开始在美国兴起，这种消费方式就是"Thorstein Veblen"在1899年首次出版的《有闲阶级论》(The theory of the leisure) 所称的炫耀消费（Conspicuous Consumption）[3]。炫耀消费"首先，是对于贵重物的大量消费……对于有闲阶级……对于贵重物品消费的终极目标就是博得荣誉和他人的尊重；其次，该行为会向其亲属、门客以及仆役扩散……产生所谓的'代理性消费'……其终极目标仍是增进主任的荣誉"[4]。显而易见，炫耀性消费已经超出了对于产品或服务的基本需求消费，已经异化为将消费看作炫耀自己财富、自己身份的工具，他所具有的博取荣誉的功用建立在它所具有浪费财物的基础之上。并且，根据 Veblen 的理论，炫耀性消费不是局限于有闲阶级（Leisure Class），而是广泛存在于从最贫困到最富裕的所有社会和收入阶层[5]。不难看出，炫耀性消费与可持续消费背道而驰，属于传统的不可持续的消费方式。

2. 攀比性消费

一般而言，个人的消费是收入的函数，一个人的收入水平决定了一个人的消费水平。不过，"给定消费水平所带来的整体满意水平不仅与（当前）消费水平有关，而且还决定于与一些基准水平对比"[6]。当这种情况发生时，一个人的消费不仅仅受个人收入水平的影响，而且还受到他人消费水平的影响；也就是说，个人消费不仅是个人收入的函数，也是他人消费的函数。当一个人消费函数的自变

---

[1] Fernando Jaramillo, Hubert Kempf and Fabien Moizeau.Conspicuous Consumption, Social Status and Clubs [J]. Annals of Economics and Statistics / Annales d'Économie et de Statistique, No. 63/64, Interactions sociales et comportements économiques / Social Interactions and EconomicBehavior (Jul. – Dec., 2001): 321-344.

[2] 刘厚俊. 美国经济现代化的世纪回顾及其启示 [J]. 南京社会科学, 2000 (7): 1-8.

[3] [美] 凡勃伦. 有闲阶级论——关于制度的经济研究 [M]. 北京: 商务印书馆, 1964.

[4] 王贺峰. 中国情景下炫耀性消费行为的符合意义构建于实证研究 [D]. 吉林: 吉林大学, 2011.

[5] Robert L. Basmann, David J. Molina, and Daniel J. Slottje. A note on measuring Veblen's theory of conspicuous consumption [J]. The Review of Economics and Statistics, Vol. 70, No. 3 (Aug., 1988): 531-535.

[6] Francisco Alvarez-Cuadrado, Goncalo Monteiro and Stephen J. Turnovsky.Habit Formation, Catching up with the Joneses, and Economic Growth [J]. Journal of Economic Growth, Vol. 9, No. 1 (Mar., 2004): 47-80.

量包括其他人的消费水平时,那么这个人的消费存在攀比现象。攀比消费是指"在消费时,个人偏好不仅与自己的消费量有关,也与他人的消费水平有关"①。对于攀比消费的类型,俞海山②从范围上将其划分为三种类型,即国内向国外攀比、国内地区之间攀比以及同一地区低消费层向高消费层攀比。攀比消费的原因很多,其中一个重要的原因就是消费者个人的心理因素,有学者就指出"在消费者之间互相攀比是消费者们追求一种社会心理满足的表现"③。当然,进行攀比消费需要满足一定的条件,即在满足基本需求而又盈余的情况之下的人们更容易产生攀比行为。

攀比行为具有一定的危害性。范杰民从四个方面总结了消费攀比行为对于国民经济的影响,即"形成结构型消费早熟,加重产业结构的不平衡状态;松懈社会对货币过度发行的警惕性,形成巨额储蓄'笼中老虎';导致消费内部比例失调,消费效率低下;造成消费的需求层次同生产力层次、消费热点的转移速度同产业结构正常调整速度的矛盾,导致生产力的极大浪费"④。俞海山认为,攀比消费会产生五个方面的后果,分别为"败坏了社会风气;导致个人消费需求过度;导致了消费结构从而产业结果的不合理;致使消费效益降低;致使个人生活消费支出猛增,储蓄锐减,加剧生产资金不足"⑤。显而易见,攀比性消费不仅影响消费的可持续性,而且对生产可持续性具有极大的破坏性。并且,攀比消费有违可持续消费的适度性原则、公平原则以及其他原则,属于传统的不可持续消费。

3. 奢侈性消费

奢侈性消费自古有之。例如,两晋南朝门阀制度使得门阀士族享有政治和经济特权,"这种政治和经济上的特权,不仅使门阀士族积累起大量的物质财富,而且也激起他们对侈靡生活的贪婪欲望,从而使得奢侈性消费在这一时期表现得非常突出"⑥。再如,唐朝是中国历史上经济、社会等高度强盛的王朝之一,"纵观唐代社会生活,世风皆以侈靡相高,人情多以放荡为快,从衣食住行的物质生

---

① 曹亚芳. 收入不确定性、攀比效应和消费 [D]. 山西:山西财经大学数量经济学,2011.
② 俞海山. 消费攀比的成因、结果、对策分析 [J]. 消费经济,1990 (1):43-45.
③ 葛云伦. 浅论消费中的攀比行为 [J]. 学术论坛,1988 (4):44-45.
④ 范杰民. 论消费攀比行为对国民经济的影响 [J]. 湘潭大学学报(社会科学版),1989 (2):23-26.
⑤ 俞海山. 消费攀比的成因、结果、对策分析 [J]. 消费经济,1990 (1):43-45.
⑥ 张旭华. 两晋南朝门阀士族的奢侈性消费及其影响 [D]. 河南:郑州大学中国古代史,2003.

活到歌舞娱乐的精神生活,高消费、尚奢华成为大众的消费倾向"①。再如,在明清时期的福建地区,随着商品经济日趋发达,作为商品经济发展在日常生活这一微观层面的外在表现形式,福建地区"讲求服饰饮食、热衷排场铺张的奢侈性消费风尚"渐兴,以致"扩散和加剧"。不过,由于经济、社会、文化以及制度等的局限性,封建王朝的奢侈消费风气往往限定在贵族、官僚、商人等各领域社会精英阶层。

近代以来,随着工业革命带来的人们生活水平的极大提高以及人口的增长,奢侈性消费不仅成为各界精英阶层的主要消费倾向,而且逐渐向大多数收入阶层蔓延,真可谓"进入寻常百姓家",这严重威胁到了人类社会经济、社会等的可持续发展。在中国,计划经济时期的经济和政治背景而使得国民不能也不会"享受"奢侈性消费;改革开放30多年来,国民财富不断积累,在满足基本的温饱问题之后,"一种和人的生存没有必然关联的消费活动"②逐渐盛行,这就是奢侈性消费。

中国奢侈性消费逐渐盛行。以奢侈品消费为例,根据"2010~2015年中国奢侈品市场投资分析及前景预测报告"③披露的数据,2009年,中国奢侈品消费市场规模达到94亿美元,仍是世界上位居第二的购买奢侈品的国家,购买了世界上27.5%的奢侈品。奢侈性消费超出了基本的生活需求,浪费了大量的资源,是一种消费的异化,不利于人类经济、社会的可持续发展,与可持续消费背道而驰。

(二)可持续的消费方式

1. 绿色消费

随着经济的高度发展,生活水平的逐步改善,各国环保意识的增强,人们的思维方式、生活观念、价格观念乃至消费心理、消费行为都发生了质的变化④。作为起源于20世纪60年代西方兴起的环境保护运动的一个重要影响结果,"消

---

① 张雁南. 唐代服务业奢侈性消费探析——以青楼妓院为例 [J]. 贵州大学学报(社会科学版), 2007(2): 48-54.
② 范玉吉. 论奢侈性消费对构建和谐社会的影响 [J]. 东岳论丛, 2006 (4): 95-97.
③ 中投顾问. 2010~2015年中国奢侈品市场投资分析及前景预测报告 [R]. http://www.wla.hk/html/sjzx/RecentReports/1905.html.
④ 张云. 绿色消费, 21世纪的消费热点 [J]. 经济师, 1997 (6): 48.

费者对于环境的关注正在成为一种潮流"①,绿色消费正成为人们进行可持续消费的一个重要途径和方式。所谓绿色消费,"实际上就是人们为了生产和生活的需要,购买或消耗符合环境保护标准的产品"②;"它要求人们在获取、生产、使用、消耗或享用各种产品或服务的时候,既有利于自身的发展又不破坏生态环境,不对子孙后代的生存和发展构成威胁"③。中国消费者协会也于2001年为绿色消费概括了三层含义,即"一是消费内容(消费者选择未被污染或有益于公众健康的绿色产品);二是消费过程(尽量减少环境污染,注意垃圾处置);三是消费观念(在追求生活舒适的同时,注意环境保护,节约能源和资源,实现可持续消费)"④。

显而易见,与传统的不可持续的消费方式相比,绿色消费不仅保护了消费者自己的健康,而且保护了其他消费者的健康和享受健康的产品;不仅保护了消费者的利益,而且还可以保护生态环境;除此之外,绿色消费还要求消费者树立正确的绿色消费理念,从而做到入脑、入心、入行动。绿色消费既是实现可持续消费的消费方式,其本身又是可持续消费的重要内容。不过,在中国,由于可能存在的"消费者收入水平低、消费者环保意识差、绿色产品冒充现象严重以及绿色消费观念还未深入人心"等问题,中国绿色消费与西方发达国家还存在一定的差距,绿色消费只是在都会城市、发达地区才引起了社会各界的高度重视。

2. 文明消费

文明消费的提出是针对不文明的消费现象而提出的,是在中国物质文明与精神文明建设的情景中提出的。随着中国人民可支配收入的增加,在满足基本的生存消费之后,消费支出日趋多元化,不文明的消费方式也随之而来。对于不文明的消费方式,胡德斌⑤归纳为了四类,分别为红色消费、白色消费、灰色消费和黑色消费。红色消费指人们普遍存在"婚姻大事潇洒办一次";白色消费指人们在"丧葬"中"请地仙看风水、做道场"等不文明的习惯;灰色消费是指现在所形成的"从婴儿出生、满月、百日、周岁到升学、参军、招工、提干、升职、订

---

① 欧特曼. 工业对绿色消费主义的反应[J]. 现代外国哲学社会科学文摘, 1994(1): 9-12.
② 周海刚. 绿色消费大观[J]. 消费经济, 1995(2): 54-55.
③ 黄李琴. 和谐社会与绿色消费[J]. 社会科学论坛, 2006(2): 41-43.
④ 唐方方. 中国绿色消费的现状与发展趋势[J]. 经济研究参考, 2011(2): 3-7.
⑤ 胡德斌. 文明消费自我肩负——农村畸形消费现状及思考[J]. 农村经济与技术, 2001(10): 12-13.

婚、结婚"等一系列事情中形成的送礼风；黑色消费，主要指当前封建迷信活动所造成的金钱的浪费。显而易见，这些或愚昧或落后的不文明的消费方式不仅不利于中国的精神文明建设，而且也浪费了大量的资源、破坏了生态环境，对中国经济的可持续发展极为不利。有鉴于此，健康文明的消费逐渐获得人们的认可和践行。

有学者将文明消费与知识经济相联系，认为"知识经济在消费领域最大特点是知识的消费要求文明消费、科学消费，不断提高消费的文明程度，提高消费质量，促进人的智能化和人的全面发展，适应知识经济发展的要求"[1]。所以，文明消费"就是知识经济提倡的与自然和谐的适度层次消费"[2]。与较不文明的消费相比，文明消费不仅注重适度消费，而且更加注重消费水平和消费质量的提高，绝不铺张浪费；文明消费提倡物质消费与精神消费并重，更加注重精神消费。也正因如此，文明消费是提高人们生活质量的消费方式，是节约资源的消费方式，它对"维持生态环境平衡、减少环境污染、应对资源短缺、创建低碳生活等具有极其重要的作用"[3]，使得消费和生产更加具有可持续性。

3. 适度消费

适度消费可以从微观和宏观两个角度进行理解。从微观角度来看，适度消费主要强调"个人消费与其收入和家庭状况相适应"[4]；从宏观角度理解，适度消费就是指"与生产力发展想适应的消费"[5]。不过，无论是微观层面的适度消费，还是宏观层面的适度消费，他们均具有两个方面的含义，即"在一定的国民收入中，个人和社会消费需求的增长要与国民收入的增长相适应；在积累率既定的情况下，个人和社会的消费倾向不能超过在一定价格水平下的实际社会商品供应量"[6]。

之所以说适度消费属于可持续消费，不仅因为适度性原则是可持续消费的原则之一，而且还因为作为适度消费的两个对立面，超前消费和消费不足均对国民经济的持续发展和个人生活水平的稳步提高不利，均不会带来国民经济和个人生

---

[1] 尹世杰. 知识经济与文明消费[J]. 中南工业大学学报（社会科学版），1999（3）：7-10.
[2] 窦坤芳. 走向知识经济的文明消费[J]. 辽宁师范大学学报（社会科学版），2004（4）：28-30.
[3] 祁小平. 文明消费的哲学思考[J]. 青海民族大学学报（教育科学版），2011（6）：17-20.
[4] 李彦和. 适度消费，转变生活方式[J]. 消费经济，2010（6）：6-7.
[5] 杨素珍. 适度消费与反适度消费[J]. 经济问题，1987（7）：30-31.
[6] 王相品. 适度消费的衡量标志[J]. 经济问题，1986（7）：37-41.

活水平的提高持续推进。具体来看，消费不足表明生产相对于消费过剩，消费长期不能消耗掉过剩的产能是一种经济失衡的状态，必将使企业生产的不可持续性，导致一国经济危机的爆发。超前消费是消费相对于生产过多，最终会导致投资不足。生产是经济长期增长的推动力，投资不足必将影响长期的生产活动，使得一国经济失去长期增长的动力。并且，超前消费使得资源的消耗量增加，可能会造成巨大的资源浪费，导致国家之间、一个国家不同居民之间消费不公平现象的出现。所以，从相反的角度来看，适度消费是"一种生态型消费，要求实现人与自然的共生和谐及可持续发展；是一种均衡的消费，要求实现人类代内以及代际的消费公正；是一种综合性消费，要求实现消费的综合发展以及人们生活质量的全面提升"[①]。

4. 低碳消费

低碳消费行为的研究始于20世纪70年代，早期的研究大部分受高油价和对能源安全的关心驱动；20世纪90年代到21世纪初的相关研究则更多地受到可持续发展和气候变暖的影响[②]。在中国，学术界对于低碳经济的研究起步较晚，以低碳消费为关键字在中国期刊网全文数据库搜索相关文献发现，2009年之后才有相关研究出现，其中2009年有3篇，2010年有42篇，2011年有76篇。所谓低碳消费方式，是指"一种基于文明、科学、健康的生态化消费方式，低碳消费着力于解决人类生存环境危机，其实质是以'低碳'为导向的一种共生型消费方式"[③]。

可持续消费要求企业在生产过程中节约资源、保护环境，要求消费者在进行最终消费的过程中适度消费，注重对生态环境的保护，坚持人与自然和谐相处。低碳消费要求企业生产过程中减少碳排放，消费者最终消费适度消费，节约资源和能源。生态消费要求促进了可持续消费的实现，是一种可持续消费的消费方式。

---

① 王苏，苗润田. 消费伦理观念的现代转向[J]. 求索，2008（2）：47-49，211.
② 徐国伟. 低碳消费行为研究综述[J]. 北京师范大学学报（社会科学版），2010（5）：135-140.
③ 唐姨军. 中国低碳消费问题及对策分析[J]. 现代商贸工业，2010（18）：3-4.

5. 生态消费

生态消费是国际消费发展的大趋势①。不过，由于分析的角度不同，视角各异，不同的学者对于生态消费具有不同的理解。例如，有些学者认为，所谓生态消费，是指"消费的内容、方式符合生态系统的要求，有利于环境保护，有助于消费者健康，能实现经济的可持续发展"②的消费方式。也有些学者认为，生态消费的基本内涵是"在确立人与自然和谐、协调的思想意识基础上，提供服务及相关产品以满足人类的生活需要，提高人类生活质量，同时使自然资源的消耗量最小，使服务或产品在在其生命周期内产生的废物和污染物最少，从而不危及后代的需要"③。显而易见，生态消费"提倡节约，倡导理性消费；提高质量，鼓励精神消费；崇尚环保，提倡健康消费；坚持公平原则，实现和谐消费"④。

生态消费从企业生产的角度来看，要求生产过程中注重自然生态环境的保护，使得生产活动造成的自然生态影响控制在生态环境的承载能力之内。在消费者最终消费环节，生态消费要求消费者购买对于生态友好性产品，理性消费；在产品的使用过程中，降低对于生态环境的不利影响，不因为产品的使用而给其他人的生态需求造成负面的影响；在产品寿命终结时，要通过循环使用、回收利用等途径使产品的价值发挥到最大，产品对生态环境的影响降低到最小限度。

6. 责任消费

责任消费的流行和受到关注与企业社会责任逐步为社会各界理解和接受以及消费者主权意识的觉醒相联系。三种底线理论和利益相关方理论是企业社会责任的理论基础。根据三重底线理论，企业的经营活动需要满足经济底线、社会底线和环境底线；根据利益相关方理论，企业需要不仅为股东负责，而且还应当为包括股东在内的企业员工、消费者、社区、环境、政府等更大范围内的利益相关方负责。作为消费者主权意识的一个重要表现形式，社会意识的消费者首先在西方发达的市场经常国家出现，所谓社会意识消费者可以被定义为"考虑他或她的私人消费的公共后果的消费者，或者试图使用他或她的购买权利带来社会变革的消

---

① 毛中根，林哲. 从生态消费看人与自然的和谐相处 [J]. 生态经济，2007（6）：147-152.
② 胡江. 生态消费迈向 21 世纪的新消费 [J]. 生态经济，1999（3）：64.
③ 李贯岐. 对生态消费问题的探讨 [J]. 理论学刊，2002（6）：69-70.
④ 蓝娟. 论生态消费及其实现 [D]. 四川：成都理工大学科学技术哲学，2007.

费者"①。正因为消费者具有社会意识,所以消费者往往将企业履行社会责任的管理和实践情况作为自己购买行为的一个重要的考量因素,如果企业在运营过程中没有履行社会责任,消费者可以通过"货币选票"而不去购买该企业的产品或服务;如果企业在运营过程中很好地履行了社会责任,消费者可以通过"货币选票"去购买该企业的产品或服务。消费者通过自己的购买行为可以使负责任的企业更好地经营和可持续发展,可以使不负责任的企业遭受挫折,从而在创造一个更加美好的世界过程中作出应有的努力和贡献,这就是消费者的一种负责任的消费行为。

具有社会意识的消费者关注责任消费,对于责任消费的概念,国内外不同学者具有不同的观点,有些学者认为,社会责任消费是指"消费者做出的与环境资源问题相关的行为和购买决策,这些消费行为和购买决策在满足个人需要的同时,还关心它们可能的负面影响"②。也有些学者认为,"消费者在购买、使用、消费商品获得商品价值、满足心理需要、得到感官享受的时候,应该承担与消费该商品有关的连带责任"③。另外,还有些学者认为,"责任消费是指消费者通过有鲜明价值导向的'选择消费'、'货币投票'和维权监督等方式,去支持、鼓励符合国家标准级产业政策的优质商品与服务,摒弃、抵制不符合国家标准及产业政策的商品与服务,推动企业自觉履行社会责任的消费观念、消费态度、消费行为和消费方式"④。显而易见,由于责任消费要求消费者在消费过程中更加负责任,所以它本身是一种可持续的消费方式。消费者只有负责任地进行消费才能够使得企业更加负责任,从而创造一个更加美好的、可持续的消费行为。

五、本书对于可持续消费的认识

基于本书的目的和意义,在定义层面,本书较为认同《可持续消费的政策因

---

① Frederick E. Webster, Jr. Determining the Characteristics of the Socially Conscious Consumer [J]. Journal of Consumer Research, Vol. 2, No. 3 (Dec., 1975): 188–196.
② John H. Antil. Socially Responsible Consumers: Profile and Implications for Public Policy [J]. Journal of Macromarketing, 1984: 18–39.
③ 杨林. 浅议责任消费:走出困境 [J]. 企业导报, 2010 (6): 241–242.
④ 赵顺发, 刘玉玲, 魏秀丽. 消费者对企业社会责任及责任消费的认知调查分析 [J]. 现代商业, 2011 (9): 285–286.

素》的定义，即"提供服务以及相关产品以满足人类的基本需求，提高生活质量，同时使自然资源和有毒材料的使用量减少，使服务或产品的生命周期中所产生的废物和污染物最少，从而不危及后代的需求"[①]。在类别方面，本书从狭义的可持续消费入手，即消费者最终产品消费过程中的可持续性。

从而，本书认为，可持续消费是消费者在购买服务以及相关产品以满足基本需求、提高生活质量的同时，促使自然资源和有毒材料的使用量减少，使服务或产品的生命周期中所产生的废物和污染物减少，促进企业履行社会责任，促进社会和谐，不危及后代的发展。

更进一步来讲，本书关注两方面问题：一是消费者的消费行为与企业履行社会责任绩效之间的关系；二是消费者的消费行为与生态环境的关系。

第三节 研究框架及方法

一、技术路线

首先，基于可持续消费在全球发展的整体背景，可持续消费在中国的发展情况以及包括可持续消费概念、可持续消费的类别、可持续消费坚持的原则等，课题组提出了可持续消费的概念和本书的重点领域。在此基础上，结合中国实际情况，构建了包括"基本情况"，"消费认知与消费习惯"以及"企业形象、产品特征与消费行为"三个组成部分的调查问卷，对北京、上海、广州、沈阳、西安和成都六个中国主要城市的消费者进行抽样，开展网上调查，获取数据。

其次，基于收集到的问卷调查数据构建数据库，对调查问卷涉及的主要题器

[①] 张坤民.可持续发展论[M].北京：中国环境科学出版社，1997. (英文为：the use of goods and services that respond to basic needs and bring a better quality of life while minimizing the sue of natural resources, toxic materials and emissions of waste and pollutants over the life cycle, so as not to jeopardize the needs of future generations.)

进行描述性统计分析，较为全面地反映中国可持续消费情况。

最后，提出可持续消费模型，根据模型从问卷中抽取题器，构建中国可持续消费指数，综合分析中国可持续消费状况。

中国可持续消费研究技术路线如图1-1所示。

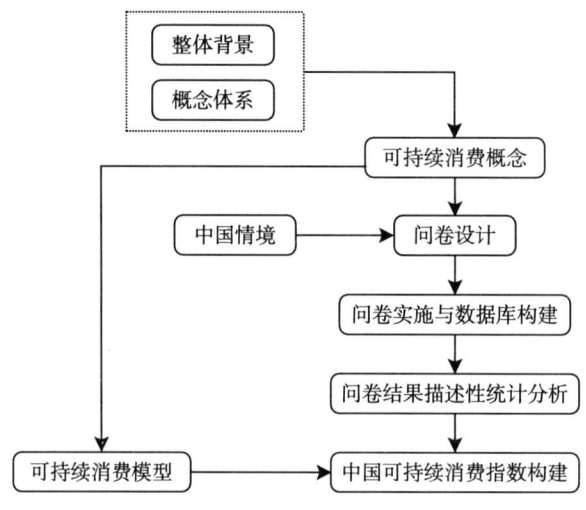

图1-1　中国可持续消费研究技术路线

二、研究框架

第一章：概论。本章包括四节，第一节为研究背景和意义，主要分析了可持续消费提出的主要背景，本书的理论和实践意义。第二节为关键概念体系，主要介绍了可持续消费的概念，可持续消费类别，可持续消费坚持的原则，不同类型消费方式，为本研究问卷设计以及整体安排打下理论基础。第三节为研究框架及方法，主要介绍本研究的整体技术路线、主要框架和在每章应用的主要研究方法。第四节为中国可持续消费现状，主要介绍了中国各方力量对于可持续消费的推进。

第二章：可持续消费问卷调查概述。本章包括三节，第一节为问卷设计，从基本信息、消费认知与消费习惯以及企业形象、产品特征与消费行为三个方面介绍了本书所设计的调查问卷。第二节为在线调查，在介绍调研方法和流程控制及管理的基础上，对于本书需要特别说明的内容进行了介绍。第三节为样本特征，基于调查问卷的结果，从十个方面介绍了本次调查对象的基本情况。

第三章：中国可持续消费基本特征。本章包括三节，第一节为中国可持续消费认知情况，主要介绍了调查对象对于可持续消费概念的理解，以及调查对象对于自己在可持续消费过程中所扮演角色的认知。第二节为中国消费者可持续消费品选择情况，主要介绍调查对象在选择购买绿色产品的过程中的考量因素。第三节为中国消费者产品处理情况，主要介绍了调查对象在产品处理过程中的主要方式。

第四章：中国企业形象、产品特征与消费行为。本章包括四节，第一节为企业形象与企业认同感，主要介绍了消费者对于企业形象的认同情况。第二节为消费者对企业履责信息关注特征，主要介绍了调查对象对于企业整体形象以及企业履行市场责任、社会责任、环境责任的相关信息的关注情况。第三节为企业履责行为与消费者购买倾向特征，反映了调查对象对于可持续消费的认知，企业市场责任、社会责任、环境责任履行情况对消费者购买倾向的影响。第四节为企业履责行为消费者支付意愿，反映调查对象如何以购买支出支持积极履行社会责任的企业。

第五章：中国可持续消费指数。本章包括六节，第一节为可持续消费指数的构建，主要介绍可持续消费指数构建的基本思路和过程。第二节至第五节分别从信息关注维度、购买倾向维度、支付意愿维度以及行为表现维度进行了定量分析。第六节计算出综合的可持续消费指数，并分析了不同特征消费者的指数差异。

第六章：进一步推动中国可持续消费发展。基于可持续消费理论和中国可持续消费的整体状况，提出进一步推动中国可持续消费发展的建议。

中国可持续消费研究报告（2012）研究框架如图 1-2 所示。

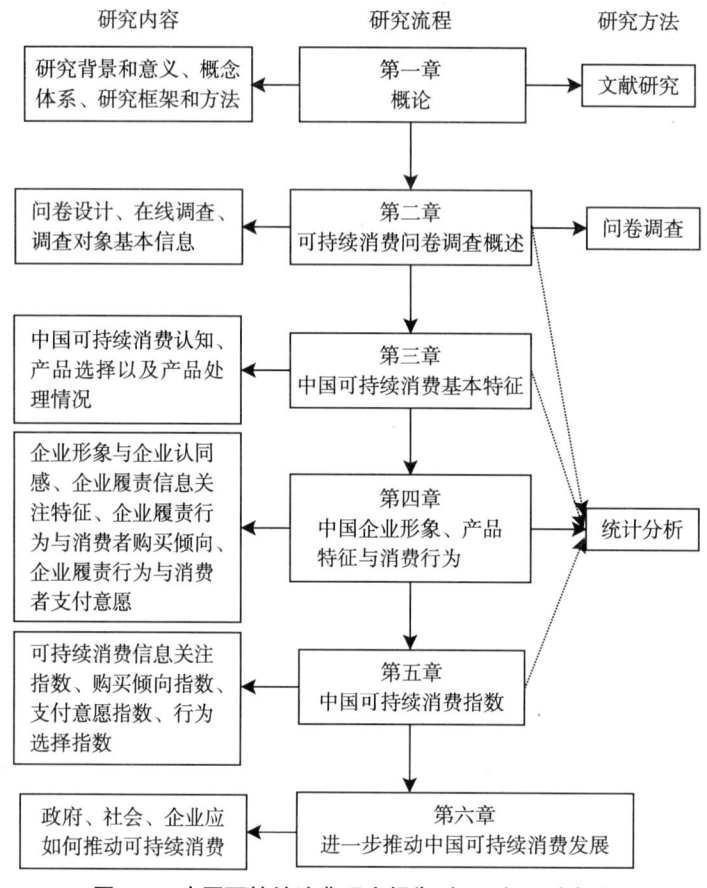

图1-2 中国可持续消费研究报告（2012）研究框架

三、研究方法

本书的研究方法主要为文献研究、问卷统计分析和案例研究方法。

文献研究主要指收集、鉴别、整理文献，并通过对各类文献的分析形成对事实的科学认识。在本书中，文献研究方法主要体现在第一章，本书对国内外可持续消费研究文献进行综述。一方面阐述本书的主要背景，并解释了可持续消费的意义；另一方面对文献进行了综合评述，阐述了可持续消费的概念、分类、坚持原则以及不同类型消费之间的比较。

问卷调查法主要指根据调查目的设计调查问卷，通过向调查对象发放调查问卷，回收调查问卷，收集调查对象信息的研究方法。在本书中，第二章采取了此方法，即根据研究目的，设计了包括基本信息、消费认知和消费习惯以及企业形象、产品特征与消费行为的调查问卷，并通过网络的方式收集调查对象关于可持续消费的信息。

统计分析是指运用统计方法及与分析对象有关的知识，从定量与定性的结合上进行的研究活动。在本书中，第二章、第三章、第四章和第五章采用了此种方法。本书在收集、整理网络问卷调查数据的基础上，通过利用统计分析方法探索中国可持续消费的整体特征，并对不同调查对象的特征之间的关系进行了分析。

在附录二中还应用了案例研究，对欧莱雅（中国）可持续消费典型案例进行分析，为企业应对可持续消费提供借鉴和有益参考。

第四节　中国可持续消费现状

一、政府对可持续消费的推动

如前所述，中国政府高度重视可持续消费在中国的形成和发展，不仅签署了一系列的中国国际协议和倡议，而且在党和国家的一系列重要文件中不断强调可持续消费对于中国经济的可持续发展、生态环境保护、社会进步所起到的举足轻重的作用。除此之外，中国政府还在各种法律法规、政府财政中，身体力行积极推进可持续消费在中国的发展。

作为政府这种积极行动的重要内容之一，结合欧美各国的实践经验，中国环境标识应运而生。所谓环境标识，是一种标在产品或其包装上的标签，是产品的"证明性商标"，它表明该产品不仅质量合格，而且在生产、使用和处理处置过程中符合特定的环境保护要求，与同类产品相比，具有低毒少害、节约资源等环境优势①。环境标识制度在全球范围内受到极大的关注和采用,发挥了重要作用,它不仅可以倡导可持续消费、引领绿色潮流,而且还跨越贸易壁垒、促进国际贸易发展,不仅如此,经济发展规律鼓励企业选择环境标志②。经国家环保总局授权、经国家认证认可监督管理委员会认可,国家环保总局专门成立了环境认证中心,基于ISO9001、ISO14001等体系对有关企业进行认证。不仅如此,中国政府还身体力行,要求在政府采购的过程中将环境标准作业采购产品的重要考量因素。早在2006年10月24日,中国财政部和国家环保总局就联合颁布《关于环境标志产品政府采购实施的意见》,该意见规定:各级国家机关、事业单位和团体组织用财政性资金进行采购的,应当优先采购环境标志产品,不得采购危害环境及人体健康的产品。一年以后,针对国家节能减排工作的严峻形势,国务院又下发了《节能减排综合性工作方案的通知》,该通知要求"加强政府机构节能和绿色采购","认真落实《节能产品政府采购实施意见》和《环境标志产品政府采购实施意见》,进一步完善政府采购节能和环境标志产品清单制度,不断扩大节能和环境标志产品政府采购范围……建立节能和环境标志产品政府采购评审体系和监督制度,保证节能和绿色采购工作落到实处。"据统计,2007年,政府采购节能环保两类产品总额达164亿元,占同类产品采购的84.5%③。中国环境标准已经成为中国推进可持续消费的一条重要的工具,在推进中国环境保护工作中取得了极大的成就④,比如,显著地促进了公众身体力行,参与环境保护工作;通过宣传环境标准倡导了绿色消费理念;打击假冒伪劣产品,促进市场环境的净化等。

中国政府还制定积极推行建筑的绿色化,致力于绿色建筑的制度化建设,推动中国可持续消费。2005年,建设部发布"关于请组织开展《绿色建筑评价标准》编制工作的函"。2006年,根据该函要求,中国建筑科学研究院、上海市建筑科学研究院会同有关单位编制了《绿色建筑评价标准》。2007年,建设部依据《绿色建筑评价标准》又分别制定了《绿色建筑评价技术细则(试行)》和《绿色建筑评价标识管理办法(试行)》。2008年,中国住房和城乡建设部成立了绿色

---

① 中国环境标志认证. http://kjs.mep.gov.cn/zghjbz/xgzhsh/200604/t20060428_76245.htm .
② 环境标志在全球范围的作用. http://kjs.mep.gov.cn/zghjbz/xgzhsh/200611/t20061106_95531.htm.
③ 政府"绿色采购"已成中国发展循环经济重要助力. http://kjs.mep.gov.cn/zghjbz/xgbd/200812/t20081223_132735.htm.
④ 中国环境标志巨大成就. http://kjs.mep.gov.cn/zghijbz/xgzhsh/200611/t20061106_95533.htm.

建筑评价标识管理办公室对绿色建筑进行评价，该中心还根据《绿色建筑评价标识管理办法（试行）》对《绿色建筑评价标识实施细则（试行）》进行了修订，并编制了《绿色建筑评价标识使用规定（试行）》和《绿色建筑评价标识专家委员会工作规程（试行）》。一系列绿色建筑制度的形成，标志着中国绿色建筑制度不断确立。另外，中国也在能耗标签等方面确立了一系列的政策、制度和措施，极大地推进了中国家电的节能环保，促进中国家电市场的可持续消费。

二、企业对可持续消费的推动

企业积极推进可持续消费有两条路径：一是可持续生产，减少生产过程对社会、环境的消极影响；二是促进消费者对其产品需要过程中的可持续消费，即最终产品的可持续消费。

企业在生产过程中的可持续消费主要表现为资源、能源利用效率的提高以及对生态环境的影响和污染最小化。比如，在能源、资源效率方面，作为中国具有举足轻重的电网企业之一，南方电网公司长期致力于线损综合管理，努力降低输变电环节电能损耗。2010年，该公司综合线损率为6.28%，仅降低线损一项每年就可以节约电量4.5亿千瓦时，极大地实现了公司生产过程中的可持续消费。在提高能源利用效率方面，作为中国石化行业的重要参与者，中国石化在2011年专门安排了环保隐患治理项目，包括油泥沙治理、采油气污水治理、大气污染治理、污水治理（含地下水污染防治和清污分流等）、三泥减排、水体风险防范、环境监测系统等，这些项目的实施显著地降低了中国石化公司运营过程中对于环境的影响，使得自身的生产活动不对环境的可持续性造成负面影响，从而从生产的角度推进了可持续消费。

企业在消费者消费过程中促进可持续消费主要体现在企业的产品开发、产品处理以及销售过程中。比如，2007年12月31日，国务院办公厅发布了《国务院办公厅关于限制生产销售使用塑料购物袋的通知》之后，多数零售商积极响应，纷纷拒绝提供免费的塑料购物袋，整体上降低了中国塑料购物袋的使用数量，降低了消费者在消费过程中对于环境的负面影响，促进了可持续消费。再如，作为中国化妆品行业的领军企业之一，欧莱雅依据包装方面可持续的"3R"原则，即

"尊重消费者与自然,减少包装对原材料的耗用,以及可再生材料的使用",采取了多项举措推进可持续的包装。比如,针对过度包装问题,欧莱雅启动更为严格的包装材料用量评估流程,要求每一个新包装设计必须不能超过欧莱雅包装用量的使用上限才能进入到开发阶段。仅此一项,2010年和2011年节省了62.4吨和52.24吨聚丙烯(PP)材料,不仅促进了消费者在消费欧莱雅产品过程的可持续性,而且欧莱雅自身也由于该项措施的实施而节约了资源,降低了成本。

三、非政府组织对可持续消费的推动

除了政府和企业积极推进中国可持续消费之外,研究机构、行业协会以及其他非营利性组织通过各自的活动促进了可持续消费在中国的认知和实践。

在研究机构层面,中国社会科学院企业社会责任研究中心、商道纵横、WTO经济导刊等长期致力于企业社会责任研究,通过企业社会责任研究不断推进中国企业以及消费者的可持续消费认知。以中国社科院企业社会责任研究中心为例,自2009年以来,该中心每年出版《中国企业社会责任研究报告》,对中国300家最大、知名度最高、对经济社会的影响最大的国有企业、民营企业和外资企业的社会责任管理水平和社会责任信息披露水平进行评价。通过评价引起了企业对于自身企业社会责任管理和信息披露的关注,通过评价引起了消费者对于企业社会责任信息的关注。企业如果不积极开展社会责任实践,并以企业社会责任为突破口推进中国的可持续消费,可能会受到消费者的抵制购买行为;与此相反,如果企业积极开展社会责任实践,进行节约资源、保护环境等活动,则可以获得消费者更多的对于其产品的购买,更高的对于其产品的支付。

在行业协会层面,中国各类协会组织也积极倡导可持续消费。以中国消费者协会为例,中国消费者协会积极推动可持续消费,致力于推动广大消费者树立先进的消费观念和消费方式,科学消费、文明消费、健康消费、和谐消费。2001年,中国消费者协会将当年主题定为"绿色消费";2008年,将"消费与责任"作为当年的主题;2012年,又将"消费与安全"作为该年主题。中国消费者协会的一系列主题活动,不断提高消费者维权的意识和水平,增强消费者节约资源和环保意识,注重对老人、儿童、农民等弱势群体的保护,宣传科学、合理的消费观念。

第二章 可持续消费问卷调查概述

第一节 问卷设计

《中国可持续消费问卷调查》由三部分构成：被调查者基本信息；消费认知与消费习惯以及企业形象；产品特征与消费行为。

一、基本信息

"基本信息"是本问卷调查的第一部分。"基本信息"标识了调查对象的基本属性，本调查问卷设计了14个标识调查对象特征的基本信息。具体包括调查对象所在的城市、性别、年龄、婚姻状况、家庭规模、家庭当前月收入、教育程度、月消费支出、月支出花销情况、月购物时间、购物场所选择、网上购物经历以及出国经济等14个基本问题。其中，为了使调查对象在所在地区、性别和年龄方面表现出均衡性，在对问卷信息进行收集时，我们对基本信息中的所在城市、性别和年龄三个属性进行了限制处理，如表2-1所示。

表2-1 中国可持续消费调查问卷"基本信息"举例

A1. 请问您所在的城市？
1. 北京　　　2. 上海　　　3. 广州　　　4. 武汉　　　5. 成都　　　6. 沈阳
A2. 请问您的性别？
1. 男　　　2. 女
A3. 请问您的年龄？
1. 18岁及以下　　2. 19~29岁　　3. 30~39岁　　4. 40~49岁　　5. 50岁及以上

续表

A4. 请问您目前的婚姻状况是：
1. 未婚　　　　　2. 同居　　　　　3. 已婚　　　　　4. 离婚　　　　　5. 丧偶
A5. 请问您的家庭规模（包括您自己在内的家庭常住人口数）是？
1. 1 人　　　　　2. 2 人　　　　　3. 3 人　　　　　4. 4 人　　　　　5. 5 人及以上

二、消费认知与消费习惯

"消费认知与消费习惯"是问卷调查的第二部分。"消费认知与消费习惯"设计了 12 项题目，重点考察调查对象对于可持续消费的认识，在选择购买产品过程中的考虑因素，以及调查对象在处理废、旧产品时的可持续消费行为表现。由概论中对于可持续消费理论的介绍可以得知，可持续消费涉及产品消费的整个过程，贯穿产品的整个消费周期。部分题目的设计可以反映出调查对象对于可持续消费理念的认识、消费过程中的可持续性以及产品处理过程中的可持续性，覆盖了产品消费过程的整个过程，全面考察了调查对象对于可持续消费理念和实践的认识，如表 2-2 所示。

表 2-2　中国可持续消费调查问卷"消费认知与消费习惯"举例

B1. 哪些组织应该为可持续发展出力？（　　　）（可多选）
1. 政府　　2. 企业　　3. 消费者　　4. 非政府组织　　5. 慈善组织　　6. 其他（比如）
B2. 请问您选购绿色产品最主要的考虑因素是（　　　）（可多选）
1. 从使用安全性考虑　　　　2. 从保护环境考虑　　　　3. 从使用成本考虑
4. 跟随时尚潮流　　　　　　5. 对绿色产品有更好的理解　6. 更容易获得
7. 我因此获得了奖励　　　　8. 其他（请说明）
B3. 以下关于绿色产品的特征，您在购买时最看重的是（　　　）（可多选）
1. 产品材料对人体无害　　　　　　　2. 产品材料可再生、可回收
3. 产品使用过程节能节水，无污染　　4. 产品垃圾对环境污染小
5. 产品生产过程中，企业节能节水，无污染　　6. 都不关心
B4. 您不选购绿色产品的主要原因是（　　　）（可多选）
1. 与非绿色产品相比价格较高　　　　2. 不信任所谓的绿色产品
3. 不清楚绿色产品和非绿色产品的差异　　4. 其他（请说明）
B5. 请问您通常如何处理产品包装？（　　　）
1. 直接抛弃　　　　　　　　　　　　2. 留着多次使用，最终抛弃
3. 留着多次使用，最终进行废品回收　　4. 直接进行废品回收
5. 其他（请说明）

三、企业形象、产品特征与消费行为

"企业形象、产品特征与消费行为"是本问卷调查的第三部分。"企业形象、产品特征与消费行为"设计了 10 项题目,全面考察了调查对象对于企业或其产品可持续信息的关注、对可持续产品的购买倾向以及对可持续产品的支付意愿。基于关注影响购买倾向,购买倾向影响支付意愿的一般逻辑,本部分三个层面的题目设计环环紧扣,逐步深入,试图能够揭示出中国可持续消费的一般特征和规律。如表 2-3 所示。

表 2-3　中国可持续消费调查问卷"企业形象、产品特征与消费行为"举例

C1. 请问您在日常购物或者选择服务时,是否会在意生产商或者服务商的社会形象?
1. 完全不会　　　　2. 偶尔会　　　　3. 经常会　　　　4. 非常在意
C2. 请问您平常了解企业社会形象的渠道主要有哪些?(可多选)
1. 企业自身的宣传材料　　2. 媒体报道　　3. 政府认证
4. 专家学者的研究报告　　5. 朋友的讲述　　6. 自己亲身体验
7. 其他(请说明)
C3. 请问在您购物时,是否关心以下关于企业的信息?
a. 企业产品质量有问题,存在安全隐患(　　)。
1. 完全不关心　　2. 不太关心　　3. 说不清　　4. 比较关心　　5. 非常关心
b. 企业产品不环保,使用过程中会污染环境(　　)。
1. 完全不关心　　2. 不太关心　　3. 说不清　　4. 比较关心　　5. 非常关心
C4. 请问您是否赞同以下描述?
a. 如果一家企业积极参加慈善捐赠和社会公益事业,我会优先购买它的产品和服务(　　)。
1. 完全不赞同　　2. 比较不赞同　　3. 说不清　　4. 比较赞同　　5. 完全赞同
b. 如果一家企业爱护环境、投身环保事业,我会优先购买它的产品和服务(　　)。
1. 完全不赞同　　2. 比较不赞同　　3. 说不清　　4. 比较赞同　　5. 完全赞同
C5. 请问当在您选购产品时,了解到以下关于产品甲的信息,那么在产品功能相同的情况下,您最多能够接受产品甲高出一般产品百分之多少的价格?
a. 产品甲的生产企业切实保护员工权益(　　)。
1. 5%　　　2. 10%　　　3. 20%　　　4. 50%
5. 只要价格高出一般产品,就不能接受
b. 产品甲使用的材料都可循环、可回收再利用(　　)。
1. 5%　　　2. 10%　　　3. 20%　　　4. 50%
5. 只要价格高出一般产品,就不能接受

第二节 在线调查

一、调研方法

中国可持续消费在线调查采取固定样本访问方法。

首先,根据中国可持续消费项目对样本的所在地要求、性别比例要求以及年龄要求对样本库内的样本进行筛选抽样。

其次,以 E-mail 的形式,按照一定的比例,向从样本库内筛选出的样本发送在线调查问卷邀请。

再次,对响应中国可持续消费在线调查的访者进行实时质量和配额控制。

最后,收集成果访者的问卷调查信息。

二、流程控制及管理

(一)问卷编程

基于本书的调查方法,根据调查问卷的内容,首先将文本形式的调查问卷进行编程,将其转化为网络形式的调查问卷。主要包括两个方面的工作:

一方面,根据调查问卷的内容,设计网络形式的调查问卷,并对其版面进行设计,令版面更为易于为调查对象所接受,使整个调查问卷的过程更为直观,进度更为明显。

另一方面,由于网络形式的调查问卷与纸质版的调查问卷表现形式不同,信息的收集过程各异,因此对于初次编程的调查问卷需要进行测试。测试不仅测试整个系统的运作过程是否平稳,而且,还需要测试其他方面的信息,比如转化为网络形式的调查问卷之后是否有错误、网络问卷的版面设计是否符合要求等。

（二）抽样方案确定

1. 预期结果

根据项目设计方案，中国可持续消费在线调查对受访人群所在的城市、性别和年龄三个方面的数量进行了比例控制。在受访人群所在城市方面，我们最终获得的调查对象所在城市试图保持各个城市的数量能够保持平衡，均为500人；在性别方面，我们最终获得的调查对象性别试图保持1∶1的比例水平；在年龄方面，我们最终获得的调查对象年龄试图保持18~29岁的最多，年龄居于30~39岁的居于其次，40~65岁的人群也具有一定的比例。如表2-4所示。

表2-4 受访人群的目标配额

单位：人

城市	男	女	18~29岁	30~39岁	40~65岁	样本量
北京	250	250	225	200	75	500
上海	250	250	225	200	75	500
广州	250	250	225	200	75	500
武汉	250	250	225	200	75	500
成都	250	250	225	200	75	500
沈阳	250	250	225	200	75	500
总计	1500	1500	1350	1200	450	3000

2. 实际抽样

由于网络问卷面临一定的响应率问题，即发放了网络问卷之后，受访对象可能不接受问卷调查；或者即使受访对象接受了问卷调查，他们的条件不符合要求；或者即使受访对象接受了问卷调查，他们的条件也符合要求，可是他们的回馈的问卷调查内容不完善；或者即使受访对象接受了问卷调查，他们的条件也符合要求，他们回馈的问卷调查内容完善，可是他们回馈的问题之间存在一定的冲突，即不真实现象的出现。为此，我们发放的调查问卷邀请需要超出实际需要的数量。为此，根据以上受访人群在城市、性别、年龄上的比例要求，我们按照20%的响应率发送了总计为46500份的调查邀请。如表2-5所示。

表2-5 发送调查邀请数

单位：人

城市	男	女	18~29岁	30~39岁	40~65岁	样本量
北京	4100	3900	3000	3200	1800	8000
上海	3700	3800	2800	2800	1900	7500

续表

城市	男	女	18~29岁	30~39岁	40~65岁	样本量
广州	3900	3600	3000	2800	1700	7500
武汉	3800	4300	3100	3000	2000	8100
成都	3900	3900	2800	2700	2300	7800
沈阳	3800	3800	2700	2700	2200	7600
总计	23200	23300	17400	17200	11900	46500

(三) 数据采集

1. 最初结果

确定调查方案后，需要执行网络调查，包括发放样本邀请，并提醒受访者及时回答题目，配合完成在线访问。在数据的采集过程中，共计有7427位被访者响应了中国可持续消费在线调查。不过，由于并非所有的被访者都符合调查的条件，7427位被访者还需通过配额控制和质量控制环节才能最终成为本书所需要的数据。

2. 质量/配额控制

（1）配额控制。通过程序后台在城市、性别、年龄进行数量控制，一旦某个配额量（细分人群的目标样本量）完成后，再以出现相同条件的被访者会被终止该调查，共计3174位被访者因此而终止访问。

（2）质量控制。采用自动控制与人工审核相结合的全程质量控制方案，在不同时段对样本、问卷程序及调查数据进行监控，剔除不符合质量要求的样本，以保证最终结果真实、准确及合理，共计1249位被访者的数据因此而未被采用。

具体来看，在执行前期，通过样本进行筛选、对问卷程序设置陷阱题目，553位被访者因不符合甄别要求而被排除，139位被访者因陷阱题目而被终止访问。在执行中，通过对样本进行IP及PC的控制与限制、背景信息对比、答题时间限定，对数据进行开放题审核和答案相似度检查，533位被访者因陷阱题目而被终止访问。在执行结束时期，通过对数据进行检测，24位被访者因陷阱试题而被终止访问。

中国可持续消费在线调查质量控制流程如图2-1所示。

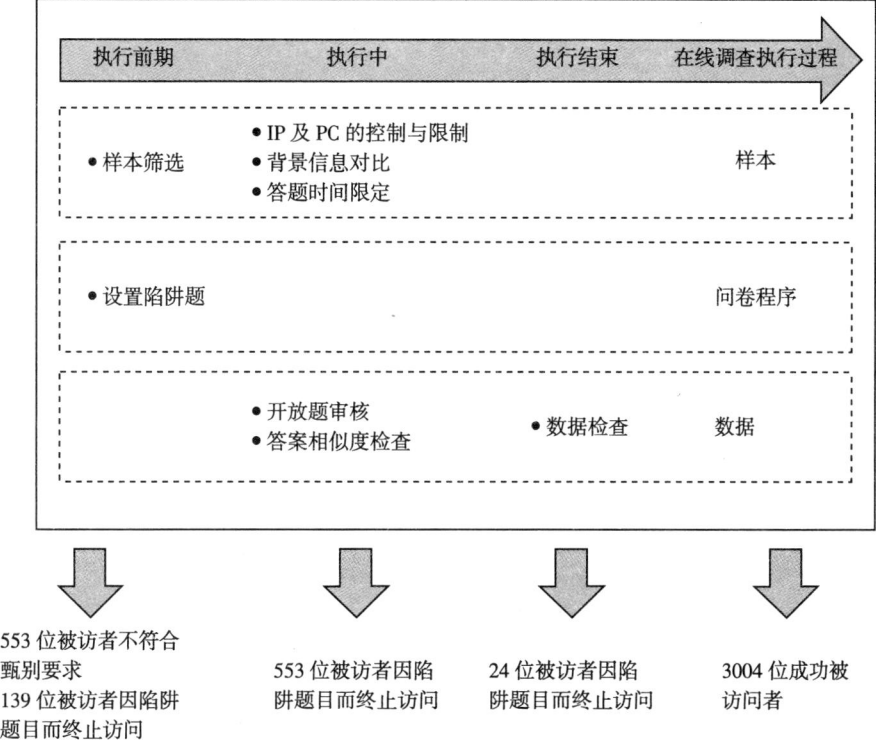

图 2-1 中国可持续消费在线调查质量控制流程

3. 最终结果

经过配额控制和质量控制，被访者成功完成的有 3004 位。

（1）各地区调查对象数量基本相等。本书问卷调查选取了中国大陆华北（北京）、华东（上海）、华南（广州）、华中（武汉）、西南（成都）和东北（沈阳）六个地区的六个典型城市作为信息的收集地，并分配六个城市大致相同的样本数量，最终共收集有效问卷 3004 份。其中，北京和武汉收集有效问卷均为 501 份，上海、广州、成都收集有效问卷均为 500 份，沈阳收集有效问卷为 502 份。如图 2-2 所示。

（2）调查对象性别比例均衡。在性别方面，本书问卷调查力求保持男女样本数量的平衡，分配了六个城市大致相同的样本数量，在最终收集有效问卷 3004 份中，男性样本有 1501 份（49.97%），女性样本有 1503 份（50.03%）。如图 2-3 所示。

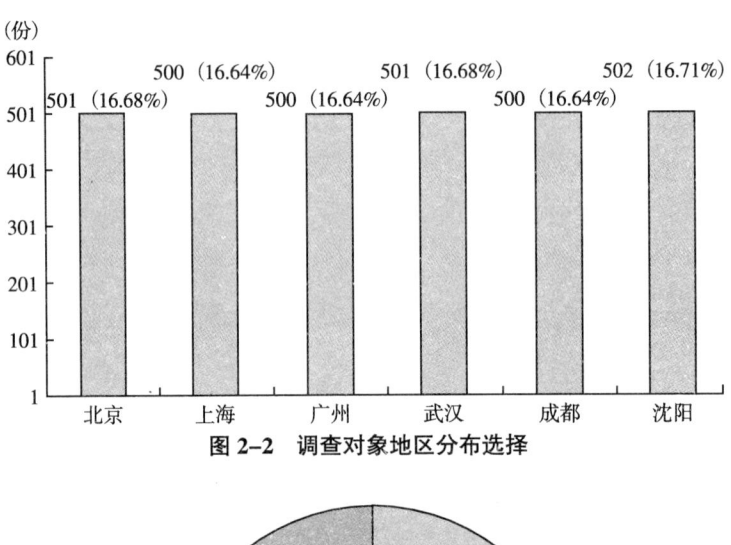

图 2-2 调查对象地区分布选择

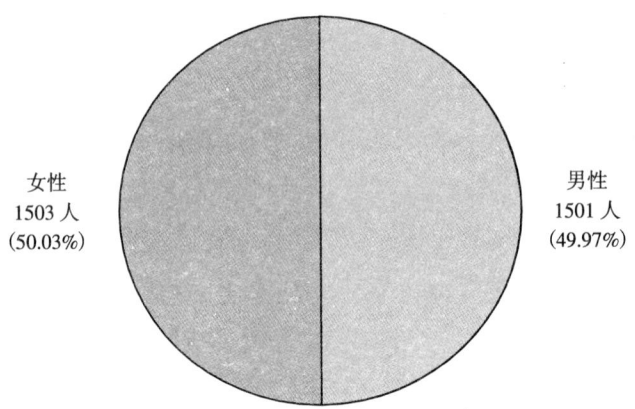

图 2-3 调查对象性别分布选择

（3）中青年调查对象居多。将年龄分为18岁及以下、19~29岁、30~39岁、40~49岁和50岁及以上五个年龄阶段，由于中青年人是消费的核心群体，本书问卷调查在样本数量上给予了较多的权重。在最终收集有效问卷3004份中，19~29岁、30~39岁和40~49岁三个年龄阶段收集有效问卷分别为1210份（40.28%）、1208份（40.21%）和503份（16.74%），18岁及以下和50岁及以上两个年龄阶段收集有效问卷分别为2份（0.07%）和81份（2.70%），如图2-4所示。

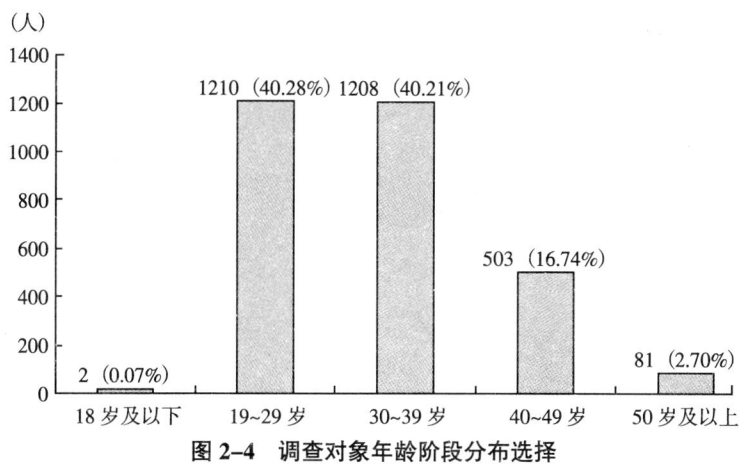

图 2-4 调查对象年龄阶段分布选择

三、重点说明

从调查的区域分布上来看，本调查分别选取北京、上海、广州、武汉、成都和沈阳六大城市作为调查目标所在地，六大城市分别处于华北地区、华东地区、华南地区、华中地区、西南地区、东北地区，在中国的区域上具有代表性，六大城市都是所在地区的中心城市，国际化程度高，可以代表所在地区经济、文化等的最高水平。从调查方式上来说，本书采取网络调查问卷的方式，基于设计的初始问卷，构建网络问卷调查系统，通过网络问卷调查对象系统，在对调查对象所在城市、性别以及年龄三个特征进行总量限定的基础上，展开网络调查。

由于选取调查对象所在城市都是中国举足轻重的大都市，生活在这些城市中的人口整体上具有较好的教育程度、较高的收入水平、较为广阔的视野，他们往往接触面广，对于新生事物具有较多的接触机会。所以，从这个角度来讲，本调查的结果可能代表中国可持续消费认识和实践的较高水平。

本书通过网络问卷调查方式进行问卷信息的收集，而经常使用网络作为主要沟通交流方式的人们往往具有较高的教育水平，并且，经常利用网络也增加了接触新鲜事物、新观念的可能性，对于新概念更为敏感，理解和认识也更加的深入。所以，从这个方面考量，调查对象对于可持续消费的认识和实践可能表现出高于中国整体平均状况的局面。

另外，由于可持续消费是更为先进、更为文明的消费方式，对调查问卷问题的回答本身可能让调查对象"误认为"是在对其消费方式进行评价。所以，从这个角度来讲，被调查对象具有一定的激励去选择"好"的选项而不去选择稍微坏的选项。这种情况的出现也可能导致调查结果整体好于实际水平可能性的出现。

第三节　样本特征

一、已婚调查对象最多

在3004个调查对象中，已婚的调查对象最多，有2234人（74.37%）调查对象为婚姻状况为已婚。婚姻状况为未婚（663人）、同居（83人）、离婚（24人）的调查对象依次降低，没有调查对象的婚姻状况为丧偶。如图2-5所示。

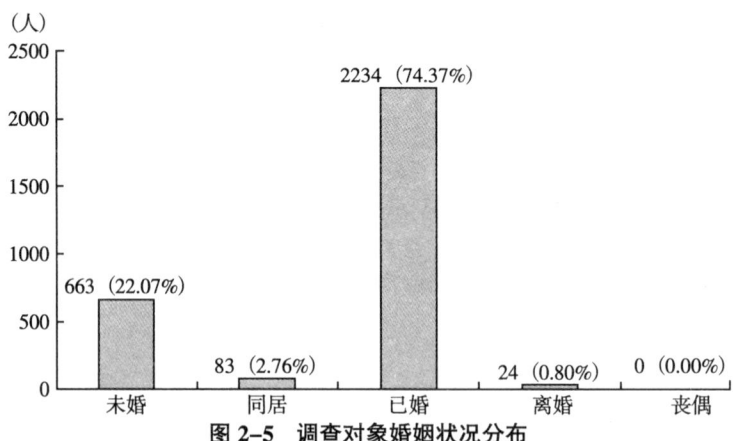

图2-5　调查对象婚姻状况分布

二、三口之家超过六成

将家庭规模分为1人、2人、3人、4人和5人及以上5个组别，在3004个调查对象中，家庭规模有3人（1854人）的最多，占总体调查对象的比例超过六成。其次,为家庭规模为4人(415人)的调查对象。家庭规模在5人及以上(381人)、2人(299人)和1人(55人)的调查对象数量依次降低。如图2-6所示。

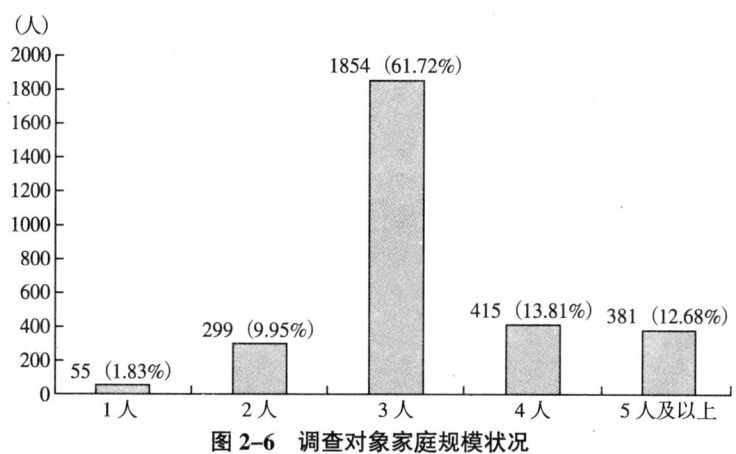

图2-6 调查对象家庭规模状况

三、家庭月收入在万元以上调查对象近四成

将家庭月收入分为2000元以下、2000~3999元、4000~5999元、6000~7999元、8000~10000元以及10000元以上六个组别。在3004个调查对象中,家庭月收入处于10000元以上(1107人)、8000~1000元(871人)、6000~7999元(618人)、4000~5999元(282人)、2000~3999元(99人)和2000元以下(27人)六个组别的数量依次减少。调查对象月收入中位数为8320.91元,整体收入水平较高,标准差为1964.78。如图2-7所示。

四、调查对象教育程度以大学本科为主

3004个调查对象的教育程度为大学本科(1894人)的数量最多,其次为大学专科(711人)的调查对象数量。初中(8人)和小学(1人)学历的调查对象不足1%;研究生及以上(241人)和高中及中专/技校(149人)学历的调查对象不足10%;没有调查对象未受过任何教育。如图2-8所示。

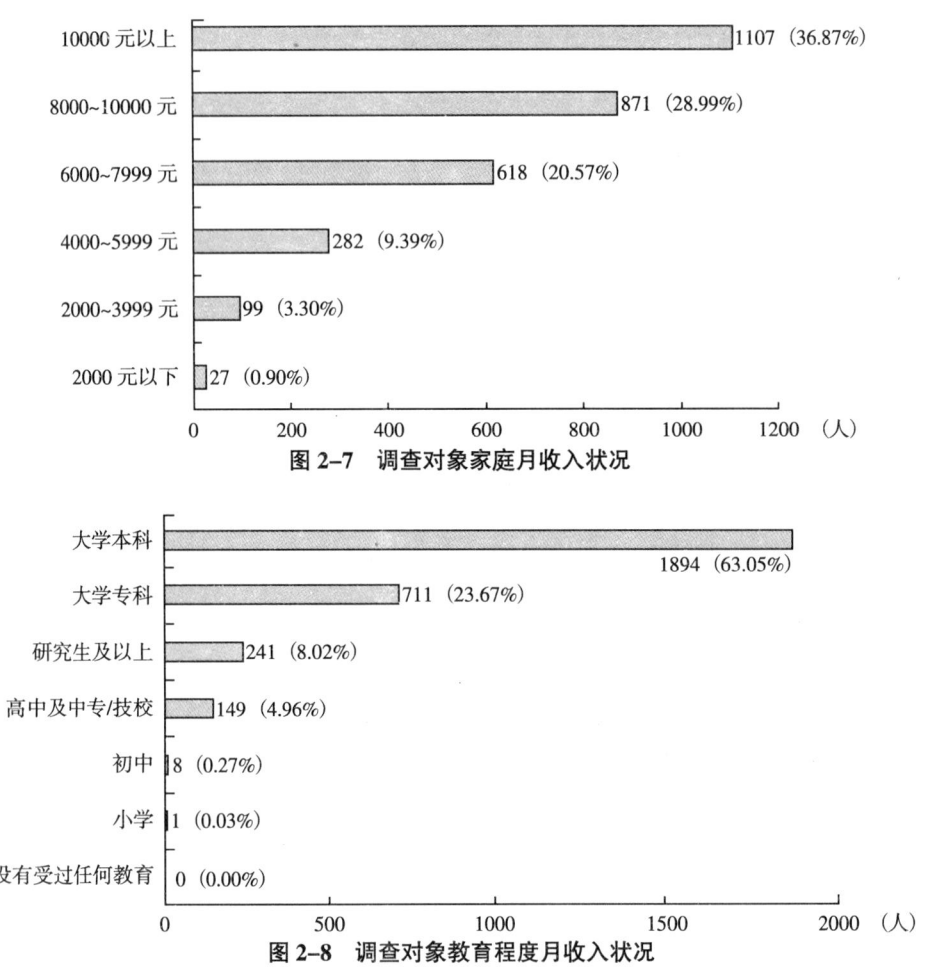

图 2-7 调查对象家庭月收入状况

图 2-8 调查对象教育程度月收入状况

五、一成对象数量月消费支出处于最高和最低组

月支出处于 4000~5999 元（1014 人）的调查对象数量最多，其次为月支出处于 2000~3999 元（867 人）的调查对象数量。月支出处于 1000~1999 元（472 人）、6000~7999 元（333 人）的调查对象依次减少；调查对象月收入处于 8000 元以上（167 人）和 1000 元以下（151 人）的数量最少。月支出中位数为 4060.25 元，标准差为 1986.31 元。如图 2-9 所示。

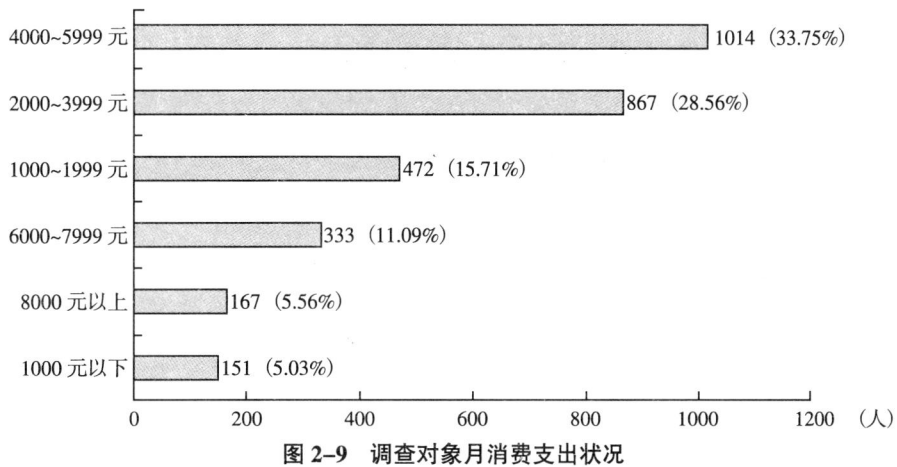

图 2-9 调查对象月消费支出状况

六、食品、衣着和居住为多数消费者最大的三项支出

食品（2700 人）支出位居调查对象支出榜首，衣着（2005 人）和居住（1233 人）支出紧随其后，食品、衣着和居住支出为消费者支出最大的三项。教育（922 人）、文化娱乐（796 人）、交通（598 人）、医疗保健（470 人）、通信（270 人）和其他（18 人），比如旅游/出行、美容、保险、家政/保姆、儿童用品等支出依次降低。如图 2-10 所示。

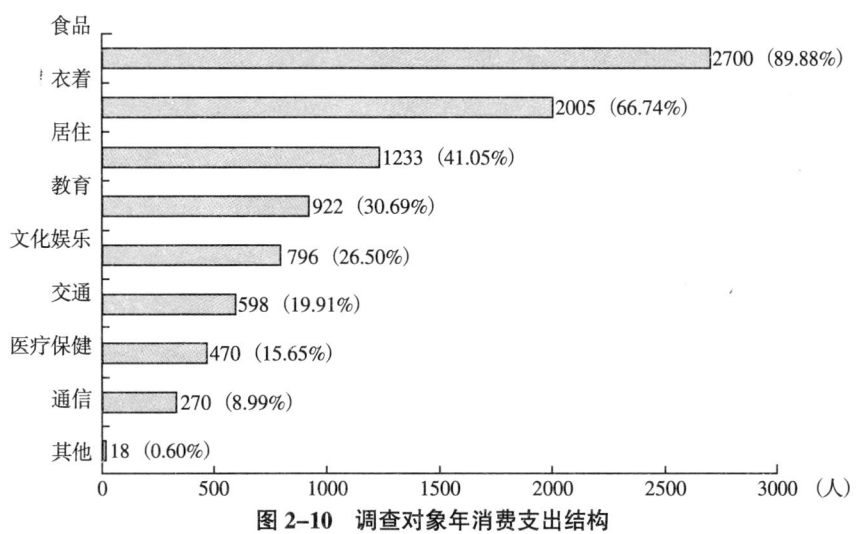

图 2-10 调查对象年消费支出结构

七、近五成调查对象月购物时间在五天以上

将购物时间分为基本不购物、1~2天、3~4天和5天以上四组，基本不购物（42人）调查对象最少，近五成调查对象购物时间在5天以上（1454人），购物时间在1~2天（457人）和3~4天（1051人）的调查对象依次增多。如图2-11所示。

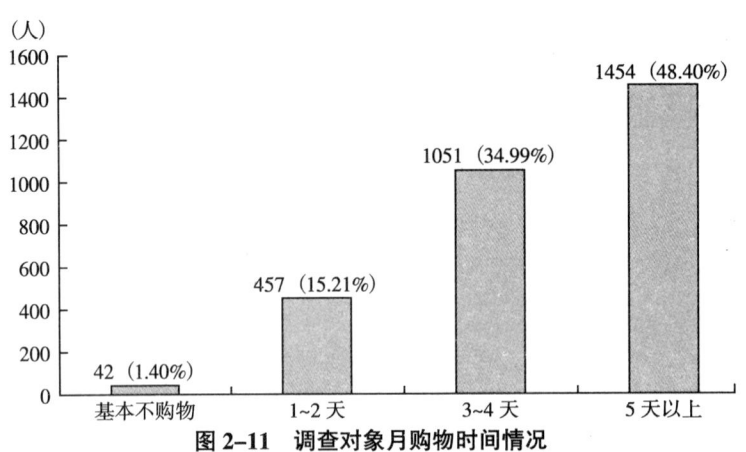

图2-11 调查对象月购物时间情况

八、大中型超市和购物中心/百货商店为最受青睐购物场所

九成调查对象经常去大中型超市（2724人）进行购物，经常去购物中心/百货商店（2416人）的调查对象过八成。经常去专卖店（1934人）、便利店（1910人）和仓储会员店（1865人）的调查对象均过六成。经常去社区周边固定摊位（1191人）、批发市场（1015人）和其他购物场所（58人，如网购、农贸市场等）的调查对象依次减少。如图2-12所示。

九、几乎所有调查对象具有网上购物经历

从不（92人）进行网上购物的调查对象不足百人，经常（1729人）进行网上购物的调查对象最多，非常热衷于网购（619人）和偶尔（564人）进行网购的调查对象数量依次降低。如图2-13所示。

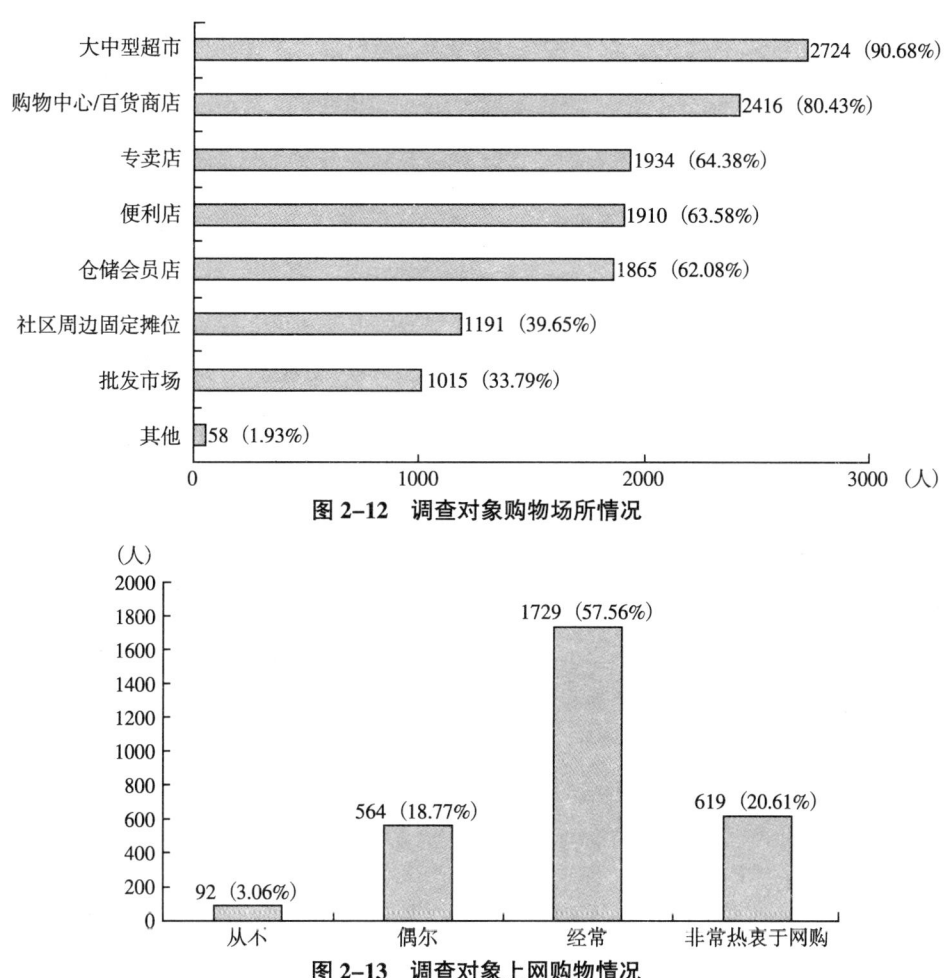

图 2-12 调查对象购物场所情况

图 2-13 调查对象上网购物情况

十、具有出国经历的调查对象近半数

在 3004 人调查对象中，具有出国经历（1396 人）的调查对象近半数，他们大多进行旅游、学习、工作/出差、探亲和购物等活动，没有任何出国经历的调查对象（1608 人）占 53.53%。如图 2-14 所示。

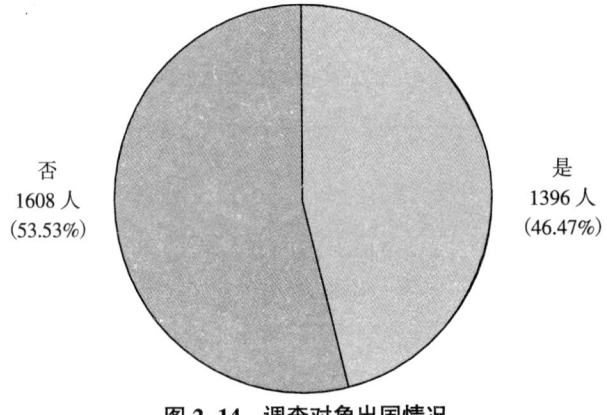

图 2-14 调查对象出国情况

第三章　中国可持续消费基本特征

第一节　中国可持续消费认知情况

一、了解可持续消费概念的消费者不足四成

从未听说（198人）可持续消费概念的调查对象不足一成，几乎所有的调查对象均听说过可持续消费。在听过可持续消费词汇的调查对象中，听说过但不清楚（1708人）可持续消费概念的调查对象最多，听说过并且了解（1098人）可持续消费确切含义的调查对象不足四成。可见，可持续消费词汇虽然不断进入中国消费者的视野，但是对于可持续消费概念的确切含义仍需要进一步普及和推广。如图3-1所示。

二、消费者消费理念不断提升

超过七成调查对象完全不赞同（972人）或比较不赞同（1219人）"消费是人人的事，与社会、环境的关系不大"的消费理念，比较赞同（332人）或完全赞同（185人）的调查对象不足两成，还有近10%的调查对象说不清（299人）是否"消费是人人的事，与社会、环境的关系不大"。自改革开放以来，中国消费者对于消费的认知和理念不断提升，大多数消费者已经不仅仅将消费看成自己

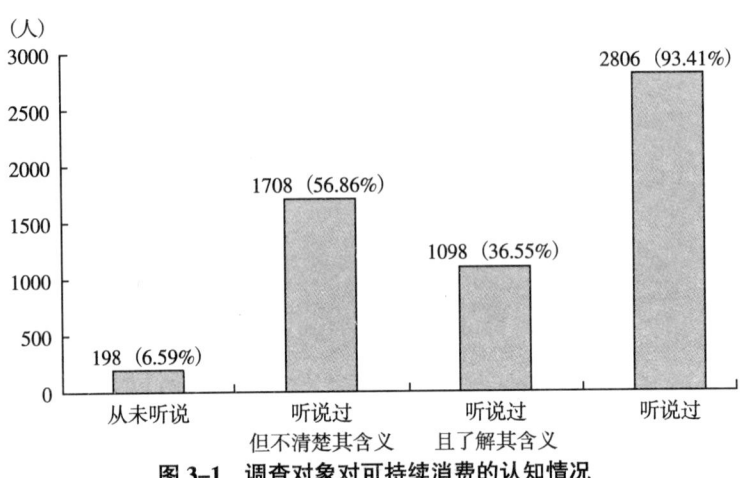

图 3-1 调查对象对可持续消费的认知情况

分内的事情,已经不断意识到个人的消费行为可能对社会或环境产生巨大的影响。如图 3-2 所示。

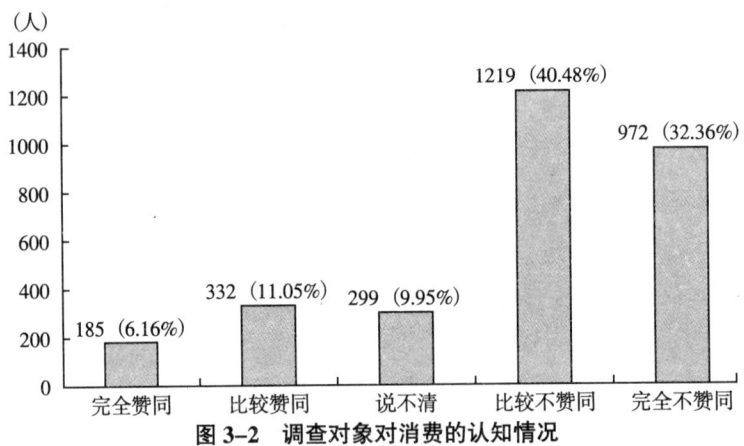

图 3-2 调查对象对消费的认知情况

三、过七成消费者认同自身与企业负责任行为有关

当问及调查对象对于"企业是否对社会、环境负责任与消费者的关系不大"的看法时,完全不赞同(1085人)和比较不赞同(1059人)的调查对象占多数;完全赞同(180人)的调查对象不足10%,与比较赞同(359人)加总后不足20%。不难看出,中国消费者大多认同"企业是否对社会、环境负责任"与自身

有关系，促使企业在经营活动的过程中采取更加负责任的社会、环境行动从而履行社会责任自然与消费者具有重要关系，消费者能够在促使"企业更负责任的行为"中发挥更大、更积极的作用。如图3-3所示。

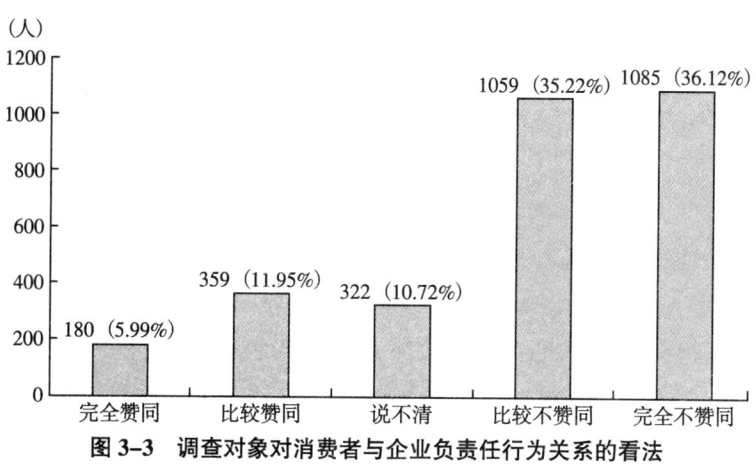

图3-3 调查对象对消费者与企业负责任行为关系的看法

四、多数消费者认为自身购买行为能够影响企业经营行为

比较赞同（1557人）"消费者可以通过购买选择影响企业经营行为"的调查对象超过半数，完全赞同（1101人）该观念的调查对象居于其次；说不清（274人）的调查对象，完全不赞同（16人）和比较不赞同（56人）的调查对象加总之后不足5%。显而易见，大多数消费者认为自身的购买行为能够对企业的经营行为产生影响，消费者在通过购买行为使企业的经营行为更加负责任过程中可以发挥更大的作用。如图3-4所示。

五、近九成消费者认为自身购买选择可以让环境更加美好

当问及调查对象对"消费者可以通过购买选择和消费行为让环境更加美好"观点的看法时，近九成调查对象表示比较赞同（1544人）或完全赞同（1124人），完全不赞同（19人）和比较不赞同（61人）的调查对象不足百人。消费者不仅认同通过自身消费选择影响企业的行为从而使得企业更加负责任，而且消费

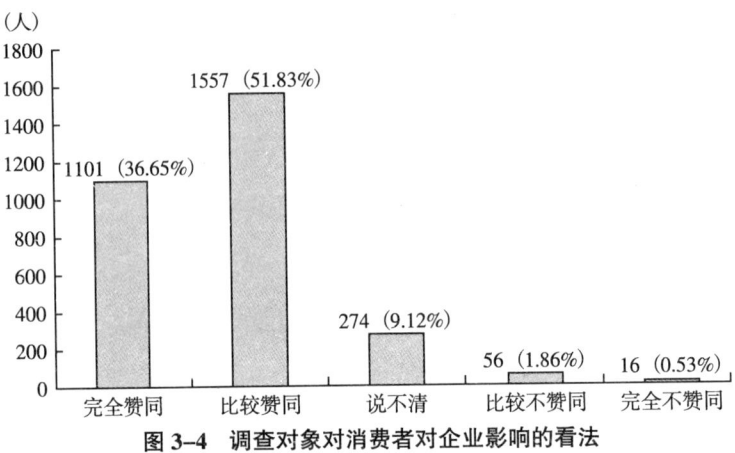

图 3-4 调查对象对消费者对企业影响的看法

者对于"通过自身的购买行为让环境更加美好"的观点也持积极、乐观态度。如图 3-5 所示。

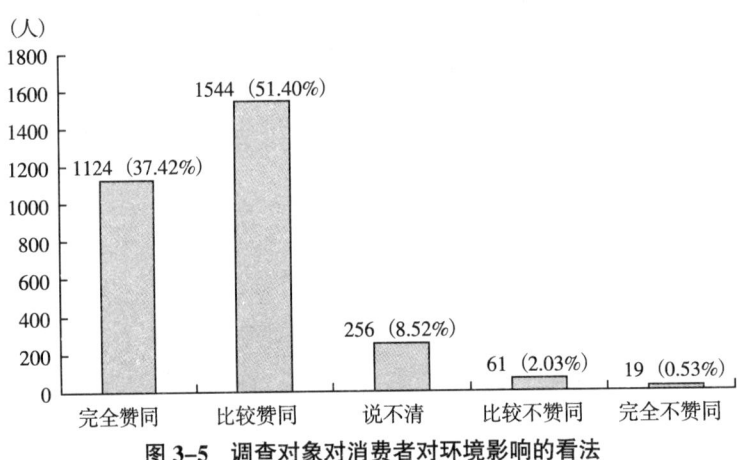

图 3-5 调查对象对消费者对环境影响的看法

六、消费者对"中国企业是否为负责任企业"看法基本积极

比较赞同（992人）"中国企业总体来说是负责任的企业"看法的调查对象最多，其次为说不清（953人）是否中国企业是负责任企业的调查对象，完全赞同（372人）该观念的调查对象也超过10%。除了上述三种对该观念的态度之外，比较不赞同（516人）和完全不赞同（171人）该观念的消费者超过两成。

总体来看，消费者对中国企业负责任行为的看法基本积极，中国企业需进一步开展社会责任管理和实践，并积极与自身利益相关方沟通和交流。如图3-6所示。

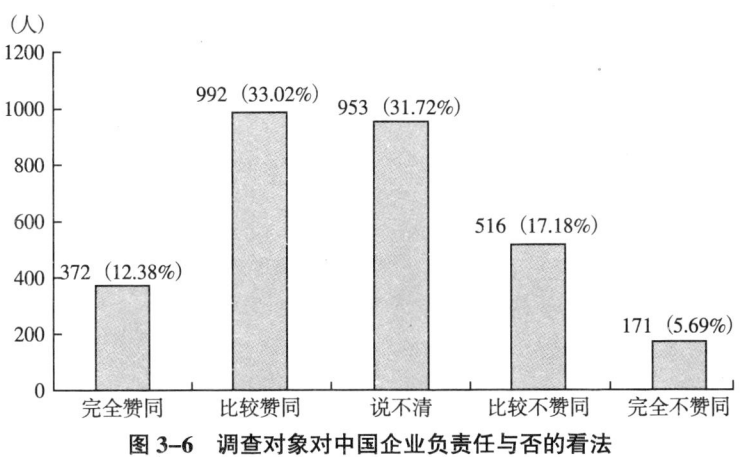

图3-6 调查对象对中国企业负责任与否的看法

第二节 中国消费者可持续消费品选择情况

一、中国消费者消费行为情况

（一）九成消费者购买电器时选择节能电器

近五成调查对象完全赞同（1405人）在购买冰箱、空调或热水器等家用电器选择节能电器，比较赞同（1334人）的调查对象紧随其后，近九成调查对象对节能家用电器有积极看法并采取购买行为。除去说不清（231人）是否选购买节能家用电器的调查对象之外，比较不赞同（27人）和完全不赞同（7人）的调查对象不足5%。显而易见，随着中国节能减排政策措施不断深入人心，在消费者层面来看，可持续消费不仅在理念上得到了消费者的认同，而且消费者在购买家用电器过程中选择购买节能电器的行为已经成为家用电器消费的主流。如图3-7所示。

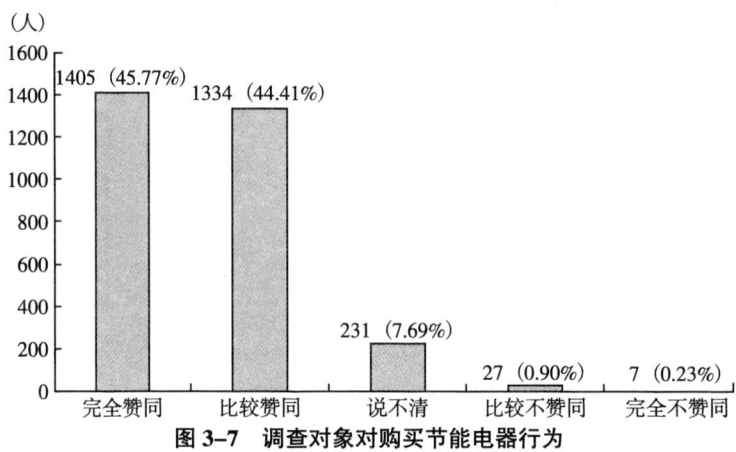

图3-7 调查对象对购买节能电器行为

> **小知识：能效标识**
>
> 能效标识是指附在产品或产品最小包装上的一种信息标签，用于表示用能产品的能源效率等级性能指标为消费者的购买决策提供必要信息引导和帮助消费者选择能源效率更高的产品。
>
> 能效标识应该包括以下基本内容：
>
> (1) 生产者名称或者简称。
>
> (2) 产品规格型号。
>
> (3) 能源效率等级。
>
> (4) 能源消耗量。
>
> (5) 执行的能源效率国家标准编号。
>
> 资料来源：王曲波，苏志坚.电器节能革命悄悄来临[J].中国检验检疫，2005（4）：18-19.

（二）多数消费者愿意购买节水产品

比较赞同（1443人）"购买的洗衣机或抽水马桶是节水产品"的调查对象最多，其次为完全赞同（1073人）购买节水产品和说不清（407人）是否购买节水产品的调查对象。比较不赞同（74人）购买节水产品和完全不赞同（7人）购买节水产品的调查对象不足百人。水是生命之源，淡水资源又是有限的，淡水的稀缺性以及保护淡水资源的重要性不言而喻，这不断促使人们保护和节约水资源意识的提升，购买节水产品不断引起了广大消费者的兴趣。如图3-8所示。

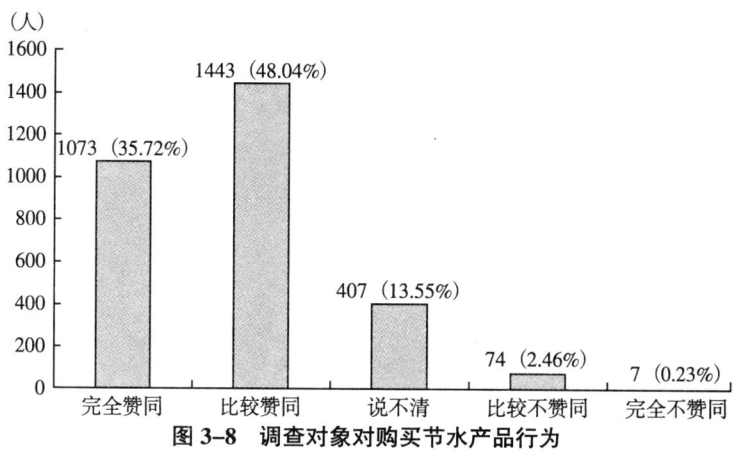

图3-8 调查对象对购买节水产品行为

小知识：节水型生活用水器具

节水型生活用水器具：满足相同的饮用、厨用、洁厕、洗浴、洗衣等用水功能，较同类常规产品能减少用水量的器件、用具。具体包括：

（1）节水型水嘴（水龙头）——具有手动或自动启闭和控制出水口水流量功能，使用中能实现节水效果的阀类产品。

（2）节水型便器——在保证卫生要求、使用功能和排水管道输送能力的条件下，不泄漏，一次冲洗水量不大于6L水的便器。

（3）节水型便器系统　由便器和与其配套使用的水箱及配件、管材、管件、接口和安装施工技术组成，每次冲洗周期的用水量不大于6L，即能将污物冲离便器存水弯，排入重力排放系统的产品体系。

（4）节水型便器冲洗阀——具有延时冲洗、自动关闭和流量控制功能的便器用阀类产品。

（5）节水型淋浴器——采用接触或非接触控制方式启闭，并有水温调节和流量限制功能的淋浴器产品。

（6）节水型洗衣机——以水为介质，能根据衣物量、脏净程度自动或手动调整用水量，满足洗净功能且耗水量低的洗衣机产品。

资料来源：中华人民共和国城镇建设行业标准：节水型生活用水器具.

(三)使用水时,极少消费者没有节约用水

与多数消费者愿意购买节水产品的整体态势相仿,大部分消费者在使用水时,均践行了节约用水,极少消费者没有节约用水。具体来看,完全赞同(1465人)和比较赞同(1289人)使用水时节约用水的调查对象超过九成,比较不赞同(31人)和完全不赞同(4人)使用水时节约用水的调查对象不足50人。另外,还有部分调查对象说不清(215人)是否在使用水时践行了节约用水行为。可见,保护、节约水资源意识已经深深地影响了消费者的习惯,并且已经成为消费者的自觉行动。如图3-9所示。

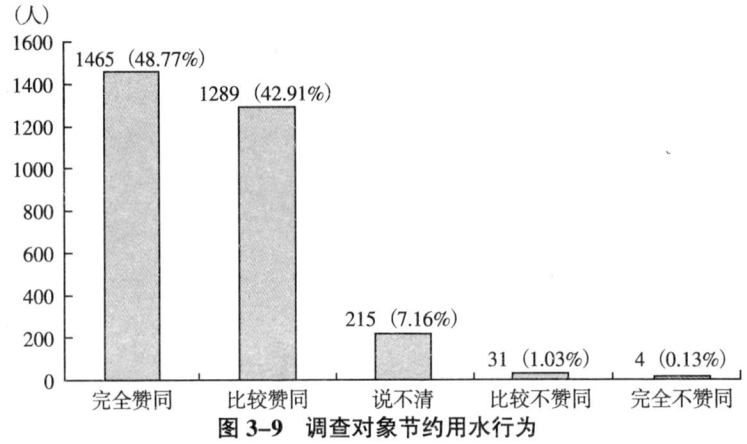

图 3-9 调查对象节约用水行为

小知识:世界水日

为了唤起公众的节水意识,建立一种更为全面的水资源可持续利用的体制和相应的运行机制,1993年1月18日,第47届联合国大会根据联合国环境与发展大会制定的《21世界行动议程》中提出的建议,确定自1993年起,将每年的3月22日确定为"世界水日"。以推动对水资源进行综合性统筹规划和管理,将强水资源保护,解决日益严峻的缺水问题。同时,通过开展广泛的宣传教育活动,增强公众对开发和保护水资源的意识。

资料来源:编者.世界水日专题[J].防灾博览,2010(2):44-47.

(四) 近八成消费者具有购买新技术开发的新产品倾向

新技术开发产品往往具有节约能源和资源、对环境友好等特点，近五成调查对象比较赞同（1460人）购买新技术开发的新产品，与完全赞同（920人）的调查对象加总将近80%。比较不赞同（97人）和完全不赞同（3人）的调查对象不足5%。另外，还有近20%的调查对象说不清是否购买新技术开发的新产品。如图3-10所示。

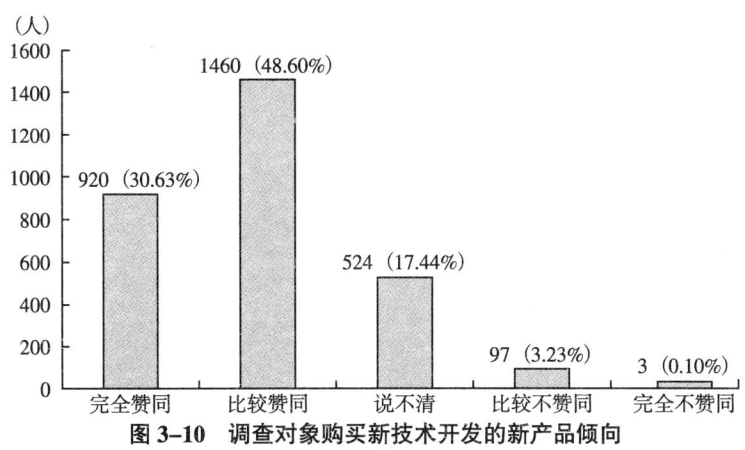

图3-10 调查对象购买新技术开发的新产品倾向

小知识：中国技术创新基金

技术创新基金是经国务院批准设立的支持科技型中小企业技术创新、促进科技成果转化的专项资金。国家设立技术创新基金旨在增强科技型中小企业创新能力，引导地方、企业、创业投资机构和金融机构对科技型中小企业技术创新的投资，逐步建立起符合社会主义市场经济规律、支持科技型中小企业技术创新的机制。

技术创新基金来源于中央财政预算拨款。基金的年度预算安排由财政部根据中央财政预算情况和创新基金年度工作计划确定。科学技术部会同财政部向国务院提交年度执行情况报告。

技术创新基金的使用和管理遵守国家有关法律、行政法规和相关规章制度，遵循诚实申请、公正受理、科学管理、择优支持、公开透明、专款专用的原则。

资料来源：科技型中小企业技术创新基金财务管理暂行办法。

(五)八成消费者经常购买具有"绿色标识"的食品

食品具有"绿色标识"标志着该食品是无公害的健康食品,八成消费者完全赞同(1069人)或比较赞同(1402人)购买具有"绿色标识"的食品,比较不赞同(54人)或完全不赞同(6人)购买具有"绿色标识"食品的消费者仅占总体调查对象的2%;另外,有15%的调查对象说不清(473人)是否在购买具有"绿色标识"的食品。显而易见,"绿色标识"食品不仅受到消费者的信任和青睐,而且,已经成为食品是否为无公害健康食品的重要体现。如图3-11所示。

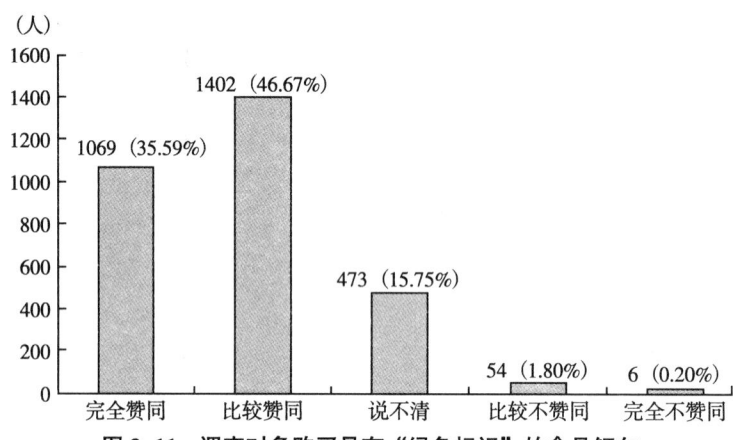

图3-11 调查对象购买具有"绿色标识"的食品倾向

小知识：绿色食品及绿色食品标识

绿色食品的"绿色"一词,体现了其所标志的商品从农副产品的种植、养殖到食品加工,直到投放市场的全过程实行环境保护和拒绝污染的理念,而并非描述食品的实际颜色。绿色食品是指遵循可持续发展原则,按照特定生产方式生产,经专门机构认定,许可使用绿色食品标志的无污染的安全、优质、营养类食品。

绿色食品标志是由中国绿色食品发展中心在国家工商行政管理总局商标局注册的质量证明商标,受国家商标法的保护。绿色食品标志有四种形式,包括图形、中文"绿色食品"、英文"Green Food",以及中英文与图形组合等。图形由三部分组成,即上方是广阔田野上初升的太阳,中心是蓓蕾,下方是植物伸展的叶片。整个图形表达明媚阳光下的和谐生机，提醒人们保护环境，创造人与自然的和谐关系。绿色食品标志是商标设计的典范，不仅图形简捷、美观、容易记忆，而且含义丰富深刻，同时图形无论放大还是缩小都很清晰，便于识别。

资料来源：杨叶璇. 解析绿色食品标志［J］. 中国防伪报道，2012（10）：21-23.

（六）多数消费者乐于购买具有"环境标识"的日化用品

"环境标识"不仅表明一件产品的质量过关，更说明了该产品在生产、流通、消费和处理的过程中符合环境保护的宗旨和要求。比较赞同（1402 人）购买"环境标识"的日化用品的调查对象最多，其次为完全赞同（975 人）购买"环境标识"的日化用品的调查对象数量，二者占总体调查对象的比例近八成，表明多数消费者乐于购买具有"环境标识"的日化用品。比较不赞同（69 人）和完全不赞同（8 人）的调查对象占总体调查对象的比例较少；说不清（550 人）愿意购买具有"环境标识"的日化用品的调查对象仅二成，说明"环境标识"要获得消费者更多的认可仍需进一步的推进和努力。如图 3-12 所示。

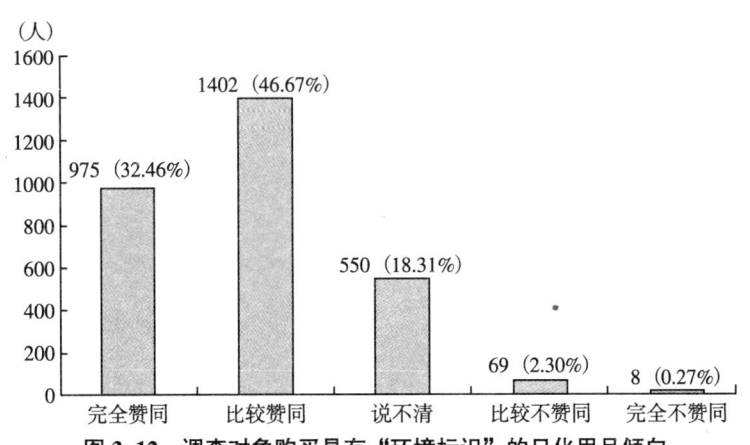

图 3-12 调查对象购买具有"环境标识"的日化用品倾向

小知识：中国环境标志

中国环境标志（俗称"十环"），图形由中心的青山、绿水、太阳及周围的十个环组成。图形的中心结构表示人类赖以生存的环境,外围的十个环紧密结合,环环紧扣,表示公众参与,共同保护环境;同时十个环的"环"字与环境的"环"同字,其寓意为"全民联系起来,共同保护人类赖以生存的环境。"

十环标志(十环型标志)是指在产品或其包装上的一种"证明性商标"。它表明产品不仅质量合格,而且符合特定的环保要求,与同类产品相比,具有低毒少害、节约资源能源等环境优势。可认证产品分类包括:办公设备、建材、家电、日用品、办公用品、汽车、家具、纺织品、鞋类等。

资料来源:中国环境标志认证管理办法。

(七)超八成消费者经常购买简约、环保包装的产品

产品包装本身是为了产品便于保存、运输等,但是,如今产品包装不断异化成产品的一种"营销手段",过度包装事件不断见诸报端。不过,调查数据显示,多数消费者并不认同过度包装,过半数调查对象比较赞同(1525人)购买简约、环保包装的产品,完全赞同(1079人)购买简约、环保包装产品的调查对象占35.92%。比较不赞同(41人)和完全不赞同(2人)购买简约、环保包装产品的调查对象不足2%;另外,还有超过10%的调查对象说不清(357人)是否购买简约、环保包装的产品。如图3-13所示。

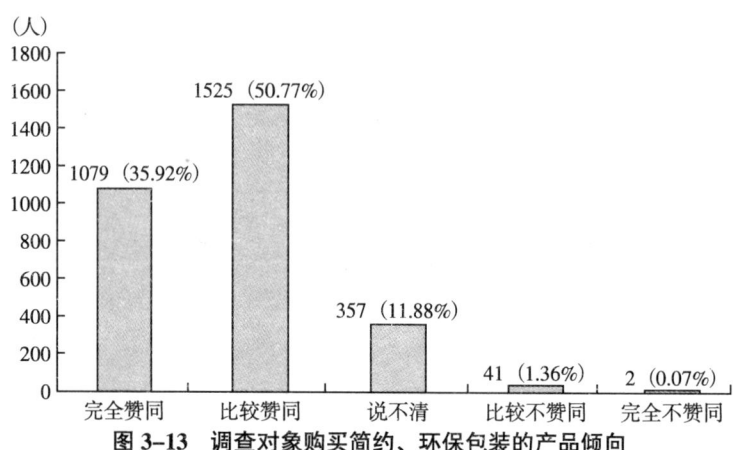

图3-13 调查对象购买简约、环保包装的产品倾向

> **小知识：绿色包装**
>
> 所谓"绿色包装"，就是说包装材料除了发挥应有的"包"和"装"的效用以及有助于商品附加值提高等作用之外，应无害于人类赖以生存的环境，还可以再利用，或是回归于生物圈的生态体系中。"绿色包装"包含了环境保护和资源再生两大关系人类生存与生活的切身问题，同时也意味着包装工业的技术革命。
>
> 资料来源：张宏旭.绿色包装——环保新课题[J].上海商业，2000（9）：47-49.

（八）乐于购买新能源产品消费者占八成

自20世纪70年代以来，全球先后爆发了三次规模较大的石油危机，全球能源安全不断引起人们的关注。作为解决全球能源安全问题的途径之一，新能源不断走入人们的视野、进入人们的生活。调查数据显示，八成调查对象完全赞同（996人）和比较赞同（1426人）购买新能源产品。比较不赞同（86人）和完全不赞同（10人）购买新能源产品的消费者不足百人。显而易见，新能源产品作为一种解决全球能源问题的重要途径不仅受到人们的关注，而且更体现到了人们的日常消费行为之中。如图3-14所示。

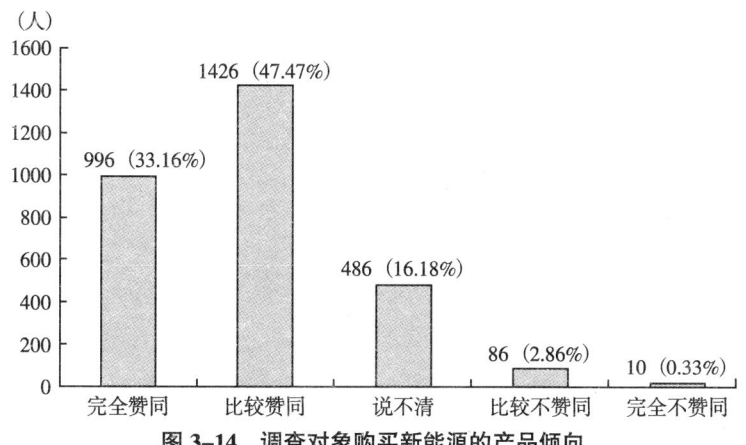

图3-14 调查对象购买新能源的产品倾向

> **小知识：世界范围内节能和新能源产品的开发特点**
>
> 在现阶段，节能和新能源产品的研究开发已经变成国际上产业和技术竞争的重要领域之一。世界范围内节能和新能源产品的开发的特点体现在以下几个方面：
>
> （1）节能和新能源产品更加重视对于可再生和可持续利用能源的开发。
>
> （2）节能和新能源产品的开发的重要目标是开发和探索能够降低污染的环保型节能和新能源产品。
>
> （3）节能和新能源产品的开发应该注意到要充分利用太阳、地球和自然界天然存在的能量，能够实现不同的自然能量之间的相互转化和应用。
>
> （4）节能和新能源产品技术的开发应该重视其所能够产生的经济效益。
>
> 资料来源：马杰. 浅谈低碳经济背景下节能和新能源产品的开发[J]. 科技风，2011（23）：220.

（九）六成消费者购物时拒绝使用塑料购物袋

作为一种重要的材料，塑料制品由于技术成熟、携带便利性、成本低等优点在世界范围内得到了广泛的使用。然而，由于其本身的难以降解性，废旧塑料制品的大量丢弃不仅影响了城市和农村的景观，而且对生态环境构成了潜在的威胁。不过，这种潜在的环境危害正在引起消费者的广泛关注。调查数据显示，超过40%的调查对象比较赞同（1216人）在购物时拒绝使用塑料袋，完全赞同（714人）调查对象超过二成。不过，对于购物时拒绝使用塑料购物袋的观念，仍有25%的调查对象说不清（767人）是否应该拒绝，10%的调查对象比较不赞同（284人）或完全不赞同（23人）购物时拒绝使用塑料购物袋。如图3-15所示。

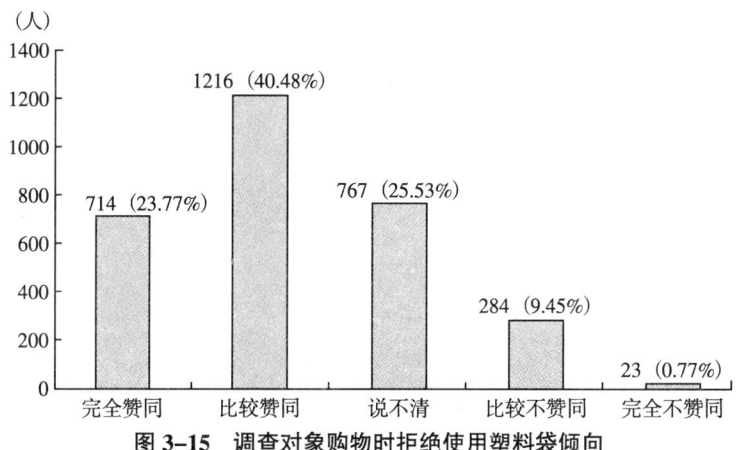

图3-15 调查对象购物时拒绝使用塑料袋倾向

> **小知识：塑料购物袋污染环境**
>
> 塑料购物袋是人们日常生活中的易耗品，用量大，中国每年都要消耗大量的塑料购物袋。塑料购物袋在为消费者提供方便的同时，也给社会带来一定的后患。由于过量使用及回收处理不到位等原因，造成了严重的能源资源浪费和环境污染。特别是超薄塑料购物袋容易破损，大多被随意丢弃，成为环境"污染"的来源之一。为了保护生态环境，进一步推进节能减排工作，中国国务院办公厅于2007年12月31日发布了关于限制生产、销售、使用塑料购物袋的通知，从2008年6月1日起，在全国范围内禁止生产、销售、使用厚度小于0.025毫米的塑料购物袋。
>
> 资料来源：陈日强，唐春，周广.塑料购物袋产品检验质量分析［J］.中小企业管理与科技（上旬刊），2011（8）：66.

（十）大多数消费者会尽量减少购买一次性消费品

毋庸置疑，一次性消费品即是使用一次即被丢弃的消费品；一次性消费品的大量使用造成了巨大的资源浪费，不利于消费的可持续性。数据显示，过半数调查对象比较赞同（1508人）尽量少购买一次性消费品，35.72%的调查对象完全赞同（1073人）尽量少购买一次性消费品，可见，大多数消费者会尽量减少一次性消费品的购买。与此相对，比较不赞同（63人）和完全不赞同（10人）尽量减少一次性消费品的调查对象不足5%；另外，还有11.65%的调查对象说不清

（350人）是否会在购物时选择减少一次性消费品。如图3-16所示。

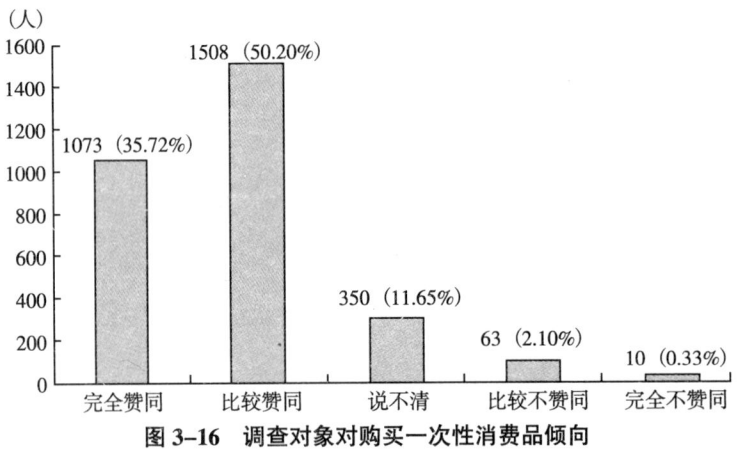

图3-16 调查对象对购买一次性消费品倾向

> **小知识："一次性消费品"消费文化**
>
> 　　当前社会，人们生活节奏日益加快，生活水平日趋提高，传统生活方式被逐渐放弃，类似"一次性"筷子、"一次性"纸巾、塑料袋等"一次性消费品"纷纷走入人们的日常生活。以手帕纸为例，在家用抽取式面巾纸，出门用便携式面巾纸，而手绢这种经济实惠又环保的传统用品，早已经淡出人们的日常生活。"一次性消费品"在很大程度上满足了当前社会中人们对"卫生、方便、快捷"服务的需求，但伴随而来的是消费者经济负担的直接增加、资源的巨大浪费以及环境污染的加剧。这种文化价值观必将会对中国的整个社会产生重大的影响，对人类的可持续发展及伦理价值等造成巨大威胁。
>
> 　　资料来源：史银娟，张忠潮．"一次性消费品"消费文化的功能分析[J]．人民论坛，2012 (11)：112-113．

（十一）九成消费者对损坏已购耐用品选择维修后继续使用处理

勤俭节约是中华民族的传统美德，勤俭节约在经济困难时期帮助我们渡过暂时难关，在经济社会日益富足的今天，勤俭节约使我们消费更加具有可持续性。调查数据显示，九成消费者对损害已购耐用品选择维修后继续使用处理。其中，完全赞同（1296人）该理念的调查对象超过40%；比较赞同1415人占

(47.10%)该理念的调查对象近五成。另外,比较不赞同(48人)和完全不赞同(6人)的调查对象不足2%,还有不足10%的调查对象说不清(239人)在家具、家电坏了且可以维修的话是否会维修后继续使用。如图3-17所示。

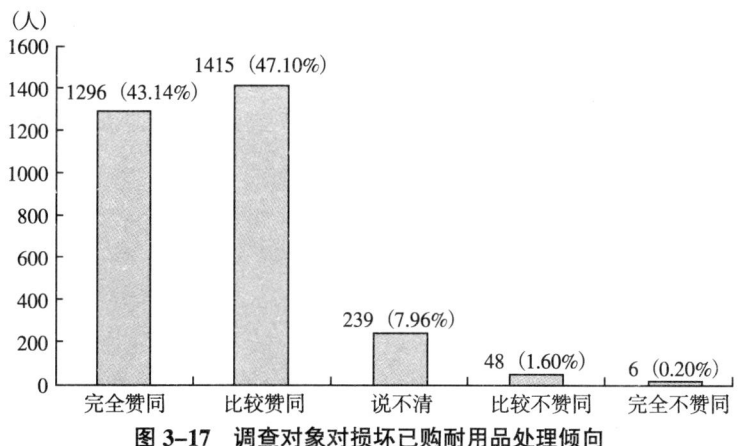

图3-17 调查对象对损坏已购耐用品处理倾向

(十二)七成消费者选择对垃圾分类后放入垃圾桶

垃圾分类回收是的垃圾"变废为宝",有利于稀缺资源的循环利用。近三成调查对象完全赞同(868人)对垃圾进行分类后放入相应的垃圾桶,四成调查对象比较赞同(1339人)认同该行为,反映了七成消费者在投放垃圾之前对垃圾进行分类。不过,虽然比较不赞同(177人)和完全不赞同(21人)该项行为的消费者不足10%,但仍有近20%的调查对象说不清(599人)是否应该对垃圾进行分类丢弃。如图3-18所示。

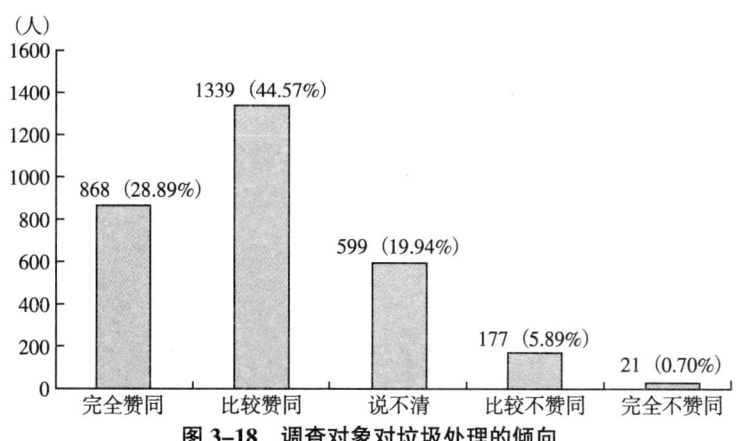

图3-18 调查对象对垃圾处理的倾向

> **小知识：中国城市生活垃圾**
>
> 垃圾分类，是指将性质相同或相近的垃圾分类装置，按照指定时间种类，将该项垃圾放置于指定地点，由垃圾车予以收取，或投入适当回收系统。垃圾的科学分类，是垃圾减量化无害化资源化处理的基础。垃圾分类是循环经济中的应有内容，垃圾分类的一个重要前提条件就是一些垃圾通过回收还可以再使用，即循环使用。
>
> 垃圾分类具有几个明显的好处：
>
> （1）可以减少占地。对垃圾预先进行分类，去掉能回收的，将大大减少垃圾的数量，自然减少了占地。
>
> （2）减少环境污染。废弃的电池含有金属汞镉等有毒的物质，会对人类产生严重的危害；土壤中的废塑料会导致农作物减产；焚烧垃圾也会产生大量的废气污染。因此分类回收利用可以减少危害。
>
> （3）节约资源。垃圾中有30%~40%可以回收利用，通过垃圾分类，将可回收的垃圾继续使用。
>
> 资料来源：刘梅. 发达国家垃圾分类经验及其对中国的启示 [J]. 西南民族大学学报（人文社会科学版），2011（10）：98-101.

（十三）多数消费者拒绝购买珍贵动物制作的衣服

利用动物皮毛制作衣服不仅有违文明社会的精神，而且可能造成珍贵动物的消失，进而导致生物多样性的锐减。拒绝购买珍贵动物皮毛制造的衣服是消费可持续的重要方面。调查数据显示，仅五成调查对象完全赞同（1369人）拒绝购买珍贵动物皮毛衣服，比较赞同（1120人）该行为的调查对象占比将近40%。比较不赞同（90人）和完全不赞同（17人）该行为的调查对象不足5%；另外，还有不足15%的调查对象说不清（408人）对该行为的看法。显而易见，中国多数消费者认同拒绝购买珍贵动物制作的衣服。如图3-19所示。

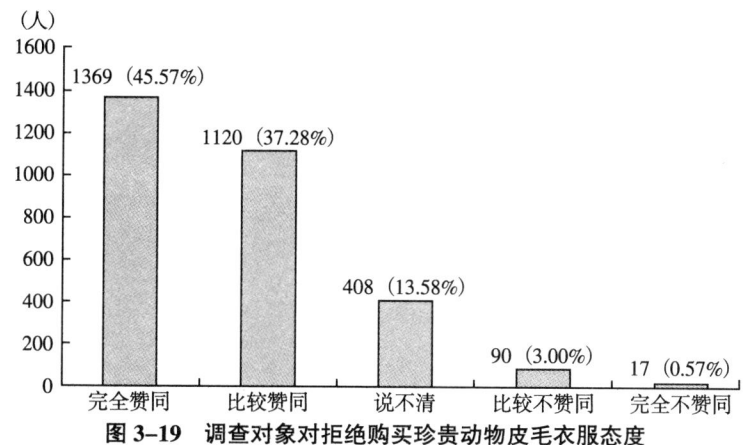

图 3-19 调查对象对拒绝购买珍贵动物皮毛衣服态度

(十四) 近九成消费者拒绝进食珍稀动物

"非典"疫情的肆虐不仅至今依然令人谈虎色变,而且不断引发人们经济、社会和伦理等方面的思考,进食珍稀动物不断受到人类良知和道德的拷问。调查数据显示,近九成消费者拒绝进食珍稀动物,完全赞同(1689 人)拒绝进食珍稀动物的调查对象超过 55%,比较赞同(962 人)该行为的调查对象超过 30%。说不清(297 人)、比较不赞同(41 人)和完全不赞同(15 人)观点的调查对象不足 15%。进食珍稀动物已经不得人心,拒绝进食珍稀动物成为中国消费者对待珍稀动物的主流。如图 3-20 所示。

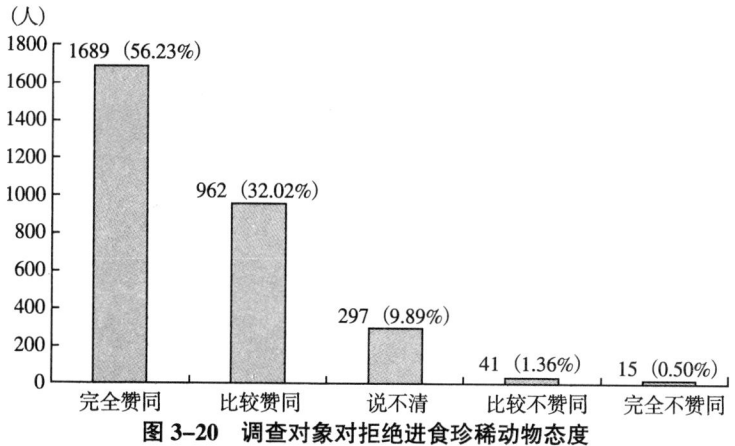

图 3-20 调查对象对拒绝进食珍稀动物态度

> **小知识：中国濒危动物现状**
>
> 中国是濒危动物分布大国。据不完全统计，仅列入《濒危野生动植物种国际贸易公约》附录的原产于中国的濒危动物有120多种（指原产地在中国的物种），列入《国家重点保护野生动物名录》的有257种，列入《中国濒危动物红皮书》的鸟类、两栖爬行类和鱼类有400种，列入各省、自治区、直辖市重点保护野生动物名录的还有成百上千种。随着经济的持续快速发展和生态环境的日益恶化，中国的濒危动物种类还会增加。
>
> 资料来源：中国网转自人民网，http://www.china.com.cn/aboutchina/zhuanti/ysdw/2008-12/02/content_16885707.htm.

（十五）多数消费者愿意缩短淋浴时间

消费者不仅在购买产品过程中选择节约水资源的类型，而且在生活过程中也身体力行，尽可能节约用水。随着中国人民生活质量的提高，生活用水量也"水涨船高"，作为生活用水的重要组成部分，洗浴过程中厉行节约不断引起人们的关注和践行。调查数据显示，近半数调查对象比较赞同（1476人）尽可能缩短淋浴时间，完全赞同（840人）的调查对象也近30%。另外，除了说不清（501人）是否应该尽可能缩短淋浴时间的调查对象之外，比较不赞同（168人）和完全不赞同（19人）的消费者综合不足10%。如图3-21所示。

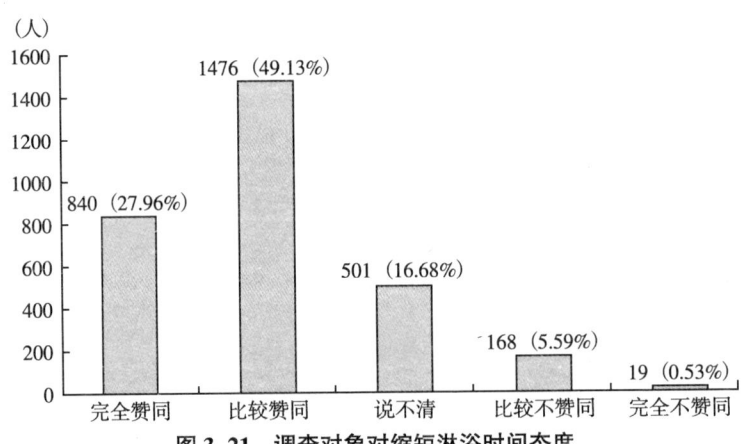

图3-21 调查对象对缩短淋浴时间态度

（十六）多数消费者尽可能重复使用水瓶而不是购买瓶装水

重复使用产品包装有利于节约资源，当问及对于重复使用水瓶而不是购买新的瓶装水的态度时，多数消费者尽可能重复使用水瓶而不是购买瓶装水。具体来看，完全赞同（971人）和比较赞同（1347人）使用水瓶反复装水而不是购买瓶装水的调查对象近八成。不过，说不清（462人）、比较不赞同（197人）和完全不赞同（27人）的调查对象仍占超过20%的比例，消费者重复使用水瓶装水的意识有待进一步提高。如图3-22所示。

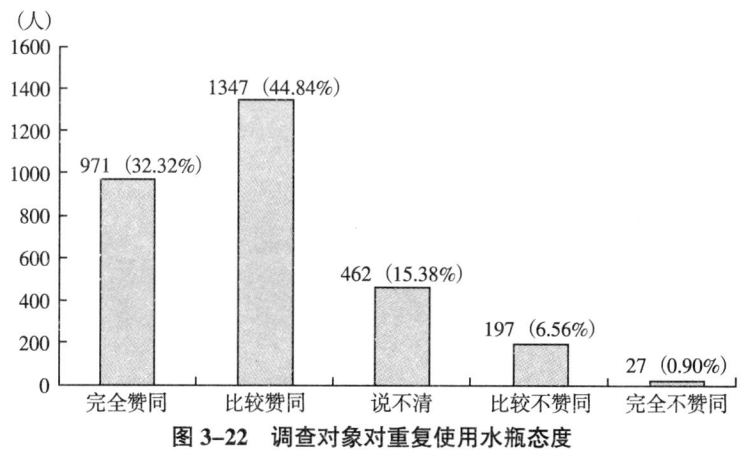

图3-22 调查对象对重复使用水瓶态度

小知识：瓶装水　　浪费且破坏生态

世界各国每年消费的瓶装水中大约25%需要通过轮船、火车、飞机或是汽车穿越国境，远销往生产国以外的国家和地区。2004年，140万瓶"诺德"瓶装水从位于芬兰首都赫尔辛基的水厂，装船长途跋涉4300公里到达沙特阿拉伯。这样的长途运输意味着消耗了大量的石油燃料，增加了温室气体的排放量，加速全球变暖。另外，瓶装水的包装同样消耗了大量的矿物燃料，通常用于水瓶制作的塑料是从原油中提炼的聚对苯二甲酸乙二醇酯（PET）。每年，仅仅为了制造美国人消费的瓶装水的瓶子，就需要1500万桶石油，而这些石油如果用来生产汽油，可以供1万辆美国汽车使用整整一年！使用以后的空瓶带来的问题更多。在美国，有86%的塑料瓶被当作垃圾处理。如将这些垃圾燃烧，将会释放大量有毒气体，燃烧剩余物中所含的大量重金属，会引起生物的健康问题。如将这些空瓶子填埋在地底，要过1000年它们才会被彻底分解掉。同时，由于商家的过度开采，瓶装水的来源地已经面临水源干涸的危险。

资料来源：陈丹晨. 瓶装水之罪［J］.生态经济，2006（8）：6–11.

（十七）认同购买个人护肤品之前检查产品成分的消费者超过八成

超过八成调查对象在购买个人护肤品之前检查产品成分，其中完全赞同（996人）该行为的调查对象超过三成，比较赞同该行为的调查对象近五成，表明随着中国人收入水平的提高，消费者在购买个人护肤品的过程中越发重视护肤品可能对自己造成的影响以及护肤品在生产过程中的社会、环境考量；另外，还有近15%的调查对象说不清（440人）是否在购买个人护肤品之前检查产品的成分，比较不赞同（106人）和完全不赞同（10人）依然存在。如图3-23所示。

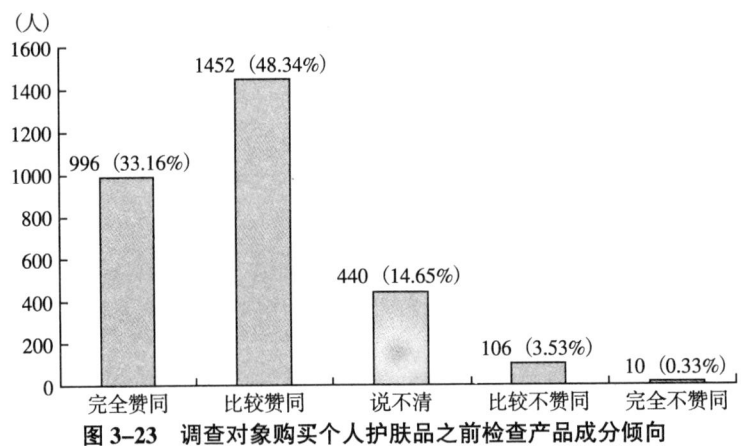

图3-23 调查对象购买个人护肤品之前检查产品成分倾向

小知识：绿色化妆品

谈起绿色，人们想到的自然是天然。但对"绿色化妆品"的概念至少有八成的消费者不清楚。其实，"绿色"并非只是天然，而是国际上对与环境保护有关的事物的通常称谓，"绿色化妆品"则是为了更加突出产品出自最佳生态环境。

英国著名科学家布瑞恩教授提出了绿色化妆品的最新概念：

（1）选用纯天然植物原料，尽量不使用对皮肤有刺激的色素、香精和防腐剂，以减少化学合成物给人体带来的危害。从原料把关，生产出对人体绝对安全的化妆品。

（2）采用在制造、使用、处理各个阶段中均使用对环境及人体无害的清洁生产技术，把污染防治由末端治理向生产过程转变。

（3）使用可生物降解的和可再生利用的包装材料，减少过度包装，包装容器尽量循环使用。

（4）喷发胶、剃须用品、喷雾香水用的气溶喷射剂由安全的液化石油和二甲醚取代，以消除对臭氧层的破坏。

（5）舍弃化学合成添加剂而采用生物工程制剂、天然植物提取物，在安全无害前提下发挥除痘、美白、抗衰老的功效。

资料来源：小兵."绿色"化妆品：行业发展大趋势[J].中国化妆品（行业），2009（12）：46-51.

（十八）购买有机食品的消费者占多数

有机食品又称生态食品，是无污染的天然食品，属于可持续消费品。调查数据显示，中国多数消费者意于购买有机食品。具体来看，完全赞同（987人）购买有机食品的调查对象超过30%，比较赞同（1398人）购买有机食品的调查对象近五成。不过，尽管比较不赞同（61人）和完全不赞同（11人）不足百人，依然有近二成调查对象说不清（547人）是否会购买自然有机食品，说明中国多数消费者损人接受了有机食品，但仍需在部分消费者中进行宣传、推广。如图3-24所示。

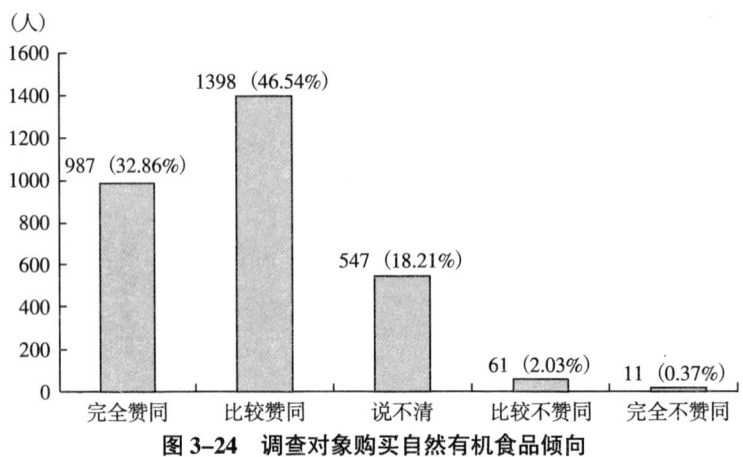

图 3-24 调查对象购买自然有机食品倾向

小知识：有机食品及其特征

有机食品则是指根据有机农业和有机食品生产、加工标准而生产出来的、经过有机食品颁证组织颁发证书的食品，包括蔬菜、水果、饲料、牛奶、其他农产品、调料、油料、蜂产品以及药物、酒类等。

有机食品的主要特点是在其生产与加工过程中不准使用任何化学合成物质。此外，有机食品还有以下不同于一般食品的特征：

(1) 生产加工过程中更多地考虑到生态环境保护和资源持续利用的内容，因此有机食品的价格包含了保护环境的外部费用。

(2) 有机食品的生产与发展同区域经济、解决粮食安全等充分结合。

(3) 有机食品的生产、加工和销售需要一系列基本的法规和标准，以及第三方组织机构的认证。

资料来源：谢涛. 有机食品的发展现状及趋势 [J]. 食品与机械, 2001 (5): 6-8.

（十九）节能出行方式不断受到消费者青睐

当问及"上班时，是否会骑自行车或者使用公共交通工具或者步行而不是驾驶汽车"时，四成调查对象比较赞同（1259 人），三成调查对象完全赞同（975 人）。不难看出，尽管节能出行方式不断受到消费者青睐。不过，依然有相当部分调查对象说不清（471 人）、比较不赞同（259 人）或完全不赞同（40 人）

"安步当车",节能出行真正成为所有消费者的出行首选"任重道远"。如图3-25所示。

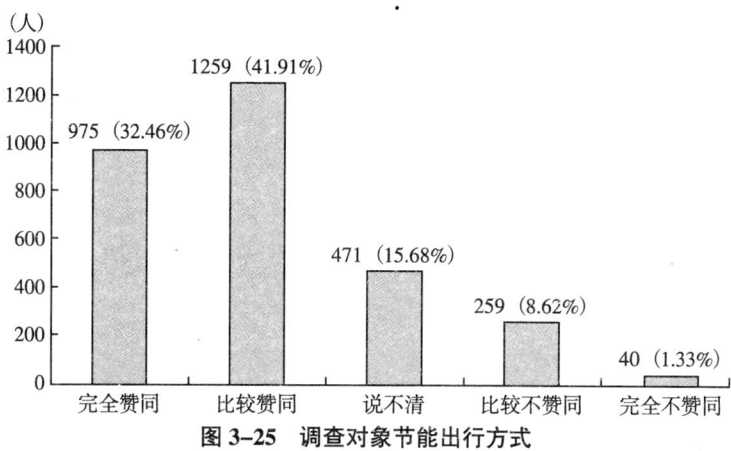

图3-25 调查对象节能出行方式

> **小知识：自行车——最环保的出行方式**
>
> 自行车和步行交通不消耗能源，是"零排放"的国际公认的绿色出行方式，因此，应该受到保护和重视。来自全球的案例研究表明，减少小汽车的过度使用是落实城市可持续发展政策和有效解决交通问题的基本途径，可以为所有市民提供更健康的出行条件和更宜居的生活环境。维护步行者和骑自行车者的道路通行基本权益，使出行者都能享受基本的安全保障、公平的通行权利，是体现现代交通文明和社会进步的重要标志。步行和自行车交通仍是中国城市居民出行的主要方式，是一种健康环保的交通方式，不仅现在适宜，而且将来仍适宜大多数人的出行。同时，要认识到自行车是中短距离出行中一种高效的交通方式，认为步行或骑自行车是各种出行方式中最慢的，也是错误的。
>
> 资料来源：黎林峰，李秉仁.自行车和步行是最健康、环保、节能的出行方式[J].中国建设信息，2009（17）：6-7.

二、消费者评价、评级、博客或留言板成为消费者确认产品说明真实性最重要途径

获得产品原料、生产、处理、成分等方面的信息是消费者决定是否购买产品的重要因素。数据调查显示，消费者评价、评级、博客或留言板（1912人）成为消费者获得产品真实性的重要途径，熟人介绍（1587人）、产品体验（1573人）以及独立的第三方认证（1550人）三条途径也有半数的消费者使用。与此相对，电影或纪录片（285人）可能是消费者最少利用获得产品真实性的途径。如图3-26所示。

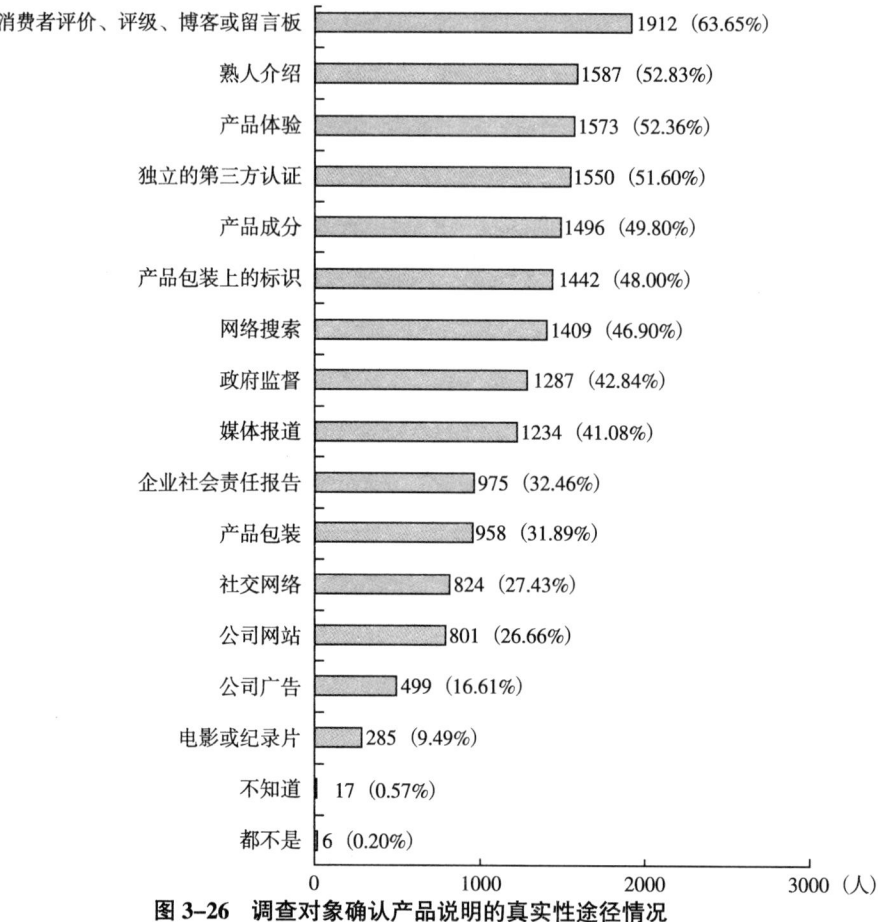

图3-26 调查对象确认产品说明的真实性途径情况

> **小知识：企业盲目夸大产品性能的原因及危害**
>
> 企业盲目夸大产品性能的原因主要有两个：
>
> (1) 企业不以客观的试验数据为基础，主观突出产品性能"优"于同行业其他企业制造的产品质量，以便于占有市场。
>
> (2)（企业标准备过案的）备案部门在备案过程中没有认真组织技术审查，有可能被虚假的数据所蒙蔽。
>
> 盲目夸大产品性能会产生如下危害：
>
> (1) 降低了生产企业的信誉度，在崇尚诚信经营的市场活动中信誉度对企业来说是至关重要的。
>
> (2) 增大了生产方的风险，因为一旦检验，要么受到产品使用方的拒收，要么受到质量监督部门的处罚。
>
> (3) 标准如经过了备案，则削减了当地标准化备案部门的公信力及权威性。
>
> 资料来源：司建军，范有军.盲目夸大企业产品性能者当止[J].中国质量技术监督，2009 (5)：66.

三、政府和企业是应成为可持续发展的主要推动力

可持续发展是注重长远、永续发展的经济及社会发展模式，促进可持续发展需要社会各方力量的参与和推动。数据显示，超过九成调查对象认为政府（2774人）和企业（2726人）是可持续发展的主要推动力；认为慈善组织（976人）、非政府组织（1323人）和消费者（2374人）应为可持续发展主要推动力的调查对象依次增加；还有调查对象认为媒体、志愿者等其他实体应当成为可持续发展的推动力。如图3-27所示。

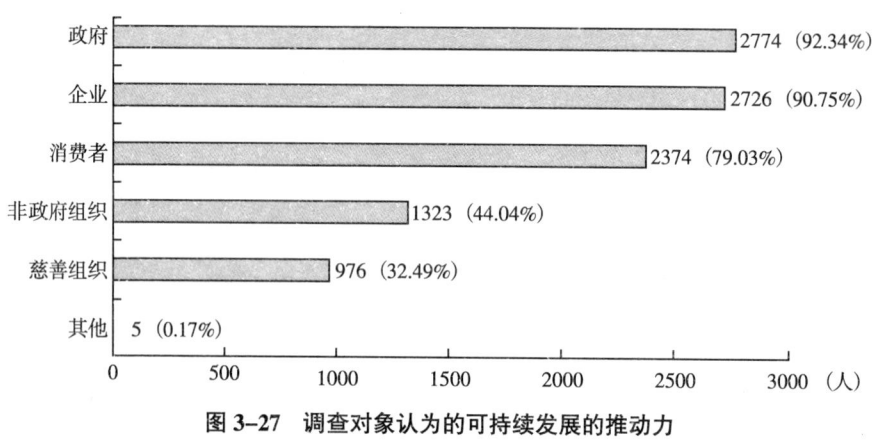

图 3-27 调查对象认为的可持续发展的推动力

> **小知识：企业社会责任与可持续发展**
>
> 企业作为推动社会经济发展的主要力量，积极主动地承担社会责任，从而可以推进社会经济可持续发展。企业社会责任包括企业经济责任、企业法律责任、企业伦理责任、企业慈善责任。社会经济可持续发展是以企业可持续发展为前提。企业为了自身的生存发展，以及实现自我、超越自我的内在需求，自觉自愿地承担起社会责任。并且，通过承担社会责任，企业获得了持续竞争的优势，这一优势使得社会财富更加集中于这些企业，也使得企业对社会的影响越加强大。企业勇于承担社会责任，不仅推动了企业的可持续发展，更推动了社会经济的可持续发展，推动了人类社会文明进程，是利人、利己、为全人类谋福祉的"最道德"的行为。
>
> 资料来源：邓小峰. 企业社会责任对社会经济可持续发展推动力分析 [J]. 企业经济，2010（3）：75—77.

四、使用安全性和保护环境是消费者购买绿色产品的主要考量因素

消费者购买绿色产品是一系列因素综合作用的结果。数据显示，使用安全性（2594人）和保护环境（2521人）是消费者购买绿色产品的主要考虑因素。超过半数消费者因对绿色产品有更好的理解（1596人）而选择购买绿色产品。另外，

因为购买绿色产品而获得奖励（180人）、跟随时尚潮流（473人）、更容易获得（506人）以及使用成本（1259人）因素在消费者选择购买绿色产品与否的过程中所占的权重依次升高。此外，还有二成调查对象选择科技的成果和为了健康作为自己购买绿色产品的考量因素。如图3-28所示。

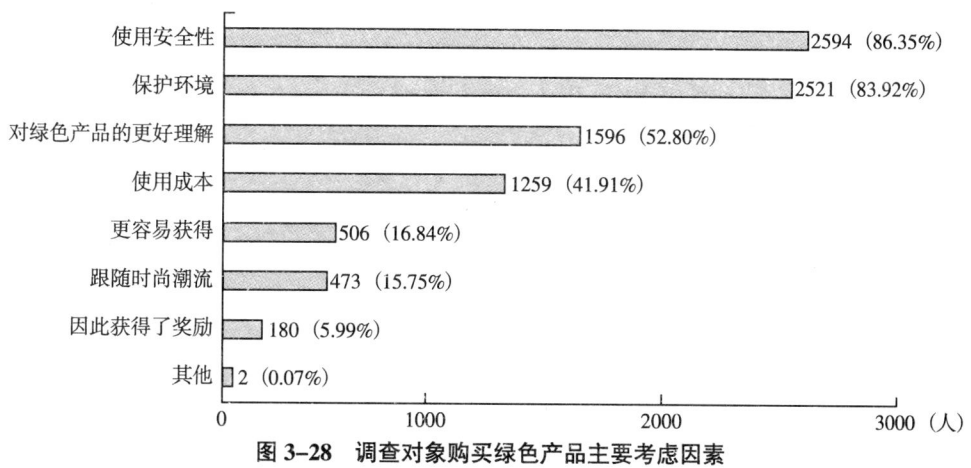

图3-28 调查对象购买绿色产品主要考虑因素

小知识：绿色产品市场柠檬效应

在市场中，卖方知道产品的真实质量，但买方不知道。买方为了降低买到价高质次产品的风险，只愿意根据产品的平均质量支付价格。这样一来，质量高于平均水平的卖方就会退出交易，只剩下质量低的卖方进入市场，形成次品市场，在极端的情况下甚至会导致整个市场的萎缩。由于各方面的原因，绿色产品市场在中国的发展仍步履维艰，其中一个重要原因便是"柠檬效应"。不仅要考虑绿色产品的质量不确定因素，还要考虑绿色产品的绿色度不确定问题，所以信息不对称指的是产品的环境信息不对称。根据绿色产品的绿色度，可以分为深绿色产品、浅绿色产品和伪绿色产品，因为市场不能反映产品是否是绿色的。在极端的情况下，由于信息不对称产生的逆向选择效应会导致真正的绿色产品处于竞争不利地位，甚至退出市场。

资料来源：付晓春.中国"绿色产品市场柠檬效应"的法律对策研究[D].山东师范大学，2011(5)：9.

五、对人体无害是消费者看重的绿色产品的最主要特征

近九成调查对象认为"产品材料对人体无害"（2658人）是自身在选择购买绿色产品中最看重的绿色产品的特征，认为"产品材料可再生、可回收"（2250人）和"产品使用过程节能节水，无污染"（2160人）为绿色产品主要特征的调查对象均超过70%。另外，认为"产品垃圾对环境污染小"（2082人）为绿色产品主要特征的调查对象近七成。仅认为"产品生产过程中，企业节能节水，无污染"（1450人）为绿色产品主要特征的调查对象的比例未超过半数。如图3–29所示。

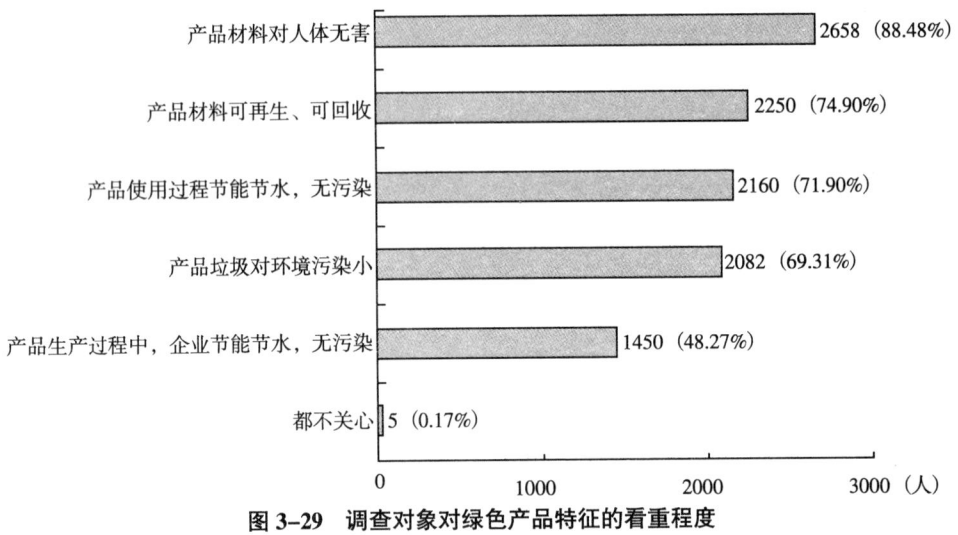

图3–29　调查对象对绿色产品特征的看重程度

小知识：绿色产品

绿色产品又称环境意识产品。它是指生产、使用、处置全过程中有利于保护生态环境，不产生环境污染或者产生的污染达到最小化，同时有利于节约资源和能源的产品。例如，众多制冷设备厂家生产的非氟非氯产品取代了传统的氟类产品。虽然氟利昂具有无毒、不燃烧、不腐蚀金属、绝热指效小等优点，但是氟利昂中的氯原子在紫外线照射下，会破坏臭氧分子使地球的

臭氧层上产生孔洞,失去臭氧层保护的地球受紫外线直接照射,将严重影响地球生产环境。所以,以氟利昂为制冷剂的冰箱、冰柜,日益被丁烷冰箱等绿色产品所替代。

为了把绿色产品与传统产品相区别,许多国家在绿色产品上贴有绿色标志。中国环境标志认证委员会对符合要求的绿色产品已在认证,并在部分绿色产品上贴有绿色产品标志。

资料来源:环球水网——什么是绿色产品? http://www.samsco.com.cn/info/90552.htm。

六、价格因素是消费者选择购买绿色产品的最主要障碍

数据显示,在阻碍消费者购买绿色产品的主要因素中,"与非绿色产品相比价格较高"(1908人)是最主要的因素,"不信任所谓的绿色产品"(1179人)因素也是消费者不选择购买绿色产品的重要考量因素。另外,还有部分调查对象认为"不清楚绿色产品和非绿色产品的差异"(100)也是阻碍购买绿色产品的障碍之一。此外,诸如不存在差异性、绿色产品少/找不到自己需要的、购买不方便以及售后或维修时有问题也可能成为购买绿色产品的主要障碍。如图3-30所示。

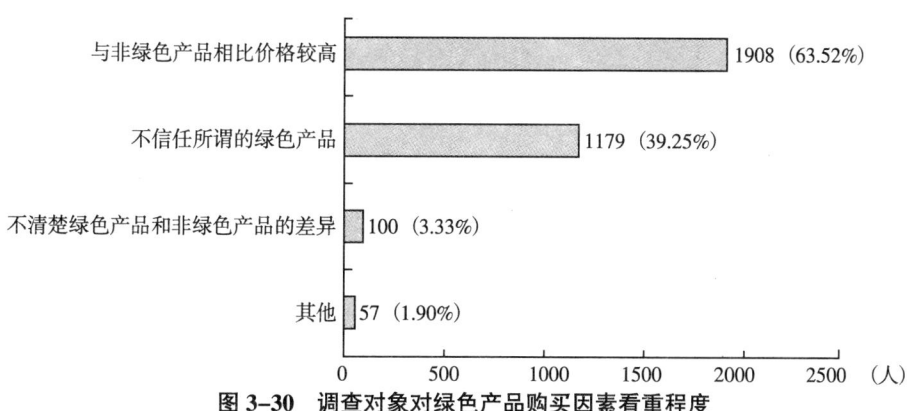

图3-30 调查对象对绿色产品购买因素看重程度

> **小知识：绿色食品与非绿色食品之间的区别**
>
> 绿色食品和有机食品、无公害食品、普通食品到底有哪些区别？中国农业科学院农业质量标准与检测技术研究所所长叶志华表示，绿色食品、有机食品、无公害最显著的区别是：技术等级标准不同，有机食品的技术标准要求最高，绿色食品次之。严格来讲，无公害食品应当是普通食品都应当达到的一种基本要求。绿色食品是中国提出的一个概念，其容许使用农药、化肥等，但必须按照绿色食品生产技术操作规程进行。而有机食品在种植、生产、加工过程中不允许使用任何农药、化肥、食品添加剂和防腐剂、抗生素等化学物质。叶志华表示，有机食品由于对环境、农资等方面有着严格要求，并且产量较低，只适合在小范围进行生产。
>
> 资料来源：中国绿色产业网，http://www.51lvsewang.com/.

第三节　中国消费者产品处理情况

一、对产品包装进行废品回收消费者相对较多

处理产品包装是消费者可持续消费行为的重要组成部分。数据显示，对产品包装"留着多次使用，最终进行废品回收"（1405人）的调查对象相对较多，"留着多次使用，最终抛弃"（776人）、"直接抛弃"（415人）以及"直接进行废品回收"（401人）的调查对象依次降低。可见，产品包装处理过程中所体现的消费的可持续性还没有能够引起人们足够的重视，需进一步加强和提升。如图3-31所示。

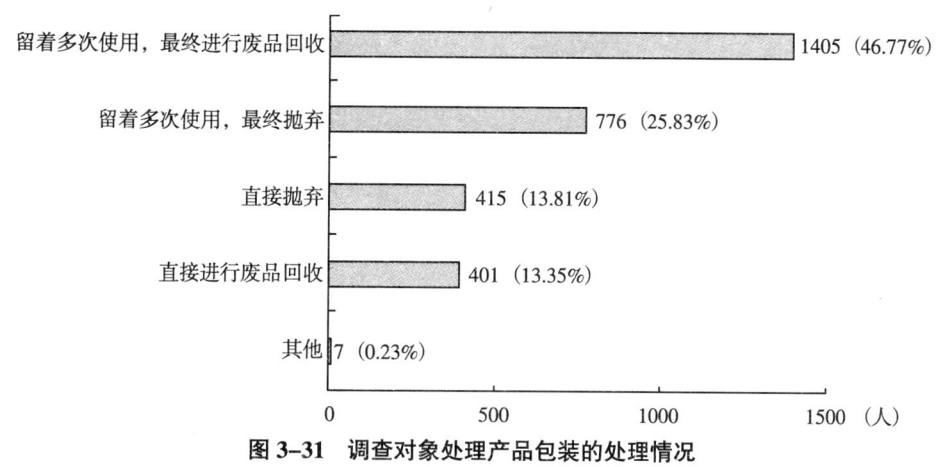

图 3-31 调查对象处理产品包装的处理情况

二、多数消费者意于多次使用过时的物品

与处理产品包装相似，消费者对于过时但依然可以使用物品的态度也是可持续消费行为的重要组成部分。数据显示，对于过时但依然可以使用的物品，多数消费者选择"留着多次使用，最终抛弃"（2150人）的处理方式，选择"送人"（628人）占20%。仅有不足10%的调查对象选择"直接抛弃"（210人）过时的物品。此外，还有消费者会将过时物品到废品回收站卖掉、进行网上拍卖以及变废为宝/分解改造等。可见，消费者对于过时物品的处理方式体现了自身消费的可持续性。如图 3-32 所示。

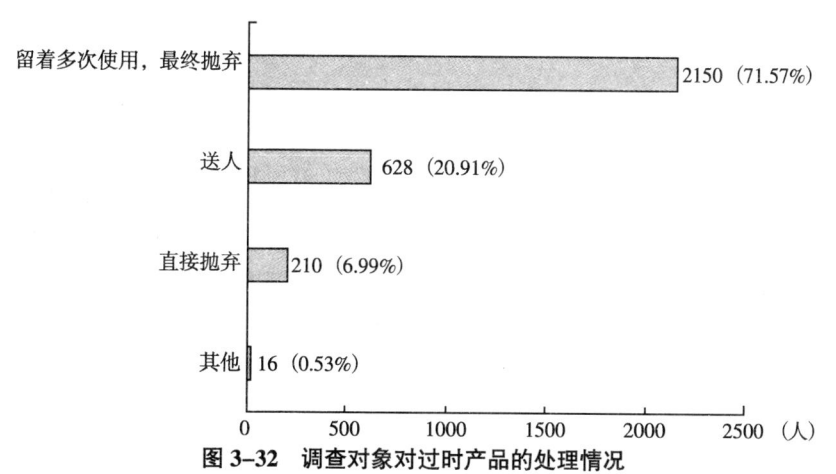

图 3-32 调查对象对过时产品的处理情况

> **小知识：废旧产品再利用可以节约一半成本**
>
> 废旧产品再制造可以节约一半成本，对构建资源节约型和环境友好型社会具有重要意义。再制造产品不是二手产品，其经过高技术修复、改造后的废旧产品的质量和性能甚至可以超过新品。同时，再制造产品成本只为新品的50%，能够节能60%、节材70%。对环境的不良影响与制造新品相比显著降低。
>
> 传统、"粗放型"制造业的特点是大量生产、消费，大量污染、废弃。中国废旧机电产品数量巨大，蕴涵着丰富的资源、能源和高附加值。再制造是一种绿色制造技术，可大量恢复设备及其零部件的性能，延长使用寿命，缓解资源短缺与资源浪费的矛盾，减少大量的失效、报废产品对环境的危害，节能节材，变废为宝，而且可形成新兴产业，创造价值，迅速形成新的经济增长点。
>
> 资料来源：徐滨士. 废旧产品再利用可以节约一半成本[J]. 表面工程咨询，2009（6）：14.

三、八成消费者选择卖掉使用寿命终结的产品

废品回收利用不仅减少了由于垃圾随意丢弃所造成的环境污染，而且还节约了再投入所需要的资源。对于使用寿命终结的产品，八成调查对象通过"废品回收站卖掉"（2424人）的方式进行处理，选择"直接抛弃"（573人）方式处理的调查对象近20%；另外，还有部分调查对象将寿命终结产品"发回厂家，看能不能再次利用"、对"不同材料不同处理/具体产品具体处理"以及"考虑能否用于其他地方"等。不难看出，尽管回收利用已经成为消费者处理寿命终结产品的主流，但是，"直接抛弃"的处理方式依然相当程度的存在。如图3-33所示。

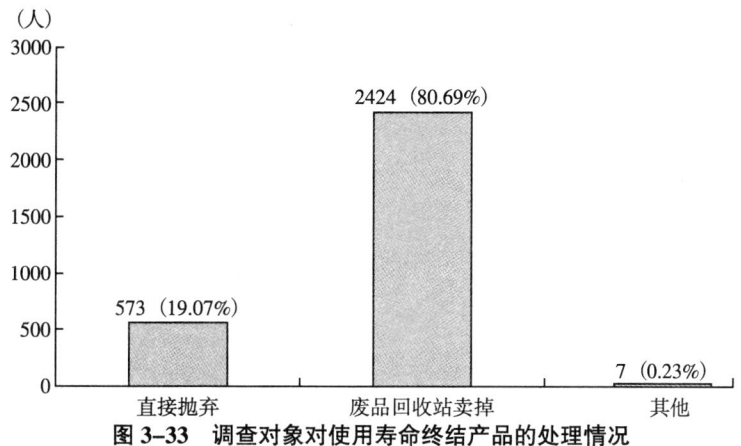

图 3-33 调查对象对使用寿命终结产品的处理情况

小知识：二手市场上的多赢

（1）对出让方：降低存储成本，释放可用空间。将不使用的物品放置在家中，同样要付出保管的相关费用；同时，这些物品同样会变质、损坏、折耗，会给物主带来损失。

（2）是改善低收入群体生活质量的有效渠道。在二手市场上，物品根据需求流通，无须分拣环节。

（3）物尽其用　低成本的环保手段。一个尚未丧失使用功能的物品如果能通过二手市场流通，延长其使用寿命，则可以相对小的成本投入实现资源最大化利用，达到"节流"环保的目的。

（4）对消费：增加新的购买动机形成的概率。伴随着近年来物价上涨，"勤俭节约"这个所谓的老观念又在社会上流行起来，越来越多的家庭对于已有物品的更新换代也三思而行。这种类型的交易符合很多人的价值观。

资料来源：李珊. 如何发展小型商品的二手市场[J]. 时代金融, 2011 (7)：143-144.

四、半数消费者选择交由专门组织处理重大污染产品

对于使用寿命终结,但是随意对其可能对环境造成重大污染的产品,半数调查对象选择"交由专门回收组织处理"(1518人),三成调查对象选择到"废品回收站卖掉"(979人),这说明中国消费者对于环境重大污染产品具有很高的敏感性。不过,还有15.98%的调查对象选择"直接抛弃"(480人)重大污染产品,依然有相当程度的消费者缺乏环境敏感性。另外,需要强调的是,一些调查对象不知道如何处理,也找不到地方回收,所以才去放置家中/收着/存着的行为。如图3-34所示。

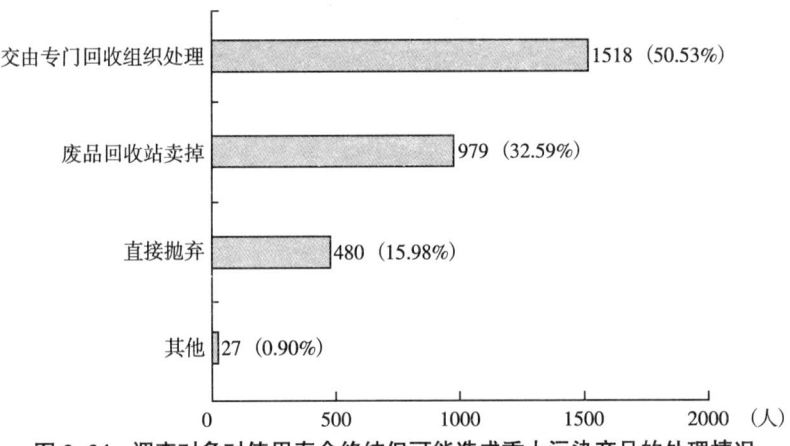

图3-34 调查对象对使用寿命终结但可能造成重大污染产品的处理情况

第四章　中国企业形象、产品特征与消费行为

第一节　企业形象与企业认同感

一、生产商或服务商的社会形象成为消费者选择是否购买的重要考量

在日常购物或者选择服务时，两成调查对象非常在意（621人）生产商或者服务商的社会形象，近五成调查对象（1359人）经常会将社会形象作为选择生产商或服务商的重要考量依据。另外，还有三成调查对象偶尔会（946人）考量生产商或服务商的社会形象，完全不会考虑生产商或服务商的调查对象不足5%。显而易见，生产商或服务商的社会形象已成为生产商或服务商是否能够获得客户和获得成功的重要方面。如图4-1所示。

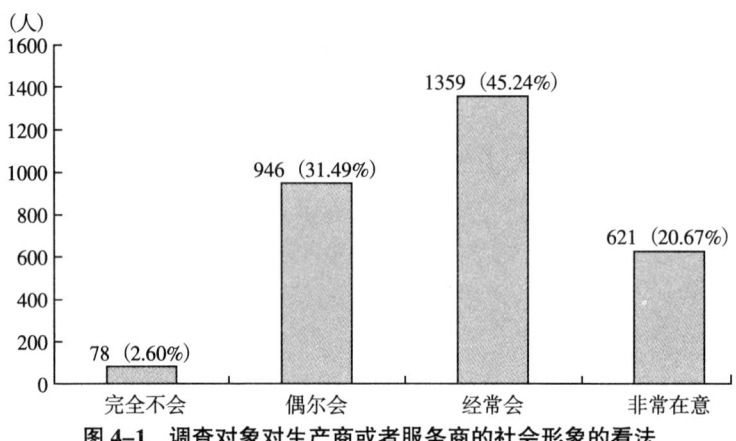

图 4-1　调查对象对生产商或者服务商的社会形象的看法

小知识：企业的社会形象

当前，企业的发展正从产品和服务的经营性竞争向社会形象竞争转变，企业社会形象竞争时代业已经来临。企业社会形象的好坏，直接关系到企业的产品是否有市场，服务是否有需求，投入是否有回报，发展是否有潜力，直接关系到企业的前途和命运。企业社会形象好则竞争力强，可立于不败之地；企业社会形象差则必然衰败，以致被市场无情淘汰。企业社会形象从来没有像今天这样变得如此至关重要。

企业社会形象的塑造过程，实质上是企业与社会之间进行信息传递与交流的过程。传播是塑造企业社会形象的重要手段，是塑造企业社会形象的关键环节。对于企业来说，会生产、会管理、会传播就是会生存，有好的品质、好的传播才能有好的发展，传播决定影响，传播有利于展示形象。

资料来源：高俊良. 加强企业文化传播　塑造企业社会形象 [J]. 思想政治工作研究，2008（9）：11-14.

二、媒体报道成为消费者了解企业形象的最重要渠道

八成调查对象通过媒体报道（2517 人）渠道了解企业社会形象，这是消费

者了解企业形象的重要渠道。通过自己亲身体验（1991人）了解企业形象的调查对象超过六成，通过企业自身的宣传材料（1784人）、朋友的讲述（1773人）和政府认证（1698人）三条渠道了解企业形象的调查对象也均过半数。与这些途径相比，专家学者的研究报告（1100人）相对不是消费者了解企业社会形象的常用渠道。另外，还有调查对象通过网络信息、独立第三方的监督以及公司对公益事业的支出等渠道了解企业的形象。如图4-2所示。

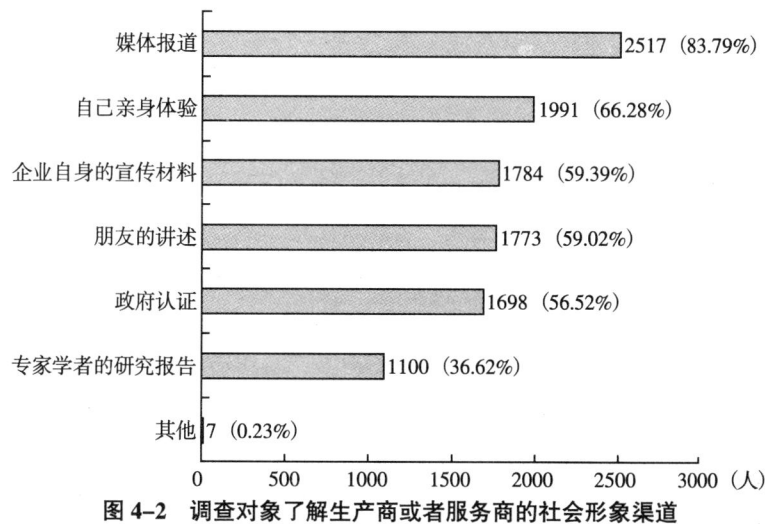

图4-2 调查对象了解生产商或者服务商的社会形象渠道

三、仅过半数企业获得消费者认同

当前，能让消费者产生认同的企业数量并不多，仅过半数调查对象认为让自己产生认同的企业数量"比较多"（1253人）或"非常多"（277人）。认为目前企业能让自己产生认同感的企业"比较少"的调查对象过四成，5.79%的调查对象认为目前能获得自己认同的企业"非常少"（174人）。显而易见，企业获得消费者的认同感任重道远。如图4-3所示。

四、消费者认同企业原因多种多样

在被问及"特定行业认同感最高的企业时"，调查对象在不同行业做出不同

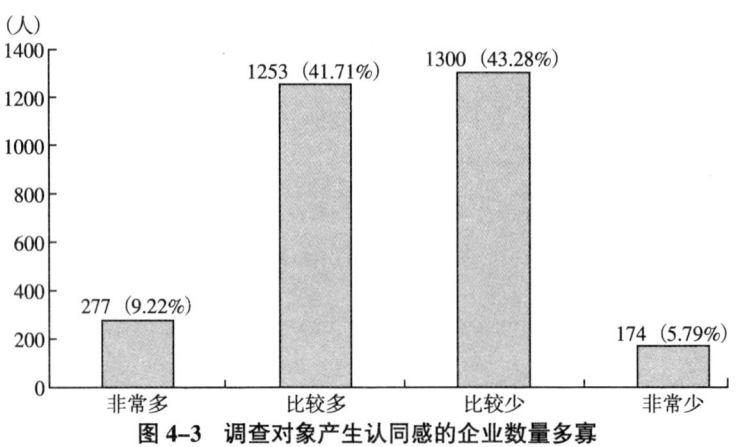

图 4-3 调查对象产生认同感的企业数量多寡

回答,如通信、电子和电器行业的菲利浦、三星、索尼、苹果、海尔等,食品、粮油、餐饮连锁行业的中粮集团、百事集团以及统一集团等,服装行业的耐克、李宁、阿迪达斯、安踏等,IT行业的谷歌、百度、当当网、腾讯、淘宝等,日用化妆品行业的宝洁、欧莱雅、联合利华等。究其原因,消费者给予回答各异,如有些调查对象认为企业形象好、企业品牌好以及历史悠久是其认同企业的重要原因,有些调查对象认为企业规模大、在所在行业处于领先地位或者是全球性的大公司等原因是其认同企业的重要原因,还有些调查对象认为产品性能好、质量高、天然成分多等是其认同企业的重要原因,而企业对待员工的政策好、注重对于环境的保护、积极参与公益事业也是调查对象给予企业认同的重要原因。显而易见,调查对象认同企业的原因多种多样,企业结合自己的实际情况,因势利导,做出有针对性的行动均可能获得消费者的认同。

五、有责任感的企业更易获得消费者认同

数据显示,超过四成的调查对象认同"有责任感的企业"(1378人),"值得信任的企业"(856人)、"被评价很高的企业"(447人)以及"成功的企业"(310人)获得调查对象认同的比例依次升高。显而易见,有责任感的企业更易获得消费者的认同,值得信任的企业、被评价很高的企业以及成功的企业可以在不同程度上获得消费者的认同。如图4-4所示。

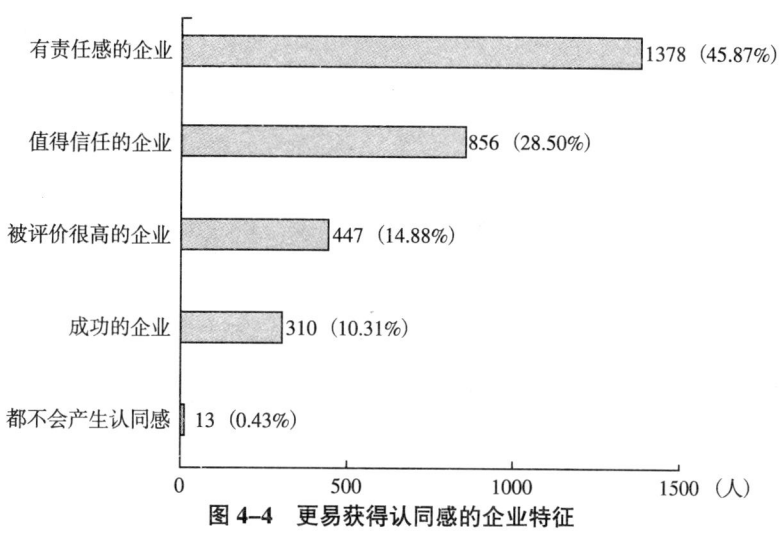

图 4-4　更易获得认同感的企业特征

六、消费者对于认同企业采取积极行动

对于认同的企业，超过七成调查对象会"优先选择其相关产品和服务"（2265人）和"传播企业的正面信息"（2133人）；六成调查对象会"关注企业相关信息和发展状况"（1940人），还有过半数调查对象"愿意尝试企业推出的新产品和新服务"（1696人）。总体来看，消费者会对认同企业采取积极行动。如图4-5所示。

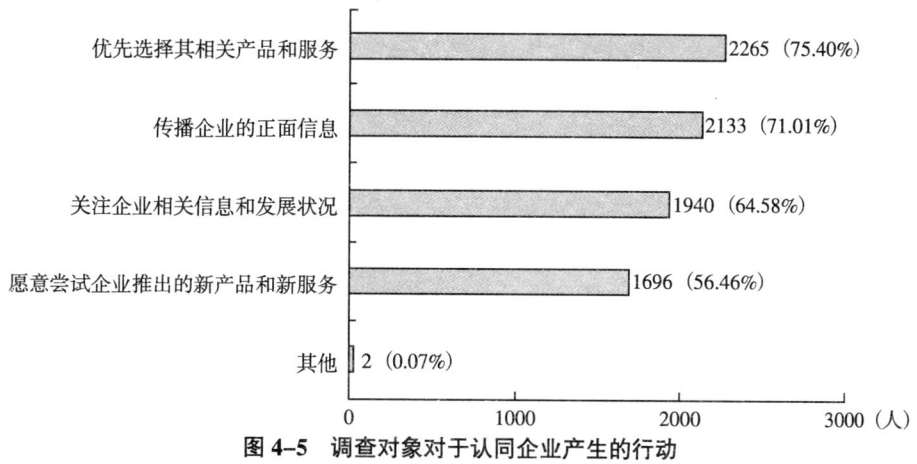

图 4-5　调查对象对于认同企业产生的行动

七、近六成消费者会改变对发生负面信息的认同企业看法

在最为认同的企业发生了一则与自身最为关系的负面信息时,近六成调查对象会"感到受到欺骗,改变对企业的看法"(1756人),36.65%的调查对象会选择"近期避免购买,过后仍然会购买"(1101人)的行动,三成调查对象"此后都会尽量不购买"(977人)该企业的产品。可见,即使在消费者比较认同的企业中,企业一旦发生负面信息,企业将遭受短期和长期的损失。不过,还有两成调查对象"坚持选择该企业的产品和服务"(627人),近两成调查对象会"帮助企业辩驳"(563人),这也从一个侧面反映出,企业建立消费者认同的重要性,部分对企业具有高度认同的消费者会在企业发生负面信息时依然支持自己所认同的企业。另外,还有消费者选择观察事情的发展状况以及了解事情的真实性等行为。如图4-6所示。

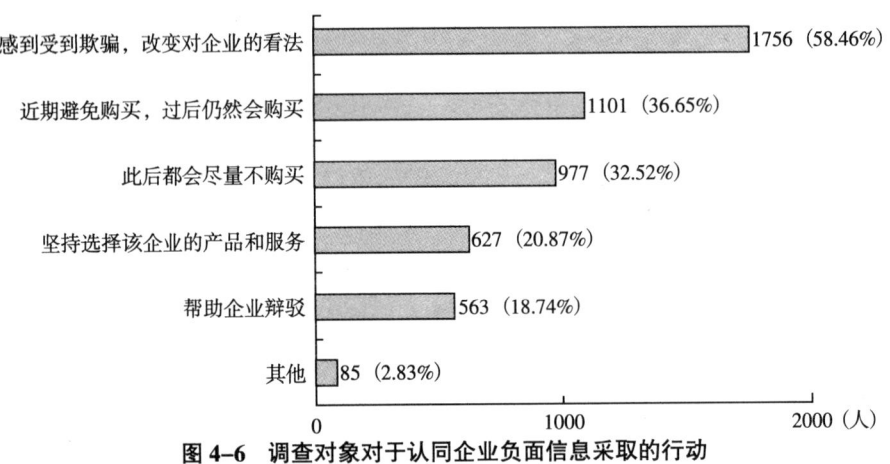

图4-6 调查对象对于认同企业负面信息采取的行动

第二节　消费者对企业履责信息关注特征

一、市场责任信息关注度

(一) 企业研发、实验过程中残害动物受到广泛关注

从反面视角来看，说不清（397人）、不太关心（78人）和完全不关心（16人）企业在产品研发、实验中残害动物行为的调查对象不足20%，多数调查对象没有在企业研发、实验过程中残害动物，人们视而不见。从正面视角来看，非常关心（1327人）和比较关心（1186人）企业研发、实验过程中残害动物的调查对象超过80%，企业在研发、实验过程中残害动物受到了消费者的广泛关注。如图4-7所示。

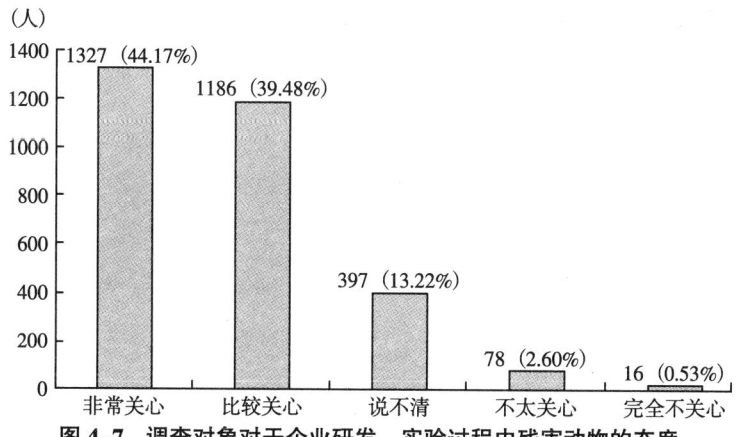

图4-7　调查对象对于企业研发、实验过程中残害动物的态度

小知识：《关于善待实验动物的指导性意见》

动物实验在推动医疗科学技术的发展和促进人类的健康方面做出了巨大的贡献。但是，与此同时，随着人类文明的不断进步，动物实验过程中可能

> 给实验动物带来的痛苦越来越引起人们的关注,并遭到人们的反对,对于实验过程中善待动物的立法也成为各国政府保护动物权益的重要举措。
>
> 2006年,为了提高实验动物管理工作质量和水平,维护动物安全,促进人与自然和谐发展,适应科学研究、经济建设和对外开放的需要,根据1988年制定的《实验动物管理条例》,科技部发布《关于善待实验动物的指导性意见》,要求"在饲养管理和使用实验动物过程中,要采取有效措施,使实验动物免遭不必要的伤害、饥渴、不适、惊恐、折磨、疾病和疼痛,保证动物能够实现自然行为,受到良好的管理与照料,为其提供清洁、舒适的生活环境,提供充足的、保证健康的食物、饮水,避免或减轻疼痛和痛苦等"。倡导"'减少、替代、优化'的'3R'原则,科学、合理、人道地使用实验动物"。
>
> 资料来源:关于善待实验动物的指导性意见.

(二)消费者极其关注企业发布虚假信息

企业发布虚假信息、欺骗客户直接关系到消费者的切身利益,消费者对此极其关注。调查数据显示,超过九成调查对象非常关心(1832人)和比较关心(987人)企业发布虚假信息。说不清(152人)是否关注企业发布虚假信息的调查对象占比仅为5.06%,不太关心(25人)和完全不关心(8人)不关注出去发布虚假信息的调查对象占比仅为1%多点。整体来看,由于企业发布虚假信息直接关系到自身的合法权益,消费者及其关注企业发布虚假信息。如图4-8所示。

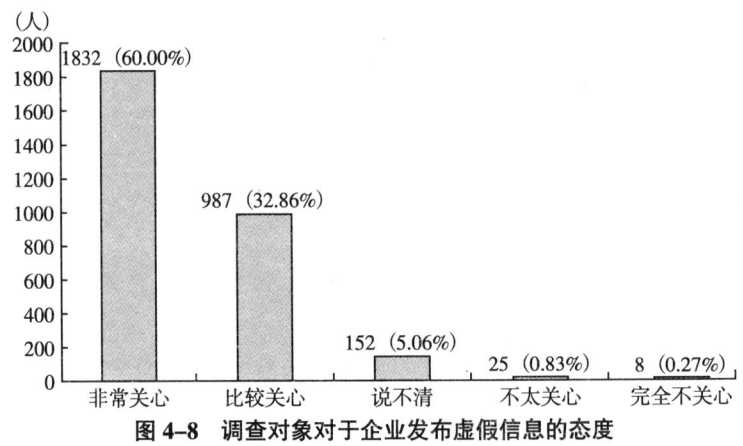

图4-8 调查对象对于企业发布虚假信息的态度

> **小知识：网络欺诈**
>
> 网络欺诈是指经营者利用网络发布虚假广告、不真实的陈述、隐瞒事实真相或使用其他不正当的引诱方式，使消费者做出不恰当的选择而购买其商品或接受服务。虚拟化网络的隐蔽性、无国界性以及网络潜在的巨大商机和巨额利润的诱惑，使许多不法经营者利用网络欺骗消费者，损害其利益。美国一家调查公司对200余个电子商务站点进行了调查，结果表明其中至少有77家公司存在不同程度的欺诈消费者的行为。网上欺诈已成为电子商务中侵害消费者权益最为严重的现象。
>
> 资料来源：汪琴，胡廷松.网上欺诈与消费者权益的法律保护[J].华侨大学学报（哲学社会科学版），2005（2）：64-69.

（三）近九成消费者关注企业泄露客户信息

客户信息事关消费者的隐私，企业未经客户同意擅自泄露客户信息不仅可能给相关客户带来困惑，而且也是一种违法行为。对于企业泄露客户信息的行为，近九成调查对象非常关心（1513人）和比较关心（1100人），不太关心（80人）和完全不关心（7人）的调查对象不足5%。显而易见，由于事关自己的切身利益，消费者对于企业泄露客户信息异常关注。如图4-9所示。

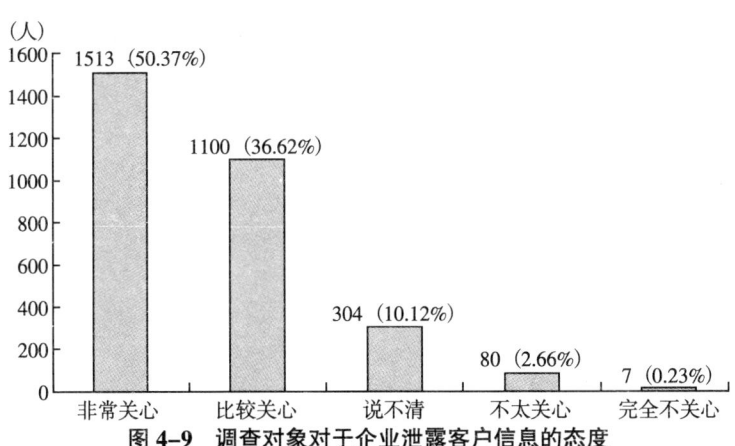

图4-9 调查对象对于企业泄露客户信息的态度

> **小案例：银行业信息泄露问题**
>
> 近年来，随着电子银行与电子商务的日益普及，银行客户信息泄露现象急剧升温，银行向第三方出售客户信息用作商业推广等负面报道不绝于耳，严重影响了银行业的信誉和形象。银行业信息泄露渠道五花八门，如银行对外出售客户信息、银行未妥善管理客户信息、银行员工及关联人员利用工作之便截留客户信息、中介机构等贩卖客户信息、黑客非法入侵系统服务器窃取客户信息、不法分子直接盗取客户信息存储介质、钓鱼式欺诈等。
>
> 银行业信息泄露问题不仅凸显了银行管理方面的漏洞，而且也可以看到对其监管困难重重，需要多管齐下，标本兼治。
>
> 资料来源：高岩.银行客户信息泄露问题值得关注 [J]. 中国信用卡，2011（12）：41-44.

（四）超过九成消费者关心产品质量问题

产品质量直接关系到消费者购买产品的使用价值，超过九成消费者关心产品质量问题。调查数据显示，六成半调查对象非常关心（1985 人）企业产品质量有问题和存在安全隐患，近三成调查对象（840 人）比较关心产品质量有问题。其不足 5% 调查对象说不清（148 人）是否关心企业产品质量有问题，仅有 0.77% 的调查对象不太关心（23 人）或完全不关心（8 人）企业产品质量有问题和存在安全隐患。如图 4-10 所示。

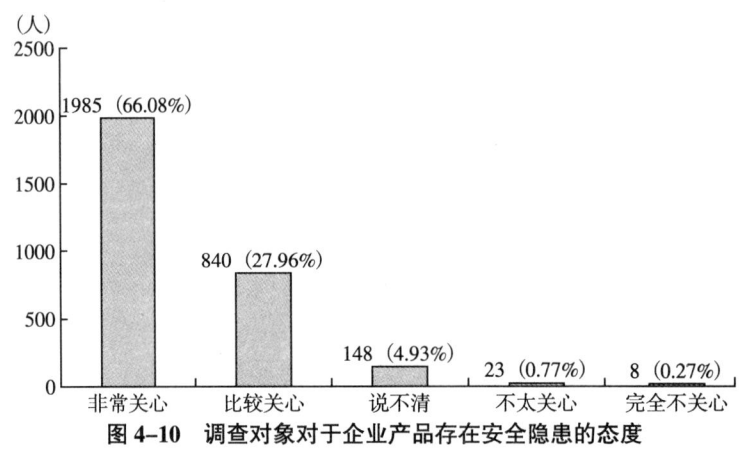

图 4-10 调查对象对于企业产品存在安全隐患的态度

> **小知识：产品质量**
>
> 众所周知，产品是"过程的结果"，产品分四种通用类别：服务、软件、硬件、流程性材料。质量的广义性：在质量管理体系涉及的范畴内，组织的相关方对组织的产品、过程、体系都可以提出要求。产品、过程、体系都具有其固有特性。所以，质量不仅指产品的质量，也指过程和体系的质量。
>
> 质量概念分为三种：①符合性的质量概念，以"符合"现行标准的程度作为衡量依据；②适用性的质量概念，以适合顾客需要的程度作为衡量依据；③广义的质量概念，质量是一组固有特性满足要求的程度。狭义产品质量的概念有形制成品（如笔、水杯等）；广义产品质量的概念指硬件、服务（如快递、旅游活动等）、软件（如电子游戏、字典等）、流程性材料（如食用油、煤炭等）。
>
> 资料来源：刘伟丽. 国际贸易中的产品质量问题研究［J］. 国际贸易问题.2011（5）.

（五）关心企业售后服务质量不尽如人意消费者超过九成

售后服务是消费者购买产品价值的重要组成部分，调查数据显示，近六成调查对象非常关心（1746人）企业售后服务质量不如尽人意的现象，超过三成调查对象比较关心（1047人）售后服务质量不尽如人意的现象，而说不清（183人）、不太关心（24人）和完全不关心（4人）售后服务质量消费者不足10%。显而易见，随着消费者对于服务质量要求的越发重视，消费者对于企业售后服务质量越发关心。如图4-11所示。

（六）关注企业不正当竞争的消费者达75%之多

企业之间的不正当竞争不仅不利于企业之间的公平竞争，而且会给市场经济机制带来巨大的打击。对于企业贿赂官员或商业伙伴等不正当竞争行为，比较关心（1276人）和非常关心（1035人）的调查对象达76.93%之多。由于企业之间的不正当竞争可能导致企业垄断定价行为的出现，给消费者造成损失，所以消费者对于企业的不正当竞争行为较为敏感。不过，一方面，由于企业的不正当竞争不与消费者直接接触；另一方面，进行不正当竞争的企业产品可能只是消费者家庭支出的一部分，所以较其他企业的行为，说不清（515人）、不太关心（149

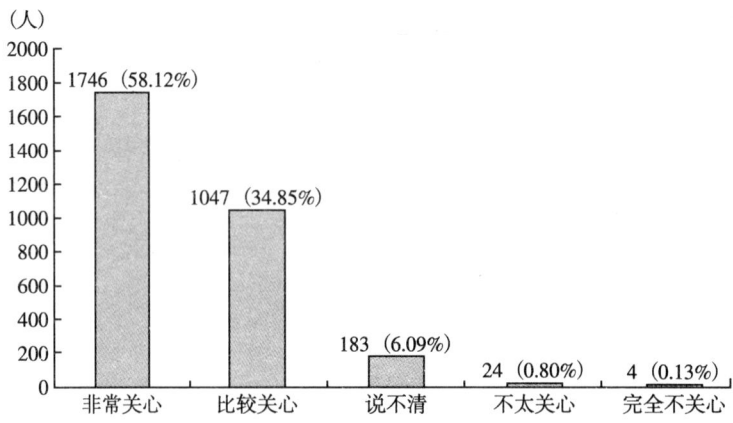

图 4-11　调查对象对于企业售后服务质量不尽如人意的态度

人）和完全不关心（29 人）的调查对象占比虽然仍旧超过 20%，但相对较低。如图 4-12 所示。

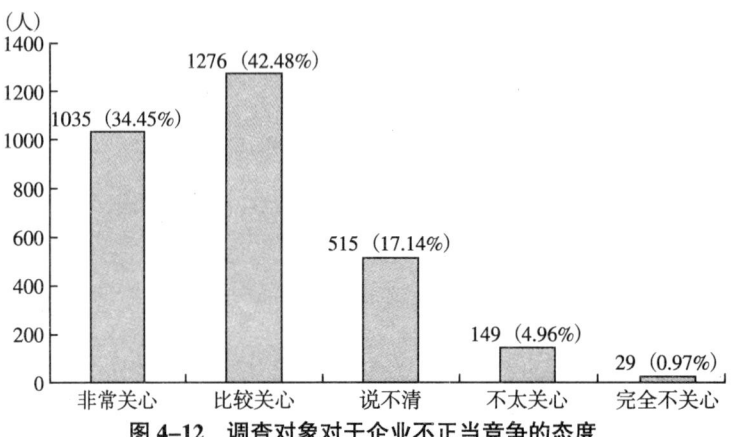

图 4-12　调查对象对于企业不正当竞争的态度

（七）六成消费者关注企业压榨供应商行为

企业压榨供应商属于企业运用垄断势力进行不正当竞争的行为，不利于市场竞争，有违自由市场经济的机制。调查显示，四成调查对象比较关心（1203 人）企业压榨供应商的行为，两成调查对象非常关心（721 人）企业压榨供应商的行为。不过，尚有超过 20% 的调查对象说不清（728 人）是否关注企业压榨供应商的行为，不太关心（314 人）和完全不关心（38 人）的调查对象所占比例超过 10%。这反映出，虽然多数消费者关注企业压榨供应商行为，但是，由于一方面这种行为多数不为消费者所知，另一方面企业压榨供应商行为也可能给消费者带来价格相对便宜的产品,所以,有35%的调查对象并没有明确关注企业压榨供应商的行为。如图4-13所示。

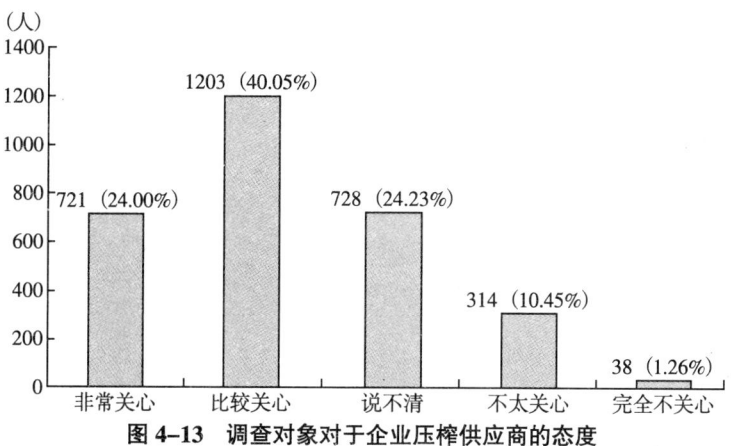

图4-13 调查对象对于企业压榨供应商的态度

小案例:供应链纵向压榨

随着零售业的高速发展,中国工商关系已经进入以商业为主导的时期。下游零售业势力的增强,在很大程度上影响着上游制造业的生存和发展。2002年1月1日,家乐福与一家国内的炒货企业签署的《促销服务协议》被众媒体炒得沸沸扬扬。在约定的协议中,这家企业如果想进家乐福,需要交纳的服务名目及费用就占了协议将近10页的篇幅,包括特色促销活动、店内旺销位置优先进入权、进入商店的特权、良好营销环境的优先进入权、节假日、开发市场份额一共六大门类。据初步计算,家乐福向这家供应商收取的各项进场费,达到供应商在家乐福卖场所实现营业额的36%左右。

资料来源:周勤,黄亦然.渠道势力,纵向压榨与过度投资[J].南开经济研究,2008(4):16-32.

(八)企业剽窃知识产权受到七成消费者关注

对于企业剽窃知识产权、窃取商业机密的行为,七成调查对象表示了关注。其中,比较关心(1290人)的调查对象占四成,非常关心(971人)的调查对象占三成。不过从另一个侧面来看,近两成调查对象说不清(551人)对于企业剽窃知识产权、窃取商业机密的态度如何，还有一些调查对象不太关心（169人）或完全不关心（23人）企业剽窃知识产权、窃取商业机密的行为。如图4-14所示。

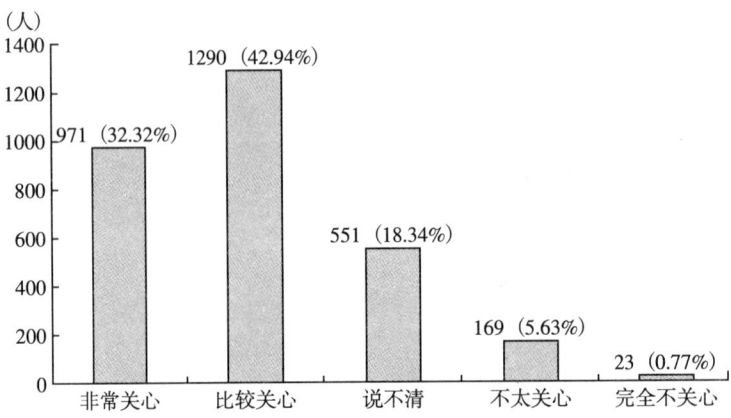

图4-14 调查对象对于企业剽窃知识产权、窃取商业机密的态度

小知识：中国中小企业知识产权保护

企业知识产权的申请和拥有与否不仅直接关系到自身的竞争优势和竞争力的提高，而且关系到一个国家的比较优势的获取和维持。可以说，21世纪的经济是以知识为核心要素的经济。随着改革开放的深入，中国中小企业得到了空前的发展。然而，当前中小企业的知识产权工作却处于不容乐观的境地：一方面是对自己的知识产权保护工作重视不够，95%以上的中小型企业没有申请专利；另一方面是对他人的专利权不够尊重，知识产权侵权行为相当普遍。为此，中国政府部门应该转变职能，充分发挥其对中小企业知识产权工作的服务职能，在调动中小企业创新和保护知识产权积极性的同时，打击各种侵权行为，积极为中小企业发展营造良好的外部环境。

资料来源：吴道霞，李明芳．中小企业知识产权保护中的博弈论［J］．延边大学学报（社会科学版），2009（3）：119-133．

（九）关心企业严重亏损受到相对多数消费者关注

企业亏损严重影响了企业永续经营和可持续发展，调查数据显示，非常关心

(828人)和比较关心(1293人)企业亏损的调查对象占多数,表明相对多数消费者关注企业严重亏损现象。另外,20.04%的调查对象说不清(602人)是否关注企业严重亏损情况,不太关心(252人)和完全不关心(29人)企业严重亏损情况的调查对象也部分存在。如图4-15所示。

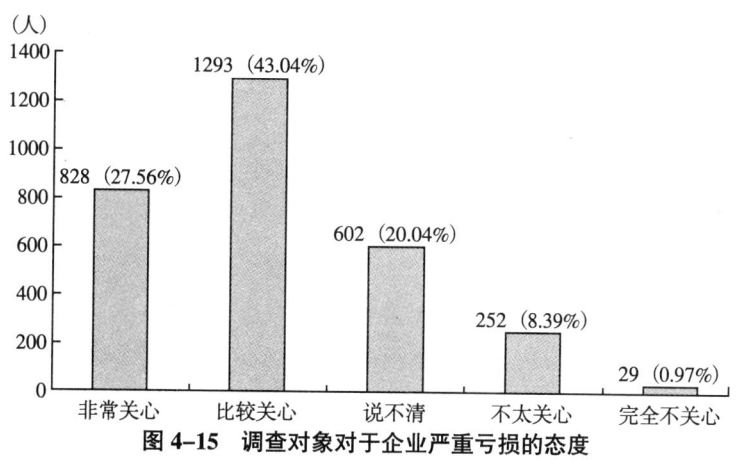

图4-15 调查对象对于企业严重亏损的态度

二、环境责任信息关注度

(一)超八成消费者关注企业生产过程中高耗能、高消耗资源

企业生产过程高耗能、高消耗使本来可以利用较少能源和资源生产的产品对能源和资源的消耗增加,不利于节能减排。消费者对于企业生产过程中高耗能和消耗大量资源较为关注,其中比较关心(1328人)该议题的调查对象近45%,非常关心该议题的调查对象也超过35%,二者占所有调查对象的比例超过80%,反映了八成消费者关注企业生产过程中高耗能、高消耗资源。与此相对,说不清(454人)、不太关心(124人)和完全不关心(12人)该议题的调查对象不足20%。如图4-16所示。

(二)关注企业生产过程中污染环境、破坏生态平衡的消费者近九成

当然,中国的环境污染和生态破坏问题不仅十分严峻,而且给人们的日常生活带来了明显的影响。数据显示,近50%的调查对象非常关心(1440人)企业生产过程中污染环境和破坏生态平衡问题,四成调查对象比较关心(1237人)

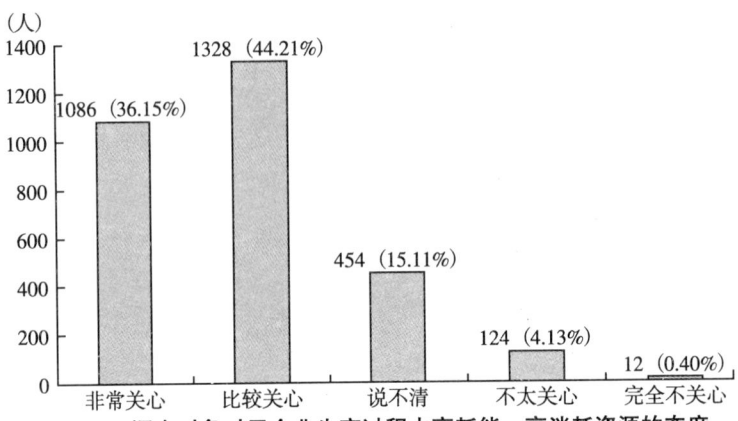

图 4-16 调查对象对于企业生产过程中高耗能、高消耗资源的态度

该议题,说明中国近九成消费者关注企业生产过程中污染环境和破坏生态平衡。另外,还有 9.09% 的调查对象说不清(273 人)企业生产过程中的污染环境和破坏生态平衡问题;不过,不太关心(45 人)和完全不关心(9 人)该议题的调查对象不足 5%,反映了消费者对于企业污染环境和破坏生态平衡将持续、深入关注。如图 4-17 所示。

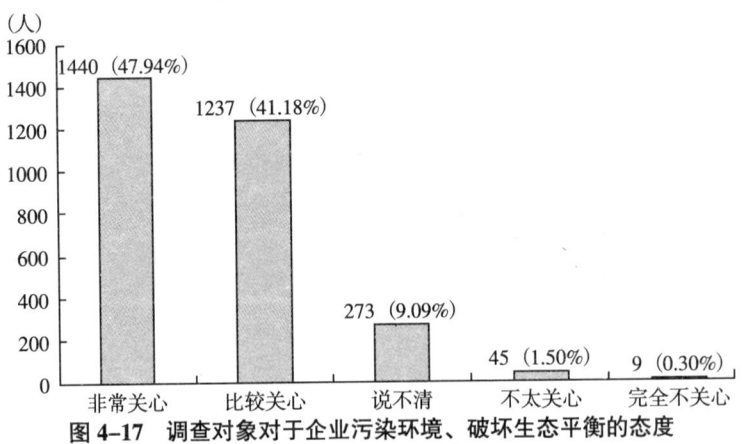

图 4-17 调查对象对于企业污染环境、破坏生态平衡的态度

(三)近九成消费者关心企业产品不环保、使用过程会污染环境问题

45% 的调查对象非常关心(1361 人)企业产品不环保、使用过程会污染环境问题,超过四成调查对象比较关心(1305 人)该问题,显示出较多消费者关心企业产品不环保、使用过程会污染环境问题。另外,说不清(284 人)、不太关

心（45人）和完全不关心（9人）企业产品使用过程污染环境问题的调查对象占11.25%，反映了部分消费者对于企业产品不环保、使用过程会污染环境问题不太关心。如图4-18所示。

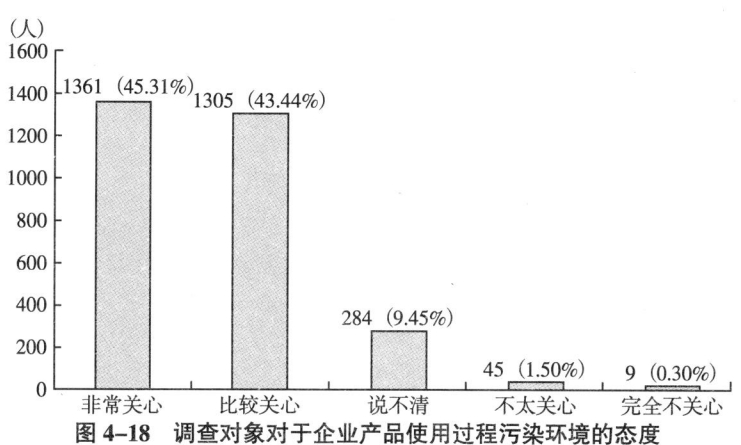

图4-18 调查对象对于企业产品使用过程污染环境的态度

三、社会责任信息关注度

（一）七成消费者关注企业的偷税漏税现象

企业偷税漏税行为不仅是一种违法行为，而且导致了国家财政收入的减少，不利于国家通过财政支出手段解决社会经济问题。数据显示，对于企业的偷税漏税行为，七成消费者给予了关注。其中，比较关心（1284人）企业偷税漏税行为的调查对象占四成，非常关心（927人）企业偷税漏税行为的调查对象占三成。不过，与关注企业严重亏损的整体情况类似，说不清（545人）、不太关心（201人）和完全不关心（47人）企业偷税漏税的调查对象超过两成，说明事不关己可能在一定程度上阻止了部分消费者对于企业偷税漏税行为的关注。如图4-19所示。

（二）近八成消费者关注企业是否与员工签订合同

劳动合同规定了企业与员工之间的权利和义务关系，它是维护员工权益的重要法律依据。数据显示，三成调查对象非常关心（1029人）企业是否与员工签订合同、是否办理保险以及是否克扣工资，四成调查对象比较关心（1279人）

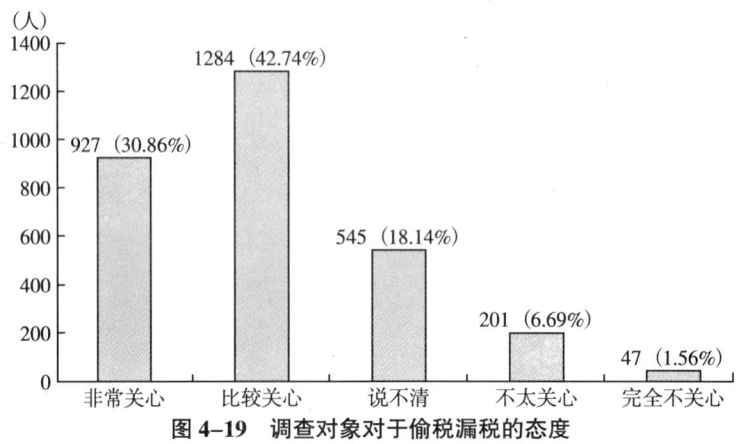

图 4-19 调查对象对于偷税漏税的态度

该议题,二者合起来将近八成。与此比较,不太关心(175 人)和完全不关心(31 人)该议题的调查对象不足 10%;不过,有近两成的调查对象说不清(490 人)企业是否与员工签订合同。如图 4-20 所示。

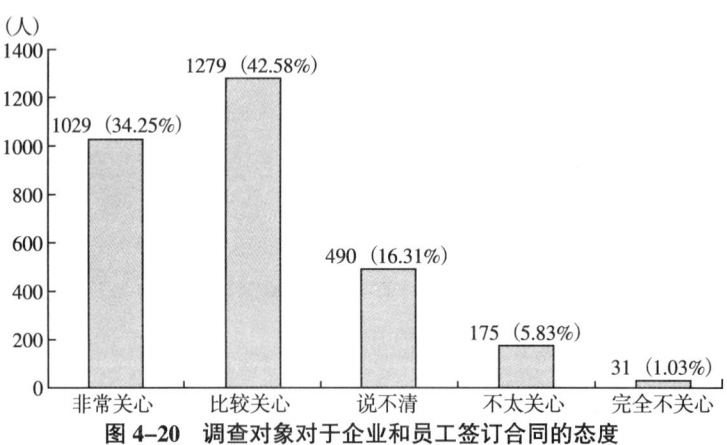

图 4-20 调查对象对于企业和员工签订合同的态度

(三)近七成消费者关注企业男女不平等现象

企业男女平等就业、同工同酬不仅是劳动合同法的重要内容,也是保护女性人权的重要方面。四成调查对象比较关心(1235 人)企业男女不平等问题,近三成非常关心(890 人)该议题。不太关心(214 人)和完全不关心(44 人)的调查对象不足 10%。不过,有两成调查对象说不清(621 人)是否应该关注企业男女不平等和歧视女员工现象。如图 4-21 所示。

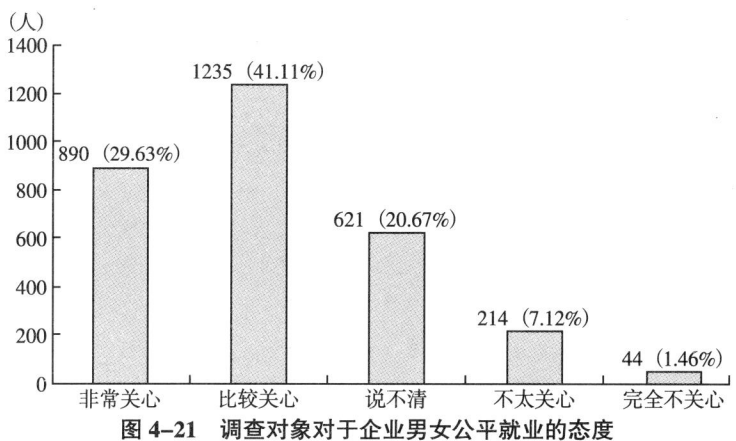

图 4-21 调查对象对于企业男女公平就业的态度

小知识：私营企业性别歧视的表现

在中国，劳动力市场的性别歧视主要是对女性的歧视，实际是指用人单位采取各种或明或暗的歧视手段，使女性在就业中丧失与男性平等的择业机会及待遇。自改革开放以来，中国公有制经济逐步退出市场竞争，私营经济不断发展壮大。经济发展并不代表着女性也得到了发展。在私营企业中，侵犯女员工权益的现象有越来越严重的趋势。除了"压低、克扣、拒付女员工劳动报酬；对女员工不实行'四期'保护；甚至结婚、谈恋爱都成为辞退女员工的理由等"之外，还有其他表现，如女性就业面临的容貌、身高、年龄等歧视在私营企业中比比皆是；私营企业中男女员工同工不同酬现象明显；女员工提升、加薪以及得到培训和学习的机会很少；职业场所存在性骚扰现象等。

资料来源：李玲玲. 私营企业中的性别歧视 [J]. 中南民族大学学报（人文社会科学版），2007 (6)：56-58.

（四）大多数消费者关注企业安全生产

企业能够安全生产关系到员工的工作安全和健康，企业不注重安全生产将使员工随时处于危险之中。数据显示，不太关心企业安全生产的调查对象仅占极少数，完全不关心（6人）企业安全生产的调查对象几乎没有。大多数调查对象非常关心（1293人）或比较关心（1331人）企业安全生产，企业是否安全生产成为消费者关注企业信息的重要方面。如图4-22所示。

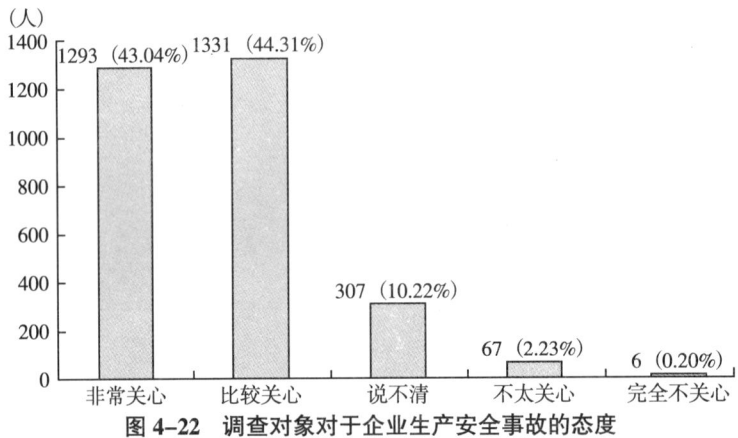

图4-22 调查对象对于企业生产安全事故的态度

（五）近八成消费者关注企业拒绝捐赠行为

企业是社会的企业，社会的可持续发展是企业可持续发展的必要条件，企业捐赠则是在减缓社会贫富差距扩大、促进可持续发展的同时有利于自身的可持续发展。对于企业一毛不拔、拒绝捐赠等不回报社会的行为，超过四成调查对象比较关心（1292人），35.32%的调查对象非常关心企业的该种行为（1061人）。不过，说不清（486人）、不太关心（147人）和完全不关心（18人）企业该种行为的调查对象仍旧超过两成，反映了部分调查对象对于企业的该种行为的不关心。如图4-23所示。

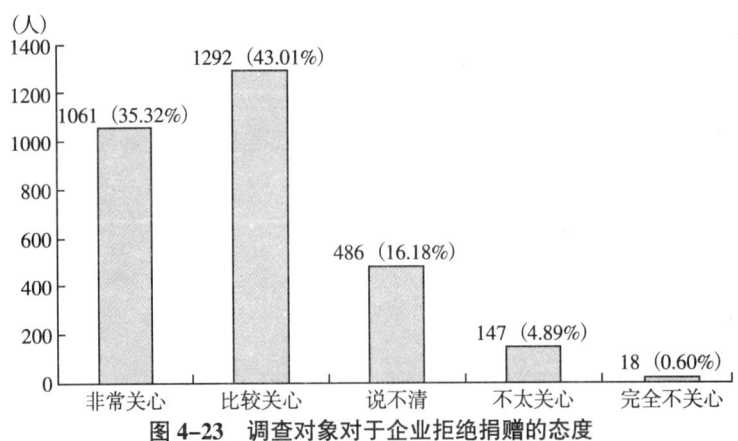

图4-23 调查对象对于企业拒绝捐赠的态度

四、各类信息关注度比较

（一）消费者对于企业不同市场责任关注度

消费者对于产品存在安全隐患、发布虚假信息、售后服务质量以及泄露客户信息的关注最多，对于研发、实验过程中残害动物、不正当竞争、剽窃知识产权以及严重亏损的关注度居于其次，对于企业是否压榨供应商的关注度相对最低。究其原因，在企业的各种市场责任方面信息方面，消费者更为关注与自身之间相关的企业履行市场责任信息，这种信息集中体现在产品或服务的质量上。对于企业是否亏损、是否压榨供应商，虽然获得了多数消费者的关注，但与产品或服务的质量信息相比则相对较弱。如图4-24所示。

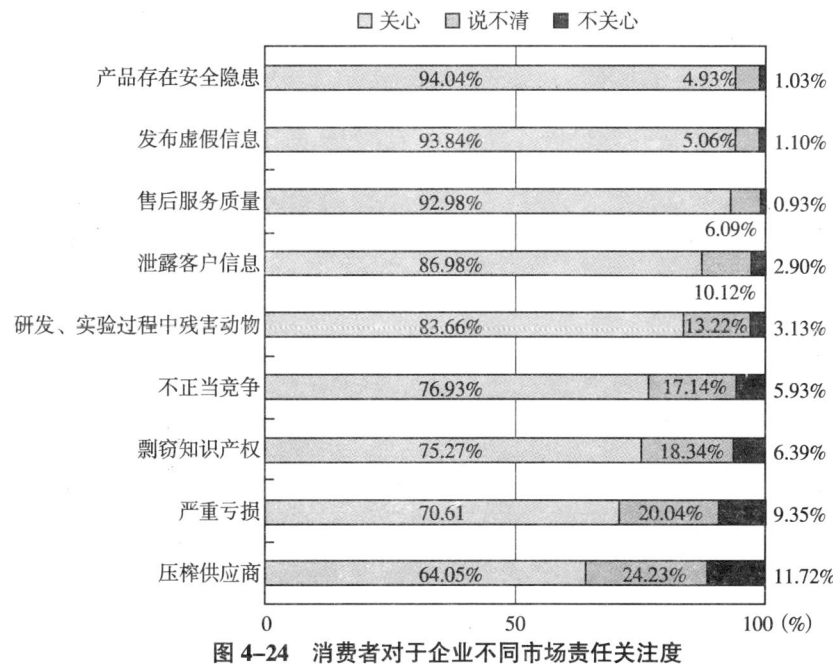

图4-24 消费者对于企业不同市场责任关注度

（二）消费者对于企业不同环境责任信息关注度比较

在污染环境、破坏生态平衡以及高耗能、高消费资源三个层面的环境信息方面，消费者更加关注企业是否污染环境和破坏生态平衡，对于产品使用过程中是否污染环境的关注居于其次，对于企业是否是高耗能、高消费资源的关注则相对最弱。之所以如此,可能与企业对于环境的污染以及产品使用过程中对于环境的污染更加直观,更容易使消费者产生共鸣;而对于企业的高耗能、高资源消费则不容易为普通大众所观察和理解,所以也相对更不易于获得人们的关注。如图4-25所示。

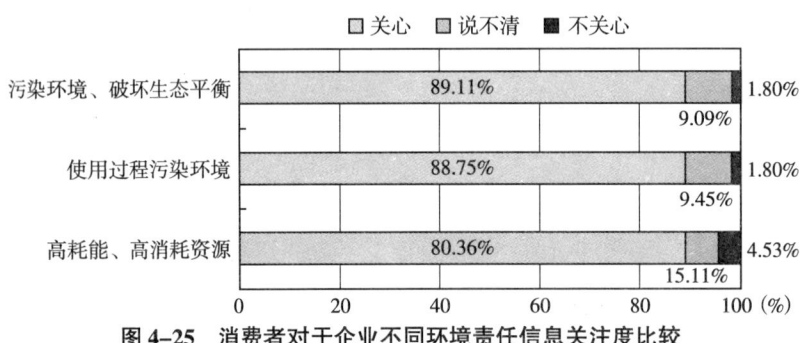

图4-25 消费者对于企业不同环境责任信息关注度比较

(三) 消费者对于企业不同社会责任关注度

消费者对于生产安全事故的关注高于对其他社会责任方面信息的关注,消费者对于拒绝捐赠、企业和员工签订合同、偷税漏税的关注依次降低,消费者对于企业男女公平就业的关注相对最低。对于企业生产安全事故的关注度最高,反映了中国煤矿等安全生产事故不断发生并引起强烈的社会关注有关。如图4-26所示。

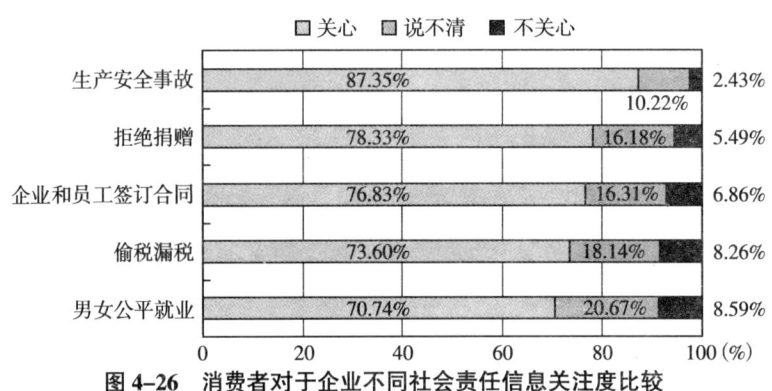

图4-26 消费者对于企业不同社会责任信息关注度比较

（四）消费者积极关注企业的履责实践，对环境责任信息的关注度最高

通过以上消费者对于企业履责实践的关注情况，我们可以看到，消费者积极关注企业的履责实践。具体来看，在消费者关注的企业履责实践中，产品存在安全隐患、发布虚假信息、售后服务质量等是消费者关心企业履责实践的核心，压榨供应商、严重亏损、男女公平就业等责任方面则显得相对关心较弱。

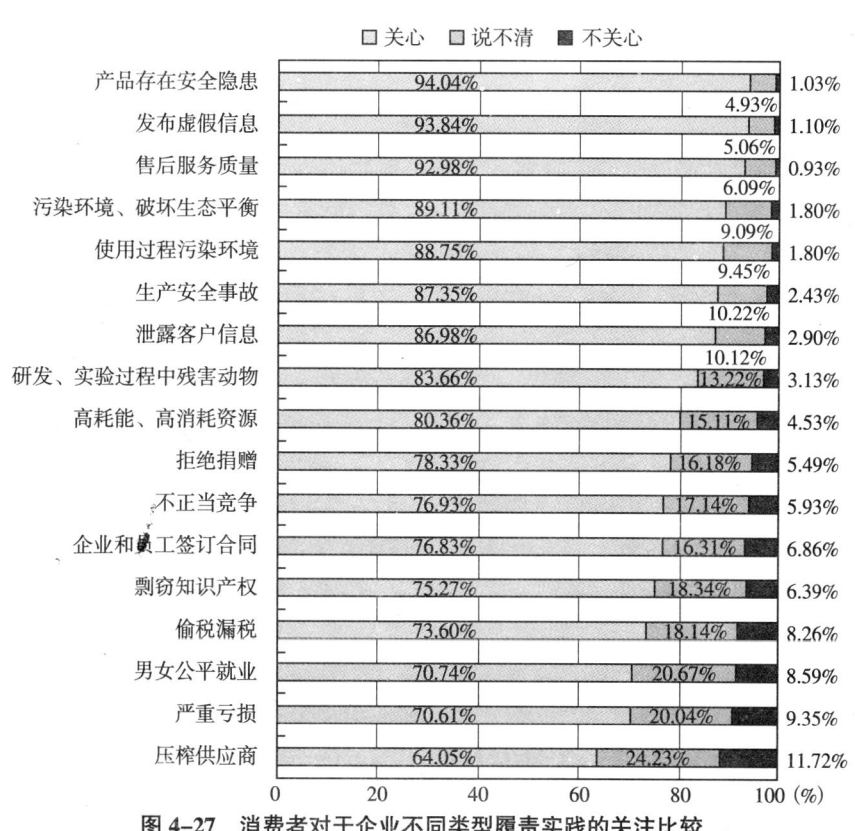

图4-27 消费者对于企业不同类型履责实践的关注比较

第三节 企业履责行为与消费者购买倾向特征

一、市场责任信息与购买倾向

（一）超过九成消费者会优先购买积极保护消费者权益企业的产品和服务

对于积极保护消费者权益企业生产的产品和服务，超过九成消费者给予了赞同和肯定，超过五成调查对象完全赞同（1612人）优先购买积极保护消费者权益企业生产的产品和服务，近四成消费者比较赞同（1163人）优先购买该类企业的产品和服务。说不清（205人）、比较不赞同（18人）和完全不赞同（6人）优先购买该类企业产品和服务的调查对象不足10%。显而易见，企业积极保护消费者权益的举措可以带来产品和服务销售收入的增加。如图4-28所示。

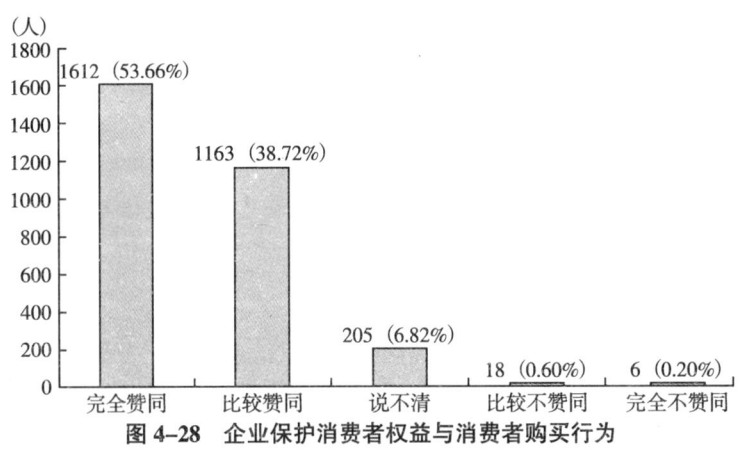

图4-28 企业保护消费者权益与消费者购买行为

小知识：消费者权益

消费者权益是指消费者在有偿获得商品或接受服务时，以及在以后的一定时期内依法享有的权益，它是一定社会经济关系下适应经济运行的客观需要赋予商品最终使用者享有的权利。①安全保障权;②知悉真情权,是指消费者知悉其购买使用的商品或者接受的服务的真实情况的权利;③自主选择权,是指消费者享有自主选择商品或者服务的权利;④公平交易权,是指消费者在购买商品或者接受服务时所享有的获得质量保障和价格合理、计量正确等公平交易的权利;⑤依法求偿权,是指消费者因购买、使用商品或接受服务受到人身、财产损害时,依法享有的要求获得赔偿的权利;⑥求教获知权;⑦依法结社权;⑧维护尊严权,是指消费者在购买商品或者接受服务时所享有的其人格尊严、民族风俗习惯得到尊重的权利;⑨监督批评权,是指消费者享有的对商品和服务以及保护消费者权益工作进行监督的权利。

资料来源:王利明.消费者的概念及消费者权益保护法的调整范围 [J].政治与法律,2002(2):13-17.

(二)近九成消费者优先购买在研发、创新方面表现卓越的企业的产品

企业在研发、创新方面的卓越表现必然带来其产品和服务方面的高品质,数据显示,近九成消费者会在一家企业在研发、创新方面表现卓越时,选择优先购买它的产品和服务。具体来看,完全赞同(1274人)优先购买在研发、创新方面表现卓越的企业产品的调查对象超过四成,比较赞同(1414人)优先购买在研发、创新方面表现卓越的企业产品的调查对象超过45%。另外,说不清(289人)和比较不赞同(27人)优先购买在研发、创新方面表现卓越企业产品的调查对象占10%,没有调查对象完全不赞同优先购买在研究、创新方面表现卓越的企业产品。如图4-29所示。

(三)超过九成消费者拒绝购买侵害消费者权益的产品和服务

对于侵害消费者权益企业的产品和服务,超过半数调查对象完全赞同(1580人)拒绝购买其产品和服务,近四成消费者比较赞同(1153人)拒绝购买该类企业的产品和服务。说不清(233人)、比较不赞同(25人)和完全不赞同(13人)的调查对象不足一成。不难看出,消费者对于企业侵害自己权益的企业行为无法容忍,会通过拒绝购买它的产品和服务来表达自己的不满意见。如图4-30所示。

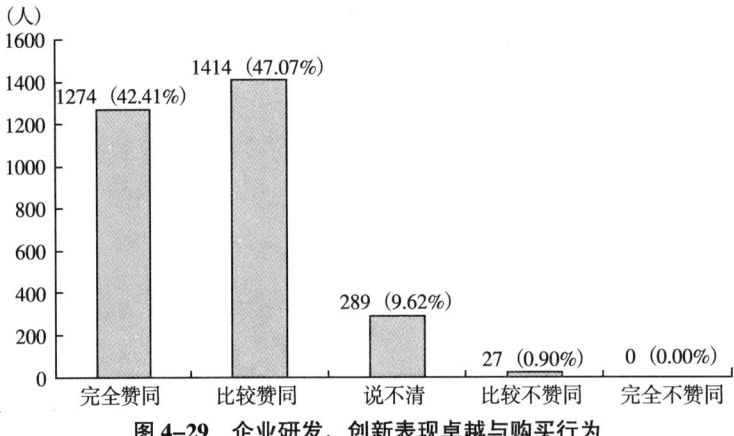

图 4-29 企业研发、创新表现卓越与购买行为

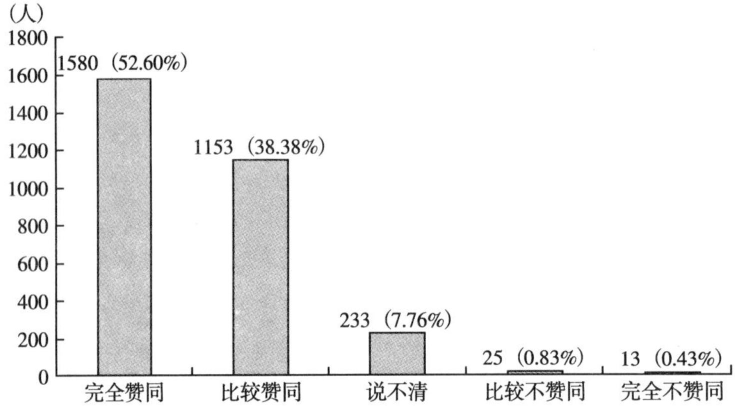

图 4-30 企业侵害消费者权益与调查对象购买行为

小知识：消费者权益欺诈

欺诈消费者行为是指经营者在经营商品（以下所称商品包括服务）或者服务中，采取虚假或者其他不正当手段欺骗、误导消费者，使消费者的合法权益受到损害的行为。

具体表现为：销售掺杂、掺假、以假乱真、以次充好的商品；采取虚假或者不正当手段，使销售的商品分量不足；销售"处理品"、"残次品"、"等外品"等商品，谎称是正品；以虚假的"清仓价"、"甩卖价"、"最低价"、"优惠价"或者其他欺骗性价格表示销售商品；以虚假的商品说明、商品标准、实物样品等方式销售商品;不以自己的真实姓名和标记销售商品;采取雇用他人等方式进行欺骗性的销售诱导;做虚假的现场演示和说明;利用广播、电视、电影、报刊等大众传播媒体对商品做虚假宣传;骗取消费者预付款;利用邮购销售骗取价款而不提供或者不按照预约条件提供商品;以虚假的"有奖销售"、"还本销售"等方式销售商品;以其他虚假或者不正当手段欺诈消费者的行为。

资料来源:应飞虎.信息视角下的消费者权益保障[J].经济法论坛,2006:15-19.

(四)对于企业贿赂官员或商业伙伴的行为,相对多数消费者表示拒绝购买

企业贿赂官员或商业伙伴将遭到多数消费者对其产品的抵制。调查数据显示,四成调查对象比较赞同(1220人)拒绝购买贿赂官员或商业伙伴企业的产品和服务,近三成完全赞同(881人)拒绝购买贿赂官员或商业伙伴企业的产品和服务。不过,说不清(769人)、比较不赞同(113人)和完全不赞同(21人)拒绝购买贿赂官员或商业伙伴企业的产品和服务。可见,还存在很大一部分消费者并不认同对于贿赂官员或商业伙伴企业产品和服务的抵制。如图4-31所示。

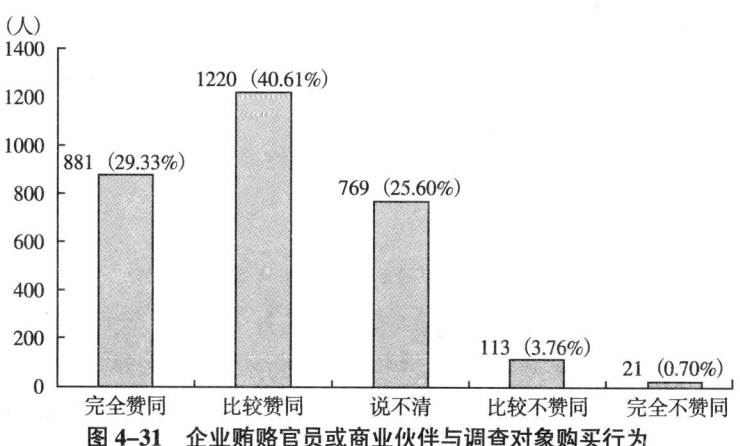

图4-31 企业贿赂官员或商业伙伴与调查对象购买行为

> **小知识：商业贿赂**
>
> 商业贿赂是指经营者以排斥竞争对手为目的，为争取交易机会，暗中给予交易对方有关人员和能够影响交易的其他相关人员以财物或其他好处的不正当竞争行为，是贿赂的一种形式，但又不同于其他贿赂形式。针对商业贿赂，《反不正当竞争法》第8条规定，经营者不得采用财物或者其他手段进行贿赂以销售或者购买商品。在账外暗中给予对方单位或者个人回扣的，以行贿论处；对方单位或者个人在账外暗中收受回扣的，以受贿论处。经营者销售或者购买商品，可以以明示方式给对方折扣，可以给中间人佣金。经营者给对方折扣、给中间人佣金的，必须如实入账。
>
> 资料来源：赵秉志.国际社会惩治商业贿赂犯罪的立法经验及借鉴[J].华东政法学院学报，2007（1）.

（五）相对多数消费者对于窃取知识产权的企业产品和服务表示拒绝购买

如果一家企业剽窃知识产权，窃取商业机密，七成消费者表达了拒绝购买。具体来看，四成调查对象对这种拒绝购买行为比较赞同（1311人），近三成调查对象完全赞同（841人）该拒绝行为。另外，由于企业窃取知识产权与消费者没有直接利益关系，并且，消费者可能成为企业剽窃知识产权开发新产品和服务的直接受益者，所以近25%的调查对象说不清（722人）是否应该抵制该企业的产品和服务，还有一部分调查对象比较不赞同（112人）和完全不赞同（18人）抵制剽窃知识产权企业的产品。如图4-32所示。

（六）相对多数消费者会因为企业规模和利润在行业内领先而优先购买其产品

企业规模和利润如何是企业实力的象征，企业规模大、利润丰厚从侧面显示了企业强大的竞争力。在企业规模和利润与消费者购买行为方面，近五成调查对象比较赞同（1447人）在一家企业的规模和利润在行业内处于领先水平时，会优先购买它的产品和服务，31.32%的调查对象完全赞同（941人）这种优先购买行为。不过，说不清（519人）、比较不赞同（89人）和完全不赞同（8人）该种购买行为的调查对象占两成，表明相当部分消费者不会因为企业的规模和利润等经营业绩而选择优先购买它的产品和服务。如图4-33所示。

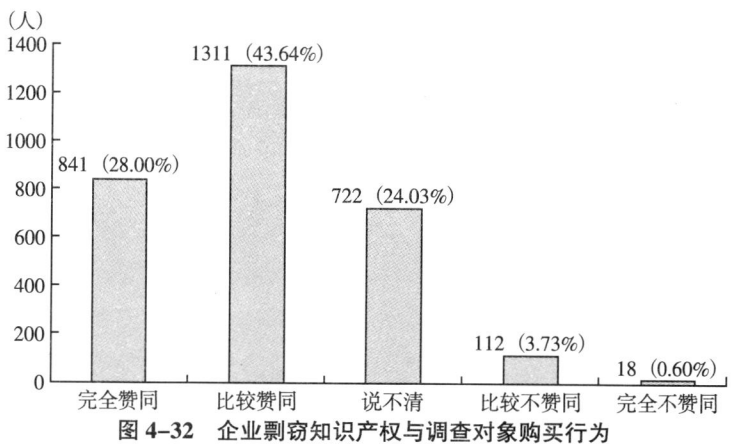

图 4-32 企业剽窃知识产权与调查对象购买行为

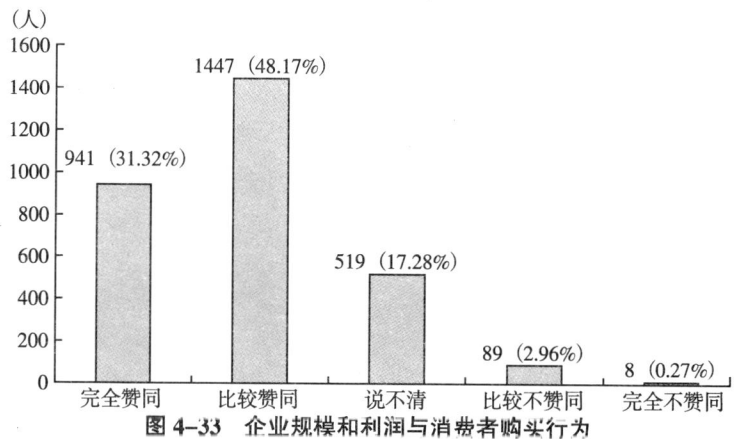

图 4-33 企业规模和利润与消费者购买行为

（七）说不清是否拒绝会购买一家大幅亏损企业的产品和服务的消费者相对最多

对于大幅亏损企业的产品和服务，超过35%的调查对象说不清（1110人）是否会拒绝购买其产品和服务。比较赞同（953人）拒绝购买该类企业产品和服务的调查对象，比较赞同和完全赞同（486人）拒绝购买该企业产品和服务的调查对象不到一半。另外，比较不赞同（397人）和完全不赞同（58人）调查对象达15.15%。可见，企业亏损不是消费者购买其产品和服务的限制因素。如图4-34所示。

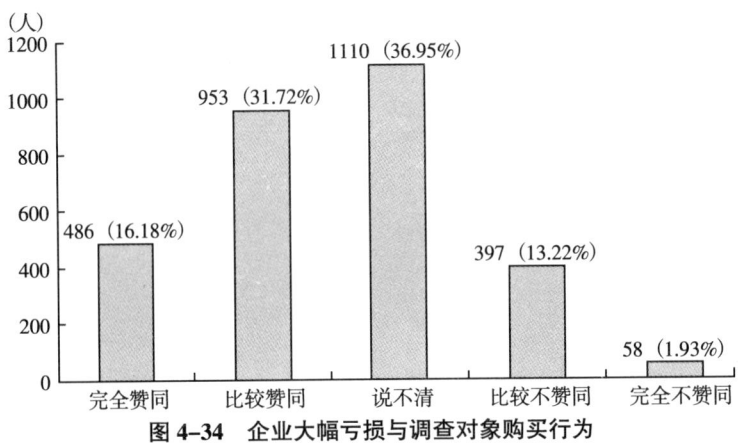

图 4-34 企业大幅亏损与调查对象购买行为

二、环境责任信息与购买倾向

(一) 近九成消费者会优先购买投身环保事业的企业产品或服务

对于一家企业爱护环境、投身环保事业，近九成消费者表达了优先购买它的产品和服务的意愿。具体来看，超过四成调查对象完全赞同（1344人）优先购买具有该行为的企业的产品或服务，45.07%的调查对象比较赞（1354人）同对具有该行为企业的产品或服务进行购买。与之相对应，说不清（274人）是否优先购买的调查对象不足10%，比较不赞同（26人）和完全不赞同（6人）优先购买的调查对象不足2%。如图4-35所示。

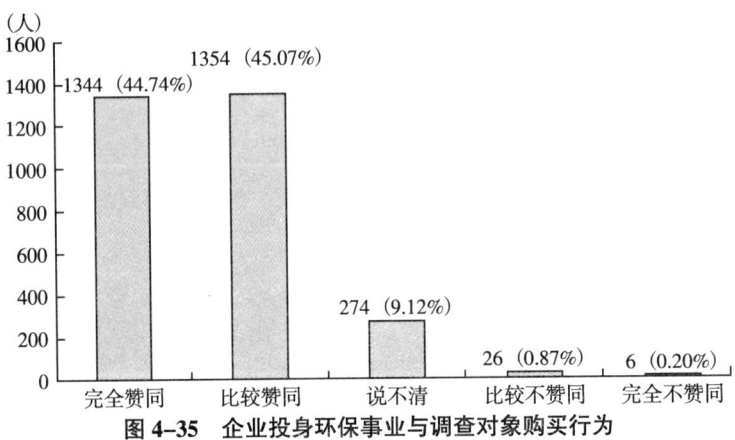

图 4-35 企业投身环保事业与调查对象购买行为

（二）近九成消费者可能拒绝购买严重破坏环境企业的产品和服务

如果一家企业对环境造成了严重的破坏，近九成消费者会选择拒绝购买它所生产的产品和服务。数据显示，完全赞同（1334 人）和比较赞同（1284 人）拒绝购买污染环境企业的产品和服务，说不清（342 人）是否拒绝购买污染环境企业的产品和服务的调查对象占 11.38%，比较不赞同（37 人）和完全不赞同（7 人）这种拒绝行为的调查对象不足 5%。如图 4-36 所示。

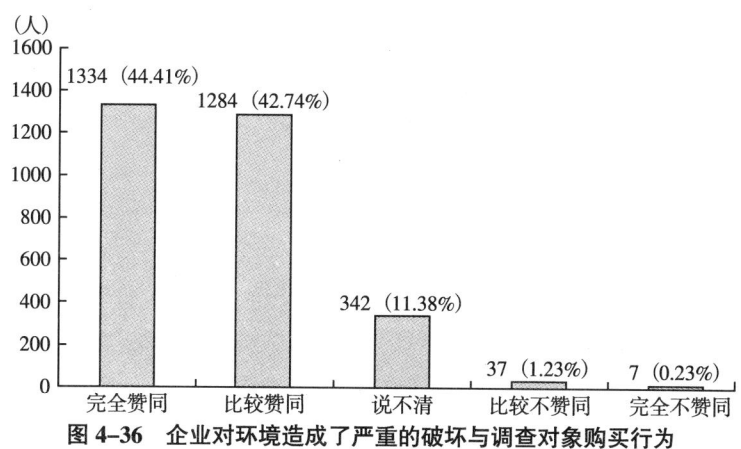

图 4-36　企业对环境造成了严重的破坏与调查对象购买行为

三、社会责任信息与购买倾向

（一）近七成消费者拒绝购买偷税漏税企业的产品和服务

如果一家企业偷税漏税，比较赞同（1261 人）和完全赞同（783 人）拒绝购买它的产品和服务的调查对象近七成，表明多数消费者不仅不认同企业的偷税漏税行为，而且还会通过自己的拒绝购买行为来表达自己的观点。不过，说不清（815 人）、比较不赞同（117 人）和完全不赞同（28 人）拒绝购买偷税漏税企业产品和服务的调查对象超过三成，反映了在事不关己的企业失德行为方面部分消费者的漠然态度。如图 4-37 所示。

（二）八成消费者会优先购买切实保护员工权益企业的产品或服务

调查数据显示，如果一家企业切实保护了员工的合法权益，八成调查对象会完全赞同（1043 人）和比较赞同（1383 人）优先购买其产品或服务。比较不赞

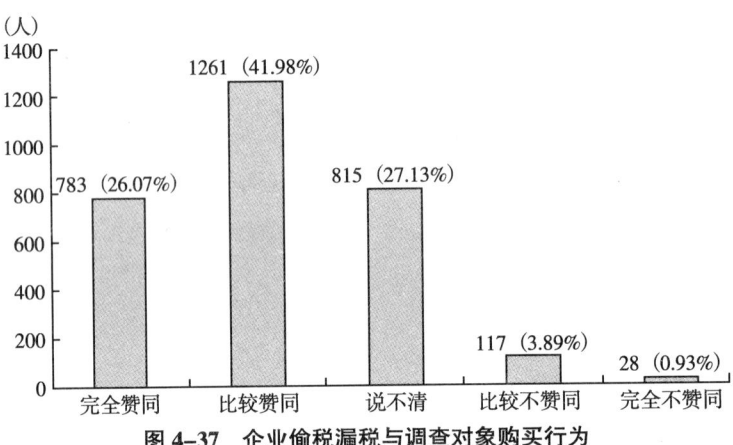

图 4-37 企业偷税漏税与调查对象购买行为

同（54人）和完全不赞同（5人）的调查对象不足5%。不过，说不清（519人）是否优先购买该类公司产品或服务的调查对象近两成，说明部分消费者对于企业切实保护员工权益所表现出的优先购买行为不敏感。如图4-38所示。

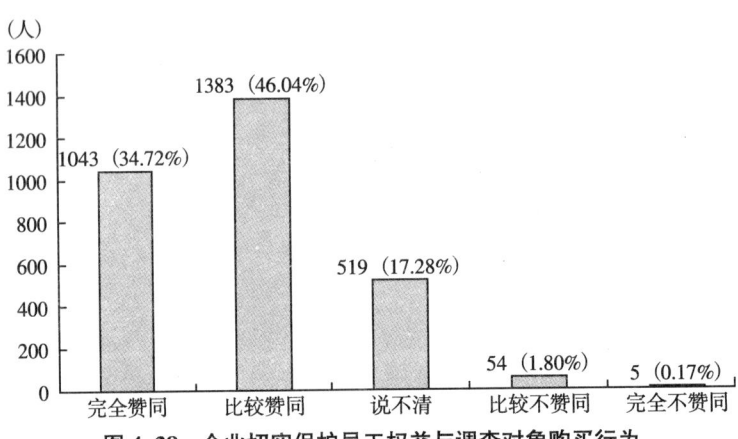

图 4-38 企业切实保护员工权益与调查对象购买行为

小知识：劳动者权益

　　劳动者享有平等就业和选择职业的权利、取得劳动报酬的权利、休息休假的权利、获得劳动安全卫生保护的权利、接受职业技能培训的权利、享受社会保险和福利的权利、提请劳动争议处理的权利以及法律规定的其他劳动权利。同时，劳动者有权依法参加和组织工会，工会代表和维护劳动者的合法权益，依法独立自主地开展活动。劳动者依照法律规定，通过职工大会、职工代表大会或者其他形式，参与民主管理或者就保护劳动合法权益与用人单位进行平等协商。

资料来源：张坤.企业社会责任视角下的员工权益保障实证研究［D］.中南大学，2010（4）：11-17.

（三）七成消费者拒绝购买压榨员工企业的产品和服务

对于一家企业压榨员工的行为，虽然两成调查对象说不清（689人）是否拒绝购买它的产品和服务，完全赞同（876人）和比较赞同（1317人）拒绝购买压榨员工企业的产品和服务的调查对象仍占七成。不难看出，由于消费者拒绝购买压榨员工企业的产品可能会直接对企业员工造成更严重的损失，如部分员工遭受解雇等，部分调查对象没有选择拒绝购买压榨员工企业的产品和服务。如图4-39所示。

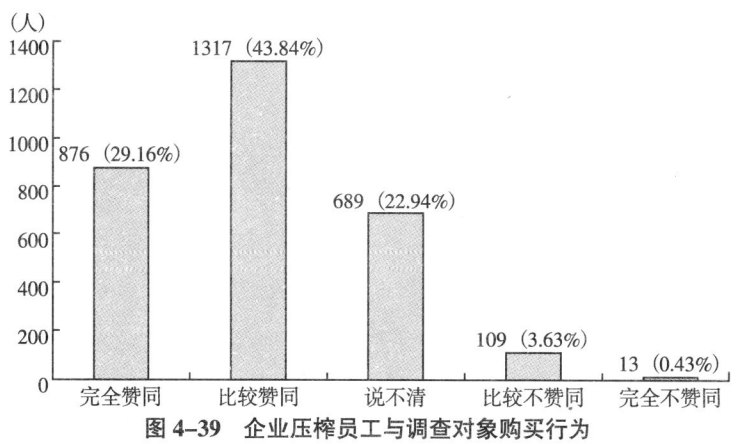

图4-39　企业压榨员工与调查对象购买行为

（四）大多数消费者会优先购买积极参加公益事业企业的产品和服务

企业积极参加慈善捐赠和社会公益事业不仅能够创造一个更加美好的世界，而且还会创造一个更加美好的企业。数据显示，近四成调查对象完全赞同（1197人）优先购买积极参加慈善捐赠和社会公益事业企业的产品和服务，超过45%的调查对象比较赞同（1386人）优先购买积极参加慈善捐赠和社会公益事业企业的产品和服务。与之相对应，说不清（359人）、比较不赞同（54人）和完全不赞同（8人）在企业积极参与慈善捐赠和社会公益事业时优先购买企业的产品和服务的调查对象不足15%。企业参与慈善公益事业显著获得了消费者的支持和拥护。如图4-40所示。

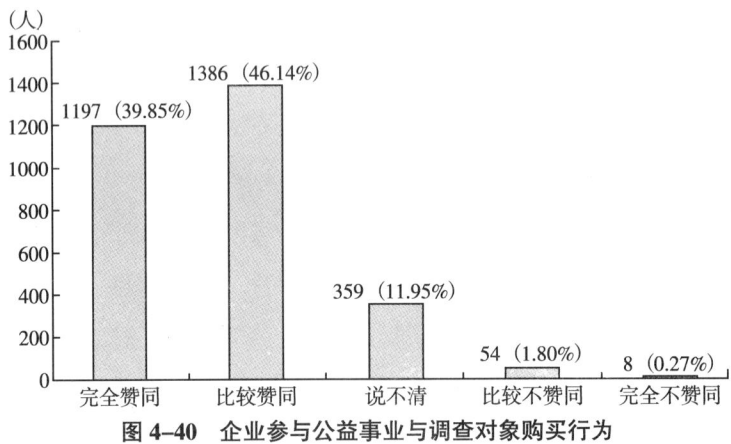

图4-40 企业参与公益事业与调查对象购买行为

小知识：企业公益服务

现代消费是一个比较偏重形象消费的时代，在商品消费过程中，顾客越来越重视人格形象和公益形象。为了满足顾客的公益化消费心理需要，企业应该经常策划、开展公益服务活动。

公益服务是社会组织为了强化道德人格形象，立足于人道主义精神或者构建和谐社会理念，在本职岗位之外为公众提供无偿服务的过程。松下幸之助说，如果您为顾客的满意而殚精竭虑、艰苦奋斗，您的事业肯定兴旺发达。

企业除了遵守法律政策、按章缴纳税款外，还应积极参与市政公共事业的建设，协助政府共同解决市政建设问题。企业参与市政公益建设活动的途径有很多种，常见的主要有以下几种：①独家捐资建设某项市政建设工程；②与政府有关部门共同出资兴建某项具有特殊意义的市政工程；③出资维护市政工程项目；④设立专项基金，供政府有关部门奖励市政工程项目设计、规划、建设与维护方面的有功人员。

资料来源：柴炎.基于企业社会责任的公益营销策略研究 [D].哈尔滨工业大学，2008（5）.

（五）八成消费者会因新品牌的公益事业推广举措而尝试该品牌或服务

与消费者会因企业积极参加公益事业而选择有限购买其品牌或服务相似，当企业为一个新品牌而开展公益事业活动、采取公益事业推广举措时，也会尝试该品牌或服务。具体来看，三成调查对象完全赞同（930人）尝试进行公益事业推广活动的新品牌，超过半数调查对象比较赞同（1536人）尝试进行公益事业推广活动的新品牌。不过，可能由于企业进行新品牌的公益事业推广举措更多地着眼于新品牌的推广，功利性比较明显和强烈，所以较企业自身进行公益事业所产生消费者购买意愿相对降低，说不清（477人）、比较不赞同（55人）和完全不赞同（6人）的调查对象近两成，稍微高于企业参与公益事业所产生的效果。如图4-41所示。

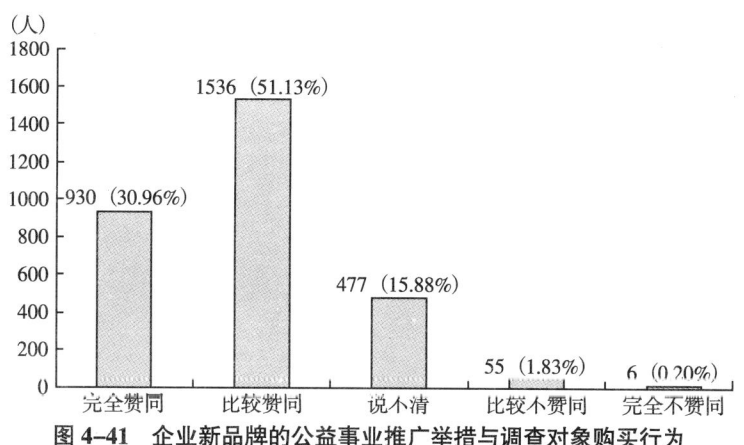

图4-41　企业新品牌的公益事业推广举措与调查对象购买行为

（六）产品或服务部分销售收入用于特定慈善事业能够获得大多数消费者优先购买

如果一件产品或服务销售收入的一部分将用于特定的公益事业，也可以促进消费者的有限购买。数据显示，近四成调查对象完全赞同（1184人）优先购买采取该措施的产品或服务，近五成调查对象比较赞同（1437人）优先购买该产品或服务。说不清（345人）、比较不赞同（34人）和完全不赞同（4人）该行为的调查对象不足15%。由此可知，大多数消费者对于企业将产品或服务的部分销售收入用于特定慈善事业给予了支持和肯定，企业采取该举措可能导致特定产品或服务销售的增长。如图4-42所示。

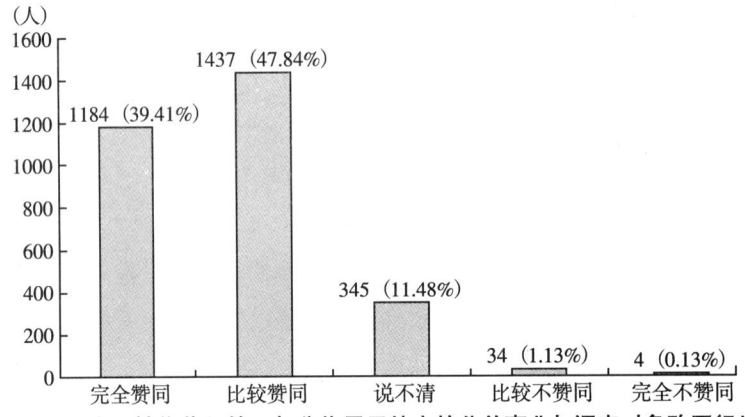

图 4-42　企业销售收入的一部分将用于特定的公益事业与调查对象购买行为

（七）相对多数消费者会因企业的拒绝捐赠行为而拒绝购买其产品和服务

超过四成的调查对象比较赞同（1296人）拒绝购买不回馈社会企业的产品和服务，近三成完全赞同（871人）拒绝购买该类企业的产品和服务。不过，超过两成调查对象说不清（707人）是否要拒绝购买该类企业的产品和服务，部分调查对象比较不赞同（121人）和完全不赞同（9人）拒绝购买该类企业的产品和服务。由此可知，对于企业的拒绝捐赠行为，虽然相对多数的消费者选择了拒绝购买它们的产品和服务，但是仍有近三成的消费者可能并不认同这种拒绝购买行为。如图4-43所示。

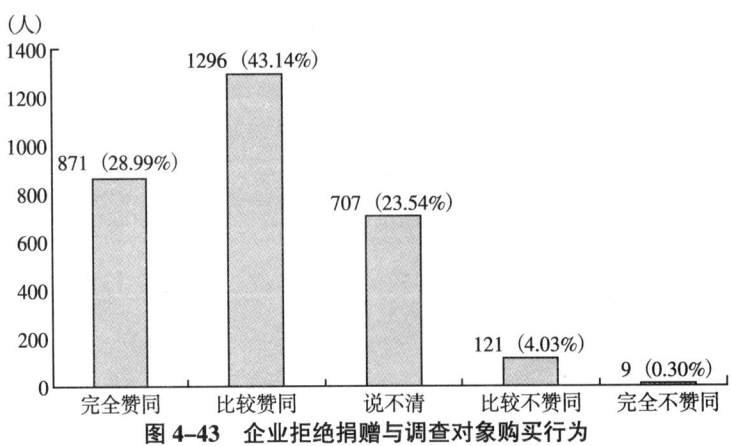

图 4-43　企业拒绝捐赠与调查对象购买行为

四、各类企业履责行为对消费者购买倾向影响的比较

（一）市场责任行为对购买倾向影响

企业的不同市场责任信息对于消费者的购买倾向的影响不尽相同，其中，影响最大的分别是积极保护消费者权益及研发、创新方面表现卓越。企业的规模和利润、拒绝购买窃取知识产权企业产品和服务以及拒绝购买贿赂官员或商业伙伴的产品和服务对于消费者的购买倾向影响会居于中间。消费者的购买倾向对于企业是否亏损的反映相对最为不明显。之所以出现如此结果，可能与消费者更加关注自己的切身利益有关，消费者权益和产品的研发和创新本身是消费者利益的直接体现。对于企业的规模和利润、企业窃取知识产权与否以及是否贿赂官员或商业伙伴则与消费者的切身利益没有直接关系，但会对消费者产生一定的影响。对于企业是否亏损，在消费者心目中，对他们的利益影响最弱，因此对于消费者的购买倾向影响最为不明显。如图4-44所示。

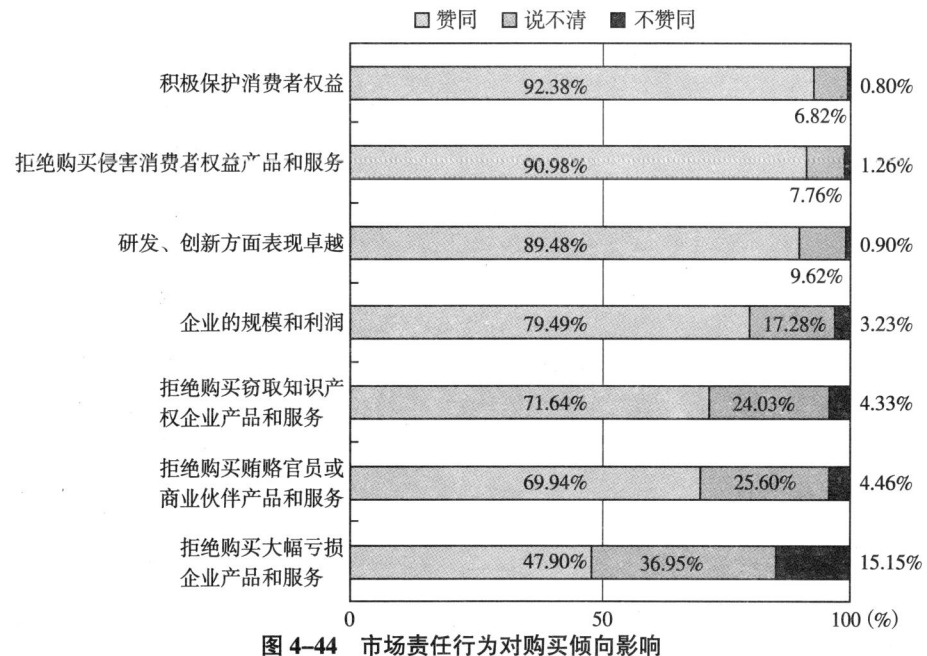

图4-44 市场责任行为对购买倾向影响

（二）环境责任行为对购买倾向影响

企业环境责任信息对于消费者的购买倾向影响较大，企业投身环保事业与否以及破坏环境与否极大地影响了消费者的购买倾向，赞同企业的环保行为会对自身的购买行为产生影响的调查对象比例均超过85%，不赞同企业的环保行为会对消费者的购买行为产生影响的调查对象不足5%。如图4-45所示。

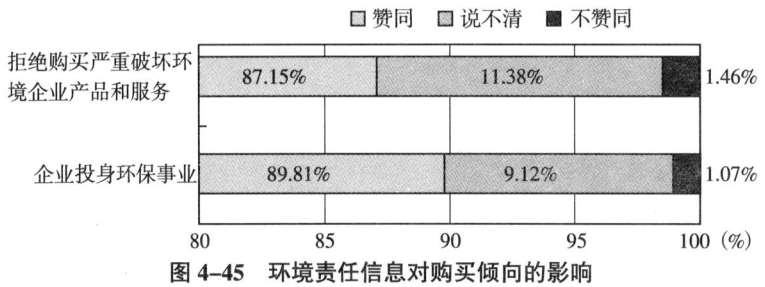

图4-45 环境责任信息对购买倾向的影响

（三）社会责任行为对购买倾向影响

在企业的社会责任行为方面，企业参与公益事业对消费者的购买倾向的影响最大，企业对员工权益的保护与否对于消费者的购买倾向的影响居于中间，企业是否偷税漏税对于消费者的购买倾向影响相对最小。之所以如此，企业的社会责任行为整体对于消费者产生的直接影响较小，而企业的捐赠行为更能够引起公众的关注，而对于企业对于员工的压榨与否以及企业是否偷税漏税的行为不仅对于消费者的影响较小，而且他们所受到的公众关注度依次降低。如图4-46所示。

（四）企业负责任的行为将得到多数消费者的优先购买

通过以上对于企业行为与消费者优先购买意愿的分析，可以看出企业负责任的行为可以得到多数消费者的优先购买，企业不负责任的行为将遭到消费者的拒绝购买。对于企业积极保护消费者权益，研发、创新方面表现卓越等关系消费者切身利益的企业行为，消费者给予的优先购买意愿较大，而对于涉及企业的规模和利润等为新品牌而开展的公益事业等股东方面的企业行动，消费者给予的优先购买意愿相对较小。如图4-47所示。

第四章 中国企业形象、产品特征与消费行为

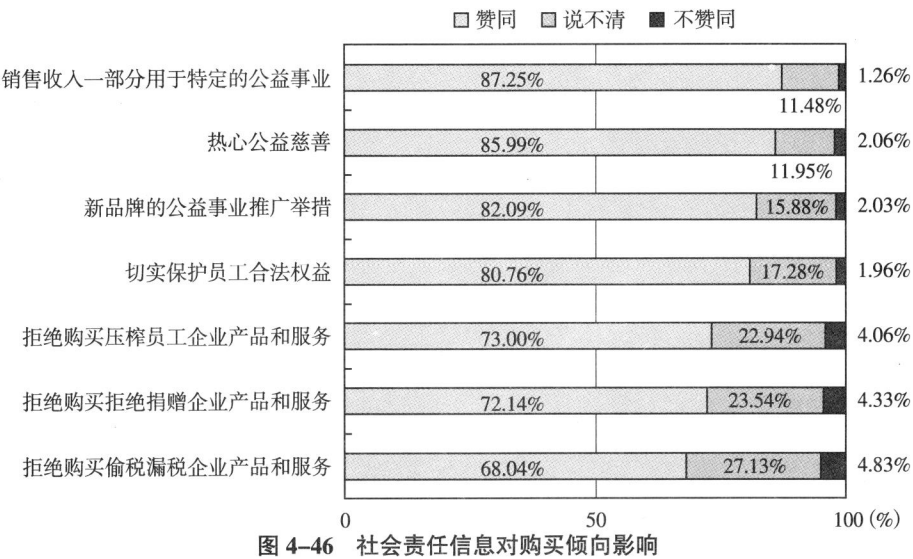

图 4-46 社会责任信息对购买倾向影响

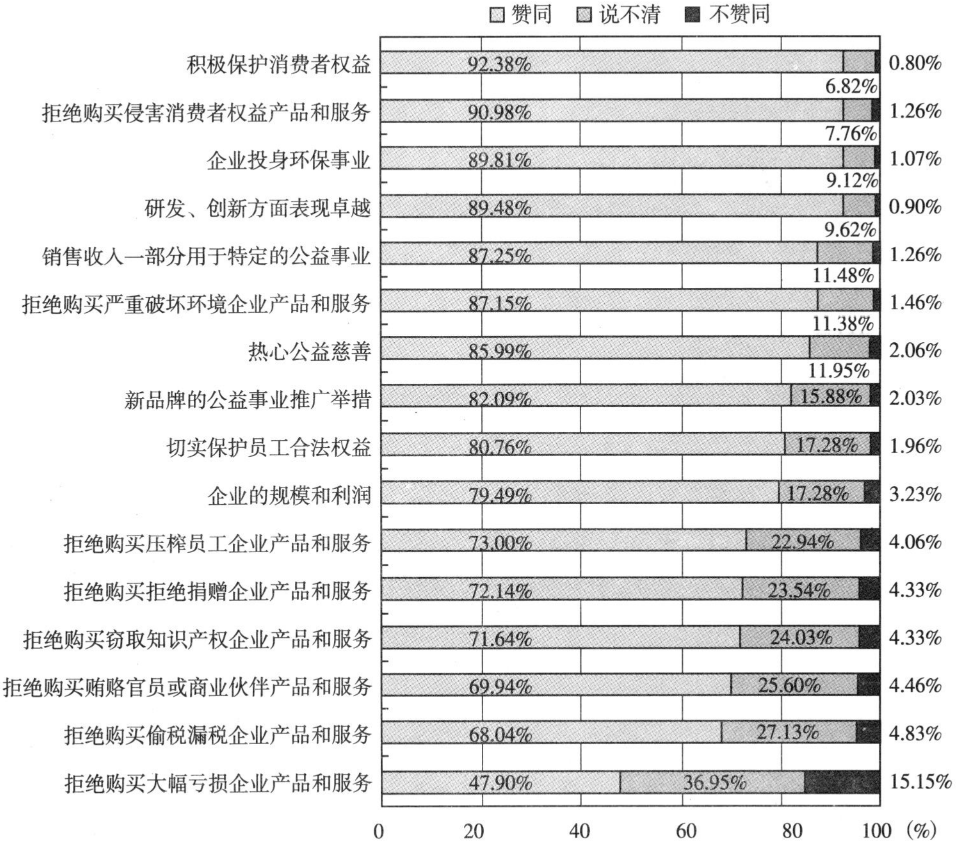

图 4-47 企业行为与消费者的购买意愿

第四节 企业履责行为与消费者支付意愿

一、市场责任履责实践与支付意愿

（一）超过九成的消费者愿意为企业更多的研发而支付

数据显示，如果一种产品的生产企业在研发方面处于行业领先地位，消费者愿意为这种研发活动进行埋单。具体来看，超过30%的调查对象愿意多支付5%（1013人）和多支付10%（991人）的费用，与愿意多支付20%（542人）和多支付50%（174人）的调查对象占总体调查对象的比例超过90%；不接受任何多支付的调查对象不足10%。如图4-48所示。

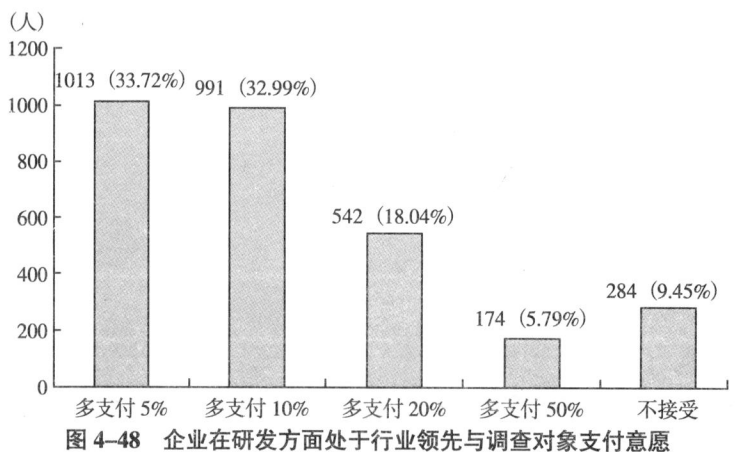

图4-48 企业在研发方面处于行业领先与调查对象支付意愿

（二）有九成五的消费者愿意为经过严格试验、检验的产品多支付

如果一件产品经过严格试验、检验，质量有保证，安全性高，那么将获得消费者更高的支付意愿。具体来看，愿意为此多支付10%（1104人）的调查对象最多，愿意为此多支付5%（729人）和多支付20%（776人）均超过20%。愿意多支付50%（258人）的调查对象相对最少，但高于不接受（137人）任何多支付的调查对象数量。如图 4-49 所示。

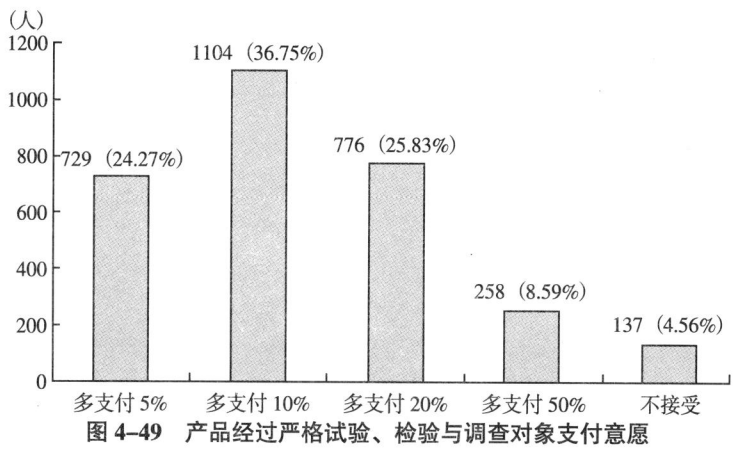

图 4-49　产品经过严格试验、检验与调查对象支付意愿

（三）愿意为服务体系健全、服务质量好的产品多支付的消费者占大多数

调查数据显示，愿意为服务体系健全、服务质量好的产品多支付 10%（1093 人）的调查对象最多，超过 35%，愿意多支付 5%（901 人）的调查对象数量、愿意为该种产品多支付 20%（605 人）和多支付 50%（224 人）的调查对象数量依次降低，但均高于不接受（181 人）任何多支付的调查对象数量。显而易见，多数消费者愿意为服务体系健全、服务质量好的产品多支付。如图 4-50 所示。

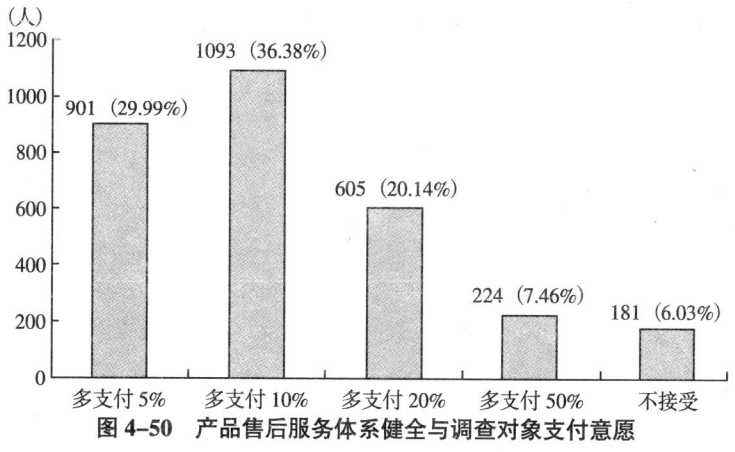

图 4-50　产品售后服务体系健全与调查对象支付意愿

（四）多数消费者愿意为行业内效益较好的企业产品支付更多的费用

超过八成消费者愿意为行业内效益较好的企业产品支付更多的费用，不接受

（467人）为行业内效益较好企业产品支付更多费用的消费者不足两成。具体来看，在愿意支付的调查对象中，愿意多支付5%（1027人）的调查对象超过30%，愿意多支付10%（901人）、多支付20%（451人）和多支付50%（158人）的调查对象依次减少。如图4-51所示。

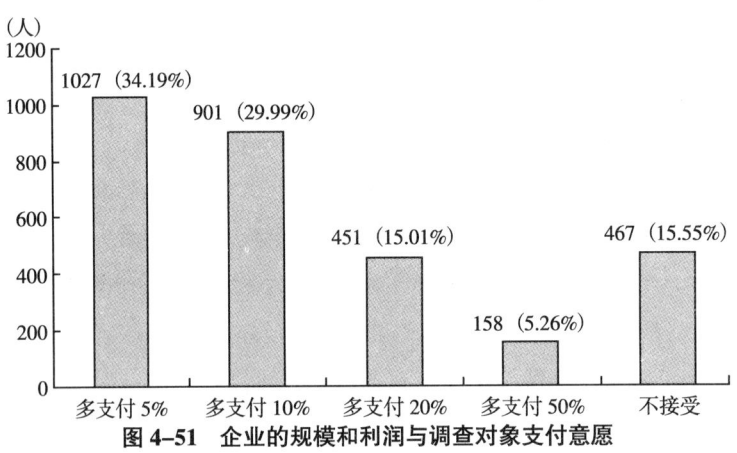

图4-51 企业的规模和利润与调查对象支付意愿

二、环境责任履责实践与支付意愿

(一) 愿意为生产过程中注重使用可再生能源、节约资源产品多支付的消费者超过九成

数据显示，如果一件产品的生产过程中注重使用可再生能源和节约资源，超过九成的调查对象愿意为此多支付5%（1010人）或多支付10%（1059人）或多支付20%（514人）或多支付50%（181人），不接受任何多支付的调查对象占比不足10%。如图4-52所示。

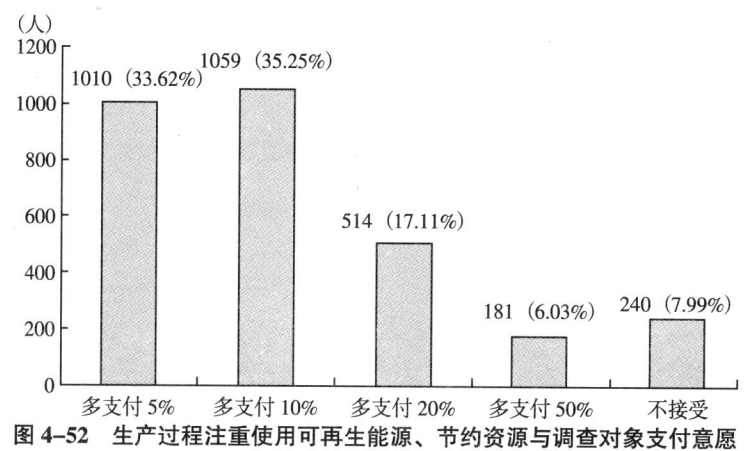

图 4-52 生产过程注重使用可再生能源、节约资源与调查对象支付意愿

小知识：可再生能源

可再生能源是指自然界中可以不断利用、循环再生的一种能源。具有自我恢复原有特性，并可持续利用的一次性能源。包括太阳能、水能、生物质能、氢能、风能、波浪能以及海洋表面与深层之间的热循环等。地热能也可算作可再生能源。例如，太阳能、风能、水能、生物质能、海洋能、潮汐能、地热能等。随着世界石油能源危机的出现，人们开始认识到可再生能源的重要性。

大部分的可再生能源其实都是太阳能的储存。可再生的意思并非提供十年的能源，而是百年甚至千年的。随着能源危机的出现，人们感觉到可再生能源的重要性。因此，开发利用可再生能源成为落实科学发展观、建设资源节约型社会、实现可持续发展的基本要求。

资料来源：沈清基. 可再生能源与城市可持续发展 [J]. 城市规划, 2006 (7): 19-23.

（二）超过九成的消费者愿意为将对环境污染降至最低的产品多支付

愿意为生产过程中将对环境污染降至最低的产品进行多支付5%（1025人）和多支付10%（1029人）的调查对象占比均为34%；愿意多支付20%（536人）的调查对象近两成；愿意多支付50%（178人）的调查对象占比低于不接受（236人）进行任何多支付的调查对象占比。如图4-53所示。

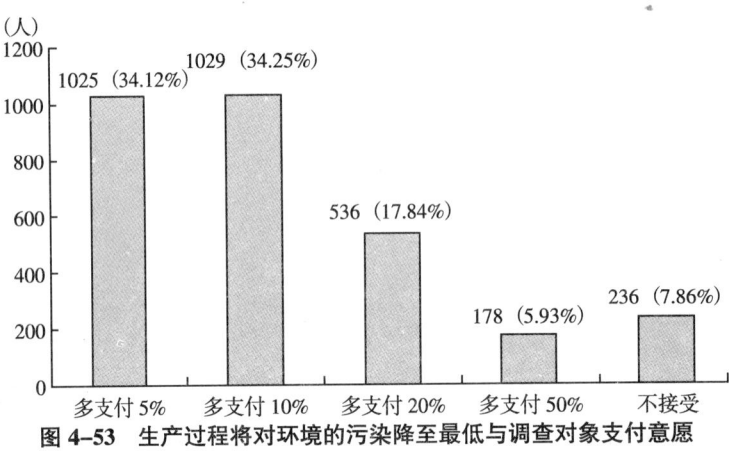

图 4-53 生产过程将对环境的污染降至最低与调查对象支付意愿

> **小知识：环境污染的危害**
>
> 环境污染会给生态系统造成直接的破坏和影响，比如沙漠化、森林破坏，也会给人类社会造成间接的危害，有时这种间接的环境效应的危害比当时造成的直接危害更大，也更难消除。例如，温室效应、酸雨和臭氧层破坏就是由大气污染衍生出的环境效应。这种由环境污染衍生的环境效应具有滞后性，往往在污染发生的当时不易被察觉或预料到，然而一旦发生就表示环境污染已经发展到相当严重的地步。当然，环境污染的最直接、最容易被人所感受的后果是使人类环境的质量下降，影响人类的生活质量、身体健康和生产活动。例如，城市的空气污染造成空气污浊，人们的发病率上升等；水污染使水环境质量恶化，饮用水水源的质量普遍下降，威胁人的身体健康，导致胎儿早产或畸形等。严重的污染事件不仅带来健康问题，也会造成社会问题。随着污染的加剧和人们对环境意识的提高，由于污染引起的纠纷和冲突逐年增加。
>
> 资料来源：方化雷.中国经济增长与环境污染之间的关系[J].山东大学校报，2011（11）.

（三）愿意为可循环、可回收材料制造的产品多支付10%的消费者最多

如果一件产品的生产使用了可循环、可回收再利用材料，愿意多支付10%（1047人）的调查对象最多，愿意多支付5%（993人）的调查对象占比超过30%；另外，愿意为此多支付20%（554人）的调查对象占比近两成，不接受

（212人）为此多支付的调查对象多于愿意为此多支付50%（198人）的调查对象数量。如图4-54所示。

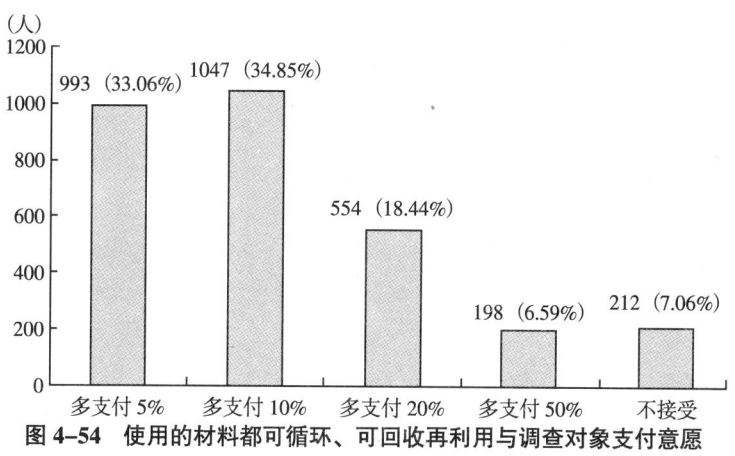

图 4-54 使用的材料都可循环、可回收再利用与调查对象支付意愿

> **小知识：循环利用**
>
> 循环是将废品变为可回收再利用材料的过程，它与重复利用不同，后者仅仅指再次使用某件产品。
>
> 根据环境保护署的资料，美国13%的固体垃圾（即通过垃圾收集系统处理的垃圾）为循环处理。相比之下，14%的固体垃圾为焚烧处理、73%的固体垃圾为填埋处理。
>
> 循环提供了一种既能减少垃圾填埋又能节约自然资源的方法，因此很具有吸引力。20世纪80年代后期，随着环保意识的增强，公众开始认为循环是保护环境的关键。EPA计划于1992年前将循环处理的固体垃圾量由13%提高到25%。聚苯乙烯等塑料制品传统上并未大规模地循环利用，因此，为了达到EPA的要求并改善在公众中的形象，许多生产商大肆宣传他们对纸张的循环利用。
>
> 资料来源：陈德敏. 资源循环利用论 [D]. 重庆大学校报, 2005（1）.

（四）大多数消费者愿意为未使用任何对人体有害物质生产的产品而多支付

数据显示，如果一件产品的生产未使用对人体有害的物质，超过30%的调查对象愿意为其多支付10%（1083人），愿意为其多支付5%（739人）和多支付20%（739人）的调查对象占比相同，多支付50%（291人）的调查对象占比近10%。不接受（152人）任何多支付的调查对象最少。如图4-55所示。

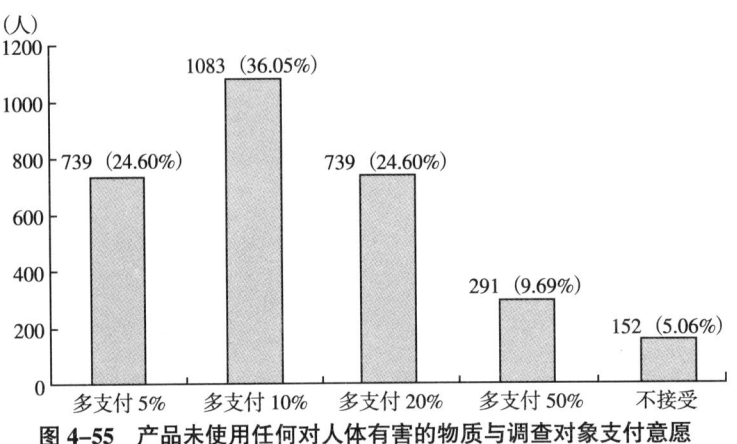

图4-55 产品未使用任何对人体有害的物质与调查对象支付意愿

（五）大多数调查对象愿意为消耗能源、资源少的产品多支付

对于使用过程中消费能源、资源少的产品，35%的调查对象愿意多支付5%（1057人），愿意为此多支付10%（1009人）的调查对象也超过30%。另外，愿意为此多支付20%（496人）、不接受（291人）任何多支付和愿意多支付50%（151人）的调查对象依次减少。如图4-56所示。

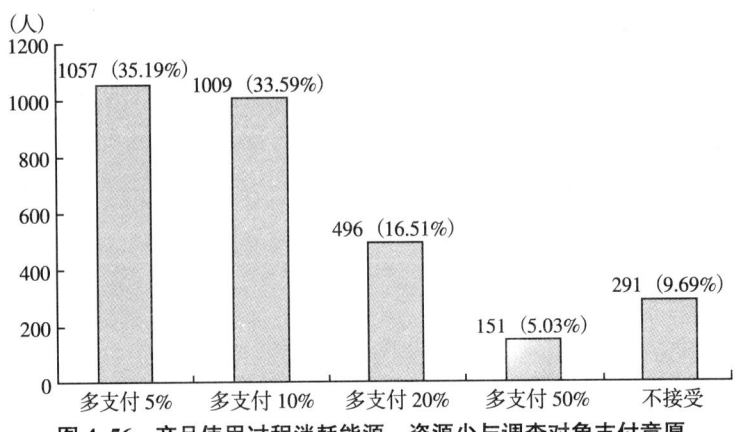

图4-56 产品使用过程消耗能源、资源少与调查对象支付意愿

> **小知识：能源危机**
>
> 能源危机是指因为能源供应短缺或是价格上涨而影响经济。这通常涉及石油、电力或其他自然资源的短缺。能源危机通常会造成经济衰退。从消费者的观点，汽车或其他交通工具所使用的石油产品价格的上涨降低了消费者的信心并增加了消费者的开销。
>
> 历史上的能源危机有：
>
> 1973年能源危机，其原因在于石油输出的主要力量阿拉伯国家，它们因不满西方国家支持以色列而采取石油禁运；1979年能源危机，原因是伊朗革命爆发；1990年石油价格暴涨，其原因是波斯湾战争；加州电力危机，原因是电力管制政策的失败，加上供给小于需求；英国石油抗议活动，原因在于英国油税已高居不下，而原油价格却又上扬；2005年石油价格上扬，原因在于供需关系的失调。
>
> 资料来源：白慧仁，焦有梅.能源危机与缓解能源危机的探析[J].山西能源与节能，2005（3）：16-19.

三、社会责任履责实践与支付意愿

（一）愿意为切实保护员工合法权益企业多支付5%的消费者最多

数据显示，如果一家企业切实保护了员工的合法权益，除了17%的调查对象不接受（530人）支付更多之外，近四成调查对象愿意多支付5%（1182人），愿意多支付10%（751人）、多支付20%（407人）和多只支付50%（134人）调查对象依次减少。如图4-57所示。

（二）近九成的消费者愿意为热心公益慈善的企业生产产品更多支付

调查数据显示，愿意为热心公益慈善的企业生产产品多支付5%（1087人）和多支付10%（961人）的调查对象占比均超过30%，与愿意多支付20%（447人）的调查对象占比均高于不接受（356人）任何更高价格的调查对象占比。另外，还有部分调查对象愿意为企业的公益慈善多支付50%（153人）。如图4-58所示。

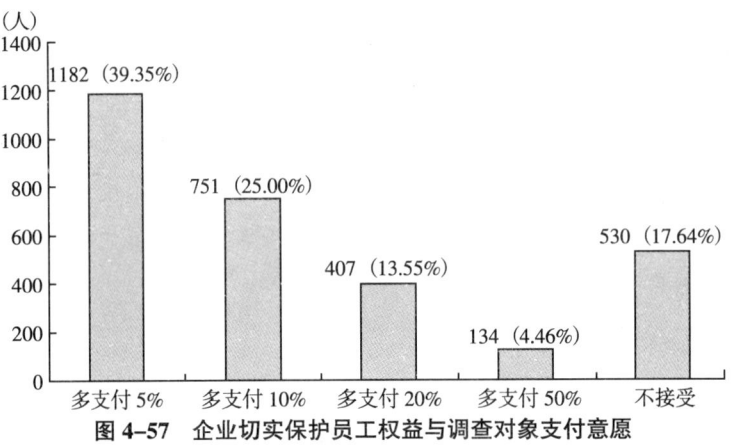

图 4-57 企业切实保护员工权益与调查对象支付意愿

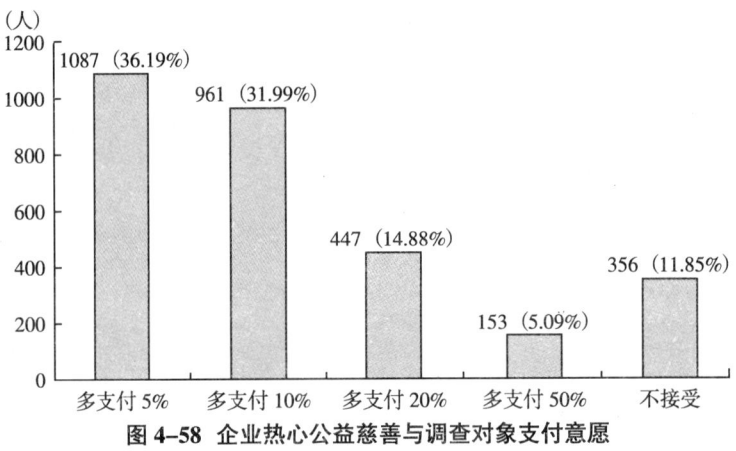

图 4-58 企业热心公益慈善与调查对象支付意愿

(三)绝大多数的消费者愿意为销售收入用于指定公益事业的产品多支付

如果一件产品的一定比例用于指定的公益事业,绝大多数消费者愿意为其多支付费用。具体来看,愿意为此多支付5%(1100人)、多支付10%(970人)和多支付20%(472人)的调查对象均高于不接受(311人)的调查对象数量;另外,还有5%的调查对象愿意多支付50%(151人)的费用。显而易见,由于一件产品销售收入一部分用于了公益慈善事业,那么消费者注重通过所购买的产品也相当于间接支持公益慈善事业,消费者具有通过购买产品来支持公益事业的心愿。如图4-59所示。

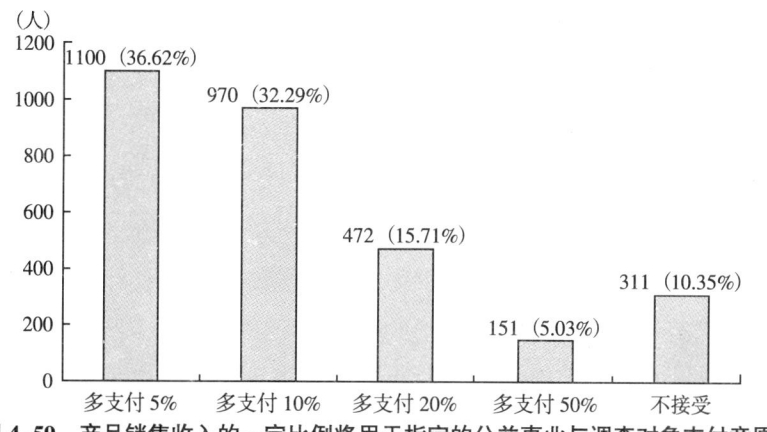

图 4-59 产品销售收入的一定比例将用于指定的公益事业与调查对象支付意愿

四、各类企业履责实践对支付意愿影响的比较

(一) 市场责任履责实践对支付意愿影响

对于企业市场责任方面的负责任行为,多数消费者愿意多支付。企业在研发方面处于行业领先地位以及在服务体系健全、服务质量好方面的履责行为更能获得消费者更多的支付。愿意为经过严格实验、检验产品多支付20%或50%消费者相对最多。与上述三个方面的市场信息相比,不愿为企业的规模和利润多支付的消费者相对最多,与企业的规模的大小或利润的高低相比,上述三个方面的市场责任履责实践更易获得消费者多支付。如图4-60所示。

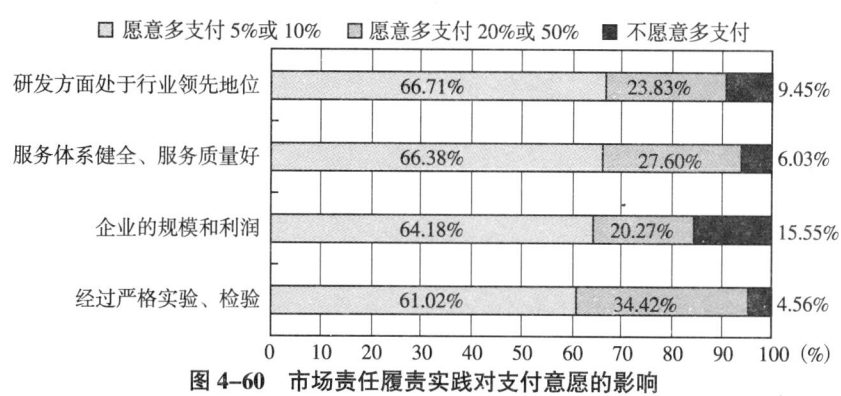

图 4-60 市场责任履责实践对支付意愿的影响

(二) 环境责任履责实践对支付意愿影响

将愿意为企业的环境负责任行为多支付5%或10%的调查对象放为一组,愿意支付20%或50%的调查对象放为一组,不愿意多支付任何金额的调查对象放为一组。可以看出,在五类企业对环境负责任的行为中,均有超过六成的调查对象愿意为企业的这种行为多支付5%或10%,超过20%的消费者甚至愿意为企业在这五类方面的负责任行为多支付20%或50%。数据还显示出,消费者注重企业对环境的负责任行为,企业对环境的负责能够获得消费者的认同以及多支付。在这五类环境责任信息内部,愿意为企业注重使用可再生能源、节约资源产品,消耗能源、资源少以及对环境污染降至最低多支付的相对最多,对于可持续、可回收材料制造的产品多支付的消费者相对较少,对于未使用任何对人体有害物质生产的产品多支付的消费者相对最少。如图4-61所示。

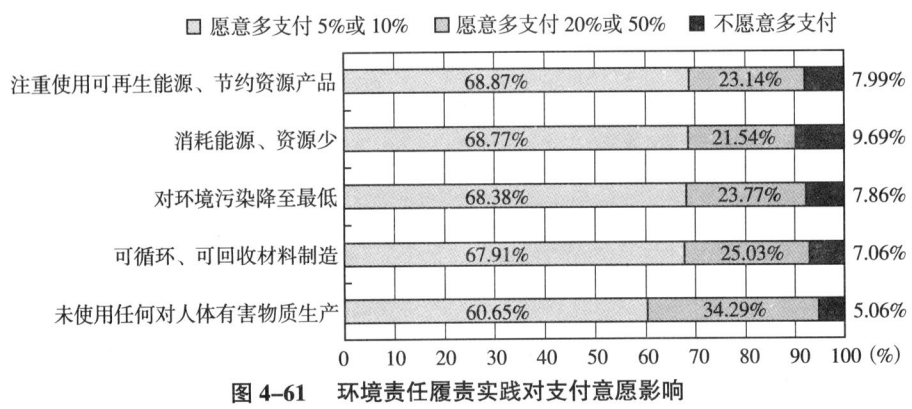

图 4-61　环境责任履责实践对支付意愿影响

(三) 社会责任履责实践对支付意愿影响

愿意为企业将销售收入用于指定公益事业的企业多支付5%或10%和多支付20%或50%的调查对象均相对最多,不愿意为切实保护员工合法权益多支付的消费者相对最多。调查数据显示出,与企业切实保护内部员工合法权益相比,消费者更愿意为企业积极开展工业事业进行多支付;并且,企业进行将销售收入用于指定公益事业等制度化、规范化公益活动,较热心公益慈善等非制度化、规范化行为更容易获得消费者的多支付。

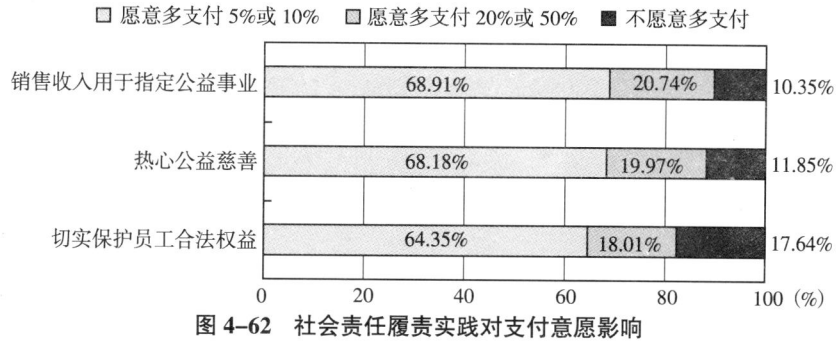

图 4-62 社会责任履责实践对支付意愿影响

(四) 多数消费者愿意为负责的企业产品进行多支付

通过以上对于企业负责任的行为与消费者支付意愿的分析可以看出，多数消费者愿意为负责任的企业产品进行支付，其中愿意支付 5% 和愿意支付 10% 的消费者最多，愿意支付 20% 和愿意支付 50% 的消费者依次降低。企业履行了产品经过严格试验、检验，为使用任何对人体有害物质生产等客户责任能够获得更多消费者对其产品的多支付；与此相对，切实保护员工合法权益、企业的规模和利润等员工责任和股东责任获得消费者的多支付意愿相对较低。如图 4-63 所示。

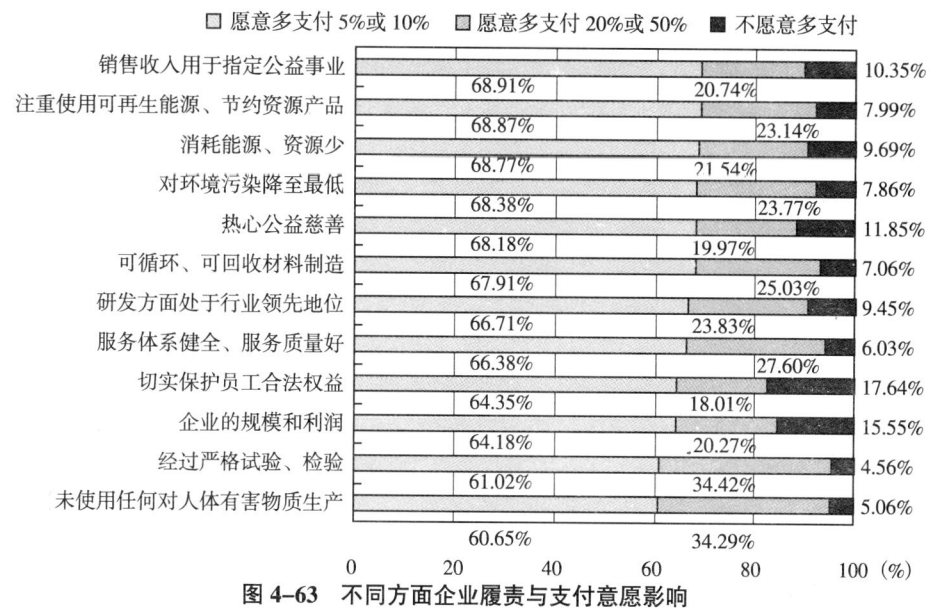

图 4-63 不同方面企业履责与支付意愿影响

第五章　中国可持续消费指数

可持续消费包含多方面的内容和形式。以环保理念为核心的绿色消费是可持续消费的重要组成部分。绿色消费在中国有着悠久的历史传统，随着经济社会的发展和人民生活水平的提高，中国的企业和消费者的环保意识进一步增强。以绿色消费为切入点对中国可持续消费进行考察，具有很强的代表性。基于以上考虑，本书根据消费者对企业环境责任的响应和消费者自身的绿色消费行为特征，构建了中国可持续消费指数，以对中国可持续消费状况进行较为深入的比较和考察。

第一节　可持续消费指数构建

一、构建依据

可持续消费既需要消费者消费行为具有可持续性，也需要企业承担相应的社会责任。消费者与企业相互影响、相互作用，只有良性互动，可持续消费才能得以持续。

这里的可持续消费指数是从消费者自身消费行为及推动企业履行社会责任的视角，对消费者的信息关注、购买倾向、支付意愿、行为表现四个维度进行定量评价。信息关注维度反映消费者对可持续消费及企业社会责任相关信息的关注程度。购买倾向维度反映消费者在价格相近的情况下优先购买负责任企业产品的程度。支付意愿是指消费者选购产品时，在产品功能相同的情况下，能够接受负责任企业的产品高出一般产品的价格的程度。行为表现是指消费者行为符合可持续消费要求的程度。提出这四个维度,其理论基础是消费者行为理论和企业社会责任理论。

(一)消费者行为模式及其对企业社会责任的影响

消费是社会再生产过程中的一个重要环节,也是最终环节。消费者购买、使用、保存和弃用会对生产者产生反馈,通过这种反馈,可以促进企业生产和提供不同类型的产品。消费主体的消费行为一旦形成、固定并持续下来,就成为一种消费方式。消费方式的转变、消费偏好的变革影响会改变社会的生产方式。

以消费者为中心并不断创造客户是企业生存发展的根本。对于一个高度竞争的买方市场,消费者行为和偏好影响着企业的行为。企业能否实现利润主要取决于消费者对企业产品或服务的选择与认同。企业必须充分考虑消费者的行为模式。如图5-1所示。

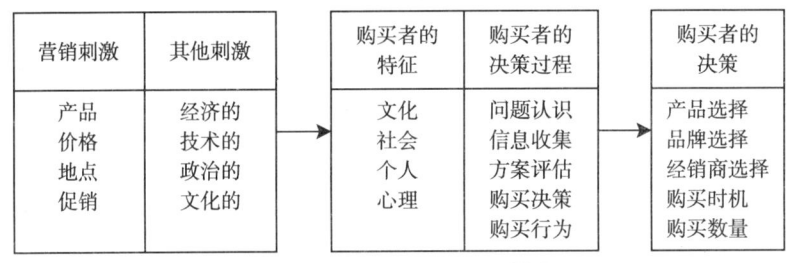

图 5-1 消费者购买行为模式

资料来源:阿姆斯特朗·科特勒.营销管理(第11版)[M].上海:上海人民出版社,2003.

影响消费者行为的因素是多种多样的。其中,文化因素的影响最为广泛和深远[①]。如图5-2所示。

消费者购买与消费行为是从收集相关信息开始的,消费者关注企业信息会影响消费者购买倾向。消费者关注哪些信息,受文化、社会和个人等多方面因素的影响。目前,日益成熟的消费者不再只关心产品层次需求的满足,对企业环境保护、社会公益、商业伦理等要求也不断提高。研究表明,消费者如何看待企业承担社会责任将会极大地影响企业是否承担社会责任,将会通过市场的作用极大地

---

① 阿姆斯特朗·科特勒.营销管理(第11版)[M].上海:上海人民出版社,2003.

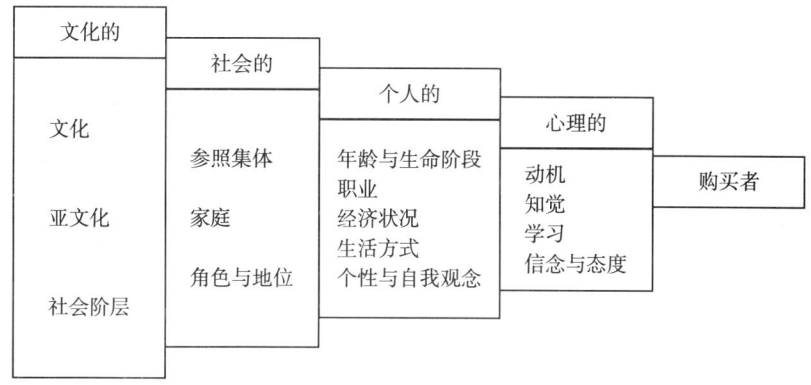

图 5-2 影响消费者行为的因素

资料来源：阿姆斯特朗·科特勒. 科特勒市场营销教程（第 6 版）[M]. 北京：华夏出版社，2003.

促进企业积极承担企业社会责任（周祖城，张漪杰，2007）[①]。Mohr 等（2001）[②] 在对社会责任消费行为（Social Responsibility Consumer Behavior，SRCB）的研究中指出，消费者对企业社会责任有相当高的期望，企业忽略消费者的这些期望将承担产品抵制的风险。消费者关注企业社会责任信息，意味着企业因为其社会责任活动而得到了来自消费者积极的反馈。消费者对企业社会责任信息关注程度反映了消费者对可持续消费和企业社会责任的认知状况，对消费者消费行为和购买行为都有重要影响，进而也会对企业产生影响。因此，消费者这种关注是构建可持续消费指数重要内容。

消费者优先购买某类产品或某个企业的产品，体现了消费者对该产品或该企业的信任和忠诚。Parasuraman、Zeithaml 和 Berry（1996）研究认为，购买行为意向维度包含正面的行为意向和负面的行为意向，正面的行为意向包括忠诚度、支付溢价；负面的行为意向包括转换、内部反应及外部反应等[③]。Creyer 和 Ross Jr（1997）[④] 发现，消费者的购买意愿与感知的公司道德行为超过他们期望的程度

[①] 周祖城，张漪杰.企业社会责任相对水平与消费者购买意向关系的实证研究 [J]. 中国工业经济，2007（9）：111-118.

[②] Mohr, L.A., Webb, D.J., Harris, K. E.. Do Consumers Expect Companies to be Socially Responsible? [J]. The Impact of Corporate Social Responsibility on Buying Behavior.The Journal of Consumer Affairs, 2001, 35（1）：45-72.

[③] 连漪，李涛，岳雯.企业社会责任与消费者行为意向 [J]. 商业研究，2011（2）.

[④] Creyer E. H., W. T. Ross Jr.The Influence of Firm Behavior on Purchase Intention：Do Consumers Really Care about Business Ethics? [J]. Journal of Consumer Marketing, 1997, 14（6）：419-432.

正相关。研究表明，当服务提供商用能够以建立消费者信任的方式来运作的时候，消费者就会对服务提供商未来的行为比较有信心，也就是消费者认为这家公司未来仍然会提供同样质量的服务，甚至提供更好的服务，从而增强了购买意愿（Mayer，1995）[1]。当消费者信任增强的时候，消费者忠诚也得到了增强。消费者忠诚被表达为想要同公司保持关系而表现出来的一组多种多样的行为意向，包括消费者把大部分的钱包份额分配给指定的服务提供商、对该服务提供商进行积极的口碑传播以及进行重复购买（Zeithaml、Berry 和 Parasuraman，1996）[2]。消费者的这种优先购买的倾向在消费者购买决策过程中非常重要。因此，在对可持续消费进行测度时，购买倾向是需要考虑的一个重要因素之一。

消费者在产品功能相同的情况下，有时愿意支付更高价格购买一些有特定意义的消费品。一些消费者希望通过自己的消费行为来改变企业的一些做法。早在 1954 年，Drucker 就指出，顾客购买和消费的绝不是产品，而是价值。现实生活中，有这样一些消费者，他们会考虑他们个人消费给社会环境带来的影响，或者试图利用自己的购买力促进社会的改变。Mohr、Webb 和 Harris（2001）[3]认为，上述行为与企业社会责任的概念一致，把具有这种社会意识的消费者行为定义为社会责任消费者行为（Socially Responsible Consumer Behavior，SRCB）：一个人获取、使用和处置产品的时候，希望能够减少或消除任何有害影响，并最大化地对社会有长期有益的影响。具有社会责任感的消费者会避免购买对社会造成危害的公司的产品并积极寻求对社会有帮助公司的产品，表现出对企业社会责任活动的积极支持。周祖城、张漪杰（2007）[4]的研究证实了企业社会责任相对水平与消费者购买意愿的正向关系，并进一步表明消费者愿意为企业社会责任处于行业领先水平的企业产品支持更高的价格。Mohr 和 Webb（2005）[5]基于全美的随机样

---

[1] Mayer, Organizational Trust [J]. Academy of Management Reviews, 1995, 20 (3): 709-734.

[2] Zeithaml, Valarie A., Leonard L. Berry, and A. Parasuraman. The Behavioral Consequences of Service Quality [M]. Journal of Marketing, 1996, 60 (April).

[3] Mohr, L.A., Webb, D.J., Harris, K. E.. Do Consumers Expect Companies to be Socially Responsible? [J]. The Impact of Corporate Social Responsibility on Buying Behavior.The Journal of Consumer Affairs, 2001, 35 (1): 45-72.

[4] 周祖城, 张漪杰. 企业社会责任相对水平与消费者购买意向关系的实证研究 [J]. 中国工业经济, 2007 (9): 111-117.

[5] Mohr, Lois. A., Deborah J. Webb. The Effects of Corporate Social Responsibility and Price on Consumer Responses [J]. Journal of ConsumerAffairs, 2005, 39 (1): 121-147.

本的实证研究发现,在环境领域的企业社会责任对消费者购买意愿的影响甚至比价格更大。因此,支付意愿是可持续消费需要重点考察的一个重要维度。

消费者消费行为随着生活水平的改善和消费观念的变化而变化。行为表现是消费者信息关注、购买倾向、支付意愿的现实体现。现实生活中,消费者可持续消费行为表现是多种多样的:如购买产品时选择未被污染或有益于自身健康的绿色产品;购买节能、节水或具有"绿色标识"、"环境标识"的产品;购买简约、环保包装的产品;购买新能源产品;拒绝使用塑料袋,尽量少购买一次性消费品等。消费者行为表现是可持续消费的又一个重要组成部分。消费者的选择将会对企业形成实质性的压力(鞠芳辉,2005)[①]。Bhattacharya 和 Sen[②]把消费者对企业社会责任的支持划分为两种:一种是外在支持,它是研究关于消费者的购买意愿和购买忠诚等;另一种是内在支持,它是关于消费者意识、态度以及消费者对公司所采取的社会责任行为的归因。

(二)企业社会责任及其对消费者的影响

企业是产品和服务的提供者,是可持续消费的重要推动者和实践者。企业对可持续消费的推动是通过履行社会责任来体现的。当前,企业社会责任运动已经发展成为全球性的浪潮,担负更多的社会责任成为社会对企业的普遍期望和要求,企业应该保护社会大众的利益并在改善社会环境的活动中发挥积极作用,这成为一种共识。

企业社会责任理论为企业实践社会责任提供指导。利益相关方理论对明确企业社会责任的定义、衡量企业社会责任的正确方法提供了重要路径,但它强调对所有利益相关方承担同等责任,模糊了企业和市场的边界,在实际中难以操作。社会契约理论界定了企业和社会的边界。企业和社会是两个可以分开并且有利益冲突的实体,这些利益之间的冲突可以通过协调的方式加以解决,能够形成一个企业社会契约。社会契约理论暗含着企业必须符合公众的期望,企业被赋予更多的义务。社会投资理论把企业社会责任看成是企业对社会环境的特殊投资。企业

[①] 鞠芳辉. 企业社会责任的实现——基于消费者选择的分析[J]. 中国工业经济, 2005(9).
[②] Du, S., Bhattaeharya, C.B., Sen, S.. Maximizing Business Returns to Corporate Social Responsibility (CSR): The Role of CSR Communieation [J]. International Journal of Management Reviews, 2010, 12(1): 8-19.

的慈善行为对企业来说，不仅是"爱心"，更是"市场"，企业向"慈善市场"投资，可以获得来自政府、社区、员工、社会等多方面的回报。这种观点将企业社会责任看成是一种社会资本的积累。企业社会责任与消费者响应的研究，特别是企业社会责任与消费者购买意向之间的关系成为近年来学术界研究的热点（Mohr和Webb，2005；Becker-Olsen等，2006）[1]。

Brown 和 Dacin 的研究表明，企业社会责任会影响消费者对企业形象的感知，进而影响消费者的产品评价[2]。Brown 和 Dacin（1997）研究显示，较高的企业社会责任会使消费者对企业评价更高，从而带来对产品的较高评价[3]。Bhattcharya和 Sen（2003）[4]的研究也表明，企业社会责任行为能够带来积极的购后产出和顾客忠诚。企业社会责任信息影响消费者态度，进而影响消费者对该企业产品的认可、购买倾向、推荐意愿和品牌忠诚等方面。

企业社会责任的动机和形式非常重要。根据企业对社会责任的定位和承诺，企业社会责任表现为制度型和促销型两种（Pirsch等，2007）[5]。制度型企业社会责任是企业从各个利益相关者角度全面地履行企业的社会义务，对社会责任持有长期持续的承诺；而促销型企业社会责任缺乏全面性，更多的是将企业社会责任视为一种刺激销售的工具，对社会责任的承诺是短期的，如公益关联营销。长期承诺促使消费者将企业行为判断为企业内在的道德品质和长期战略目标，减少企业自私自利和外界压力的动机推论。经研究发现，制度型企业社会责任体现了企业更广泛的责任和持续性的承诺。对其他利益相关承担的责任虽然并不直接使消费者受益，但它所产生的溢出效应提高了消费者对企业的积极评价（Drumwright，1996）[6]，而且企业承担更全面的社会责任减少了消费者对企业行为动机的怀疑（Pirsch等，2007）[7]。对社会责任的持续承诺也有助于增强消费者对企业善意的

---

[1] Becker-Olsen, Karen L., B. Andrew Cudmore, and Ronald PaulHil.l The Impact of Perceived Corporate Social Responsibility on Consumer Behavior [J]. Journal of Business Research, 2006, 59: 46-53.

[2][3] Brown, T., Dacin, P. The Company and the Product: Corporate Associations and Consumer Product Responses [J]. Journal of Marketing, 1997, 61 (1): 68-84.

[4] Du, S., Bhattaeharya, C.B. Sen, S.. Maximizing Business Returns to Corporate Social Responsibility (CSR): The Role of CSR Communication. International [J]. Journal of Management Reviews, 2010, 12 (1).

[5][7] Pirsch J., S. Gupta, et al.A Framework for Understanding Corporate Social Responsibility Programs as a ontinuum: An Exploratory Study [J]. Journal of Business Ethics, 2007, 70 (2): 125-140.

[6] Drumwright M. E.Company Advertising with a Social Dimension: The Role of Noneconomic Criteria [J]. Journal of Marketing, 1996, 60 (4): 71-87.

信任(Webb 和 Mohr,1998)[1],减少迫于外界压力的归因(Ellen 等,2006)[2]。而促销型企业社会责任则容易引起消费者怀疑,特别是在企业宣扬其社会责任绩效时(Webb 和 Mohr,1998)[3]。在公益营销中,消费者常常要去判断这样的活动到底是企业受益还是公益业受益。因此,与促销型相比,制度型企业社会责任更能表现企业的道德价值使消费者做出积极的归因,从而促进顾客关系的建立,保持消费者的忠诚(Pirsch 等,2007)[4],增强消费者对公司的评价和购买意愿。

综合来看,消费者偏好和行为表现与企业社会责任反映了可持续消费的基本状况,这两者相互作用、相互影响,企业社会责任对可持续消费的作用可以通过消费者的偏好和行为表现出来。根据以上分析,本书构建了基于消费者信息关注、购买倾向、支付意愿和行为表现的可持续消费指数。如图5-3所示。

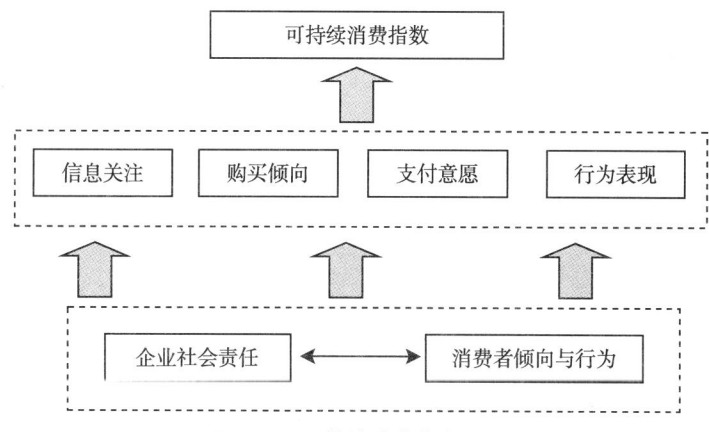

图5-3 可持续消费指数形成

基于以上模型,针对消费者可持续消费行为表现以及与消费者密切相关的企业环境责任的基本内容进行了问卷调查。调查主要涉及四方面问题:①消费者关注企业哪些信息。②消费者优先购买什么样的企业的产品。③消费者愿意为什么样的企业或产品支付更高的价格。④可持续消费在消费者行为中是如何体现的。

---

[1][3] Webb, D. J., Mohr, L. A..A Typology of Consumer Responses to Cause-Relate Marketing: From Skeptics to Socially Concerned [J]. Journal of Public Policy & Marketing, 1998, 17 (Fall): 226-323.

[2] Ellen, P.S., Webb, D.J., and Mohr, L.A. Building Corporate Associations: Consumer Attributions for Corporate Socially Responsible Programs [J]. Academy of Marketing Science, 2006, 34 (2): 147-157.

[4] Pirsch J., S. Gupta, et al.A Framework for Understanding Corporate Social Responsibility Programs as a Continuum: An Exploratory Study [J]. Journal of Business Ethics, 2007, 70 (2): 125-140.

二、可持续消费指数指标体系

(一) 指标体系构成

可持续消费指数指标体系如表5-1所示。

表5-1 中国可持续消费指标体系

一级指标	二级指标
信息关注	产品研发中的环境影响信息
	产品生产中的资源能源消耗信息
	产品生产中的环境污染信息
	产品使用中的环境污染信息
购买倾向	倾向购买环境友好企业的产品和服务
	拒绝购买破坏环境的企业的产品和服务
支付意愿	为生产过程节约资源的企业多支付
	为生产过程减少污染的企业多支付
	为材料可循环或回收利用的产品多支付
	为不含对人体有害物质的产品多支付
	为使用过程中能源资源消耗少的产品多支付
行为表现	购买行为
	消费行为
	处置行为

(二) 指标与题器

根据以上指标体系，本书设计了相应的调查问卷。问卷题器与指标体系对应关系如表5-2所示。

1. 信息关注

表5-2 信息关注指标与题器

二级指标	题器 问：在您购物时，是否关心以下关于企业的信息 选项：①非常关心；②比较关心；③说不清；④不太关心；⑤完全不关心
产品研发中的环境影响信息	企业在产品研发、试验中残害动物
产品生产中的资源能源消耗信息	企业生产中高耗能，消耗大量资源
产品生产中的环境污染信息	企业生产中污染环境，破坏生态平衡
产品使用中的环境污染信息	企业产品不环保，使用过程中会污染环境

2. 购买倾向

表 5-3　购买倾向指标与题器

二级指标	题器
	问：您是否赞同以下描述 选项：①完全赞同；②比较赞同；③说不清；④比较不赞同；⑤完全不赞同
优先购买环境友好企业的产品和服务	如果一家企业爱护环境、投身环保事业，我会优先购买它的产品和服务
拒绝购买破坏环境的企业的产品和服务	如果一家企业对环境造成了严重的破坏，我会拒绝购买它的产品和服务

3. 支付意愿

表 5-4　支付意愿指标与题器

二级指标	题器
	问：请问当您选购产品时，了解到以下关于产品甲的信息，那么在产品功能相同的情况下，您最多能够接受产品甲高出一般产品百分之多少的价格 选项：①5%；②10%；③20%；④50%；⑤只要价格高出一般产品，就不能接受
为生产过程节约资源的企业多支付	产品甲的生产过程注重使用可再生能源，节约资源
为生产过程减少污染的企业多支付	产品甲的生产过程将对环境的污染降至最低
为材料可循环或回收利用的产品多支付	产品甲使用的材料都可循环、可回收再利用
为不含对人体有害物质的产品多支付	产品甲未使用任何对人体有害的物质
为使用过程能源、资源消耗少的产品多支付	产品甲的使用过程消耗能源、资源少

4. 行为表现

表 5-5　行为表现指标与题器

二级指标	题器
	问：请谈谈如下描述是否符合您的消费行为 选项：①完全赞同；②比较赞同；③说不清；④比较不赞同；⑤完全不赞同
购买行为	我购买的冰箱、空调或热水器是节能电器
	我购买的洗衣机或抽水马桶是节水产品
	我倾向于购买采用新技术开发的新产品
	我经常购买具有"绿色标志"的食品
	我经常购买有"环境标志"的日化用品
	我拒绝购买由珍贵动物皮毛制作的衣服
	我拒绝进食珍稀动物
	我经常购买简约、环保包装的产品
	我乐于购买新能源产品，如太阳能电器、电力车等

续表

二级指标	题器 问：请谈谈如下描述是否符合您的消费行为 选项：①完全赞同；②比较赞同；③说不清；④比较不赞同；⑤完全不赞同
购买行为	我尽可能使用重复水瓶反复装水而不是购买瓶装水
	我会购买自然有机的食品
	我购物时拒绝使用塑料袋
	我会尽量少购买一次性消费品
	我会在购买个人护肤品之前检查产品成分
消费行为	使用水时，我都节约用水
	我尽可能缩短淋浴时间
	上班时，我会骑自行车，或者使用公共交通工具或者步行，而不是驾驶汽车
处置行为	如果家具、家电坏了，可以维修的话，我都会维修后继续使用
	我通常会将垃圾分类，再放入相应的垃圾桶

（三）指数计算

如前面分析，可持续消费指数来自与消费者相关的四个不同的维度。

信息关注维度是考察消费者关注企业的哪些信息、关注到什么程度。为了解相关情况，在问卷调查中列举企业社会责任相关信息，通过受访者对5个选项：非常关心、比较关心、说不清、不太关心、完全不关心的回答来判断消费者对企业信息关注状况。

购买倾向维度考察消费者会优先购买什么样的企业的产品和服务。为了解相关情况，在问卷调查中列出了一些情况，在该情况下优先购买该企业产品，通过受访者对5个选项（完全赞同、比较赞同、说不清、比较不赞同、完全不赞同）的回答来判断消费者会优先使用什么样的企业的产品。

支付意愿维度考察消费者在了解到产品甲生产、使用的相关信息时，在产品功能相同的情况下，最多能够接受产品甲高出一般产品价格。在问卷调查中，列出企业的一些情况，通过受访者对5个选项（5%、10%、20%、50%、只要价格高出一般产品就不能接受）的回答来判断消费愿意为哪类企业的产品支付更高的价格。

行为表现维度考察消费者消费行为是否符合可持续消费要求。这一维度通过列举一些行为表现，通过受访者对5个选项（完全赞同、比较赞同、说不清、比较不赞同、完全不赞同）的回答来判断消费者与列举行为的符合程度。

每个维度的 5 个选项反映了受访者对可持续消费认知、倾向和行为表现的不同程度。为便于统计分析，将 5 级量表的赋值对应为百分制，即量表分别对应 80~100、60~80、40~60、20~40、0~20 五个区间，取每一个区间的组中值作为选项的最终取值，如表 5-6 所示。

表 5-6 可持续消费指数转换

	完全赞同（非常关心；50%）	比较赞同（比较关心；20%）	说不清（10%）	比较不赞同（或不太关心；5%）	完全不赞同（完全不关心；只要价格高出一般产品就不能接受）
5 级量表	5	4	3	2	1
百分制	90	70	50	30	10
区间	80~100	60~80	40~60	20~40	0~20

可持续消费指数具体计算方法为：首先，对各二级指标对应的具体题器进行算术平均，得到二级指标的单项值；其次，对一级指标下的相应二级指标各单项值算术平均值，得到该一级指标的综合值，即各维度单项值；最后，根据四个维度的单项值求算术平均值，即得到可持续消费指数。

按学历、年龄、性别、地区、家庭收入特征等分类计算均值，可得到不同特征的人群的可持续消费指数。

第二节 信息关注

一、总体情况

根据调查数据计算得出，可持续消费信息关注维度得分为 85.1。其中，消费者对企业生产过程中环境污染关注度最高，达到 87.0；其次是关注产品使用环境污染，达到 86.4，对生产过程中资源能源消耗关注指数最低，为 82.3。可见，消费者对企业环境责任信息关注程度很高，且对环境污染相关信息更为关注。如图 5-4 所示。

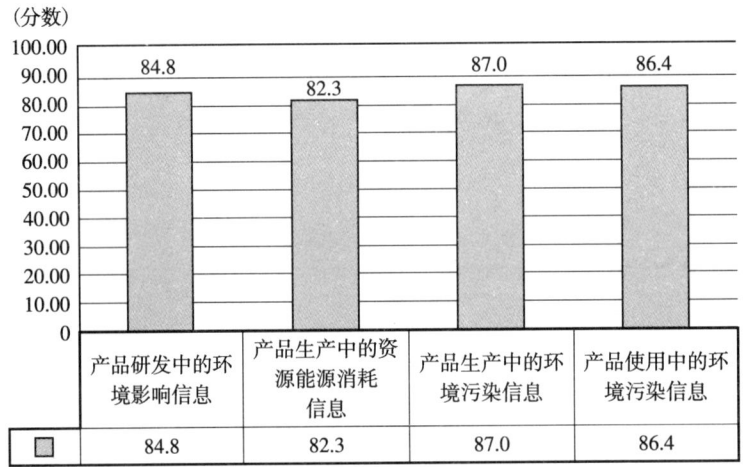

图 5-4 消费者对各类企业信息关注程度

二、不同消费者特征分析

（一）学历特征

从总体上来看，不同学历的消费者对企业社会责任信息关注度都比较高，在 80~100 之间。其中，高中及中专/技校以下学历的消费者最为关注企业社会责任相关信息，其次是大学本科，大学专科最低。如图 5-5 所示。

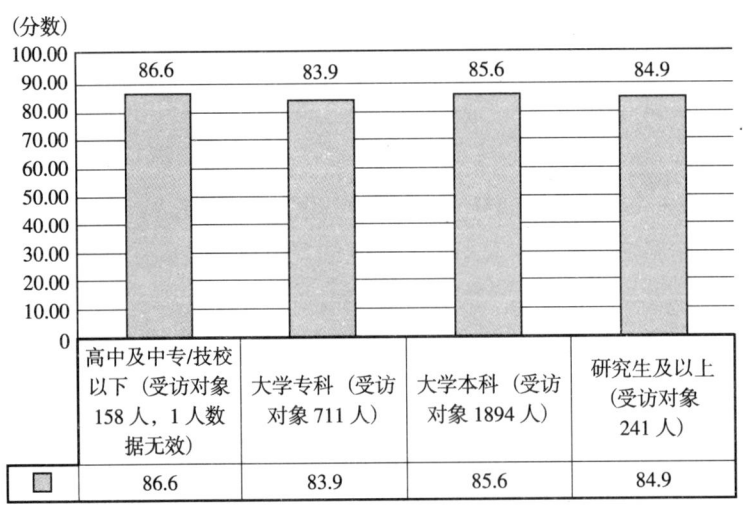

图 5-5 不同学历消费者对各类企业信息的关注程度

（二）年龄特征

调查数据显示，29岁以下年龄段的人最关注企业社会责任相关信息，30~39岁年龄段的人次之，40岁以上的人对企业社会责任相关信息关注度较低。如图5-6所示。

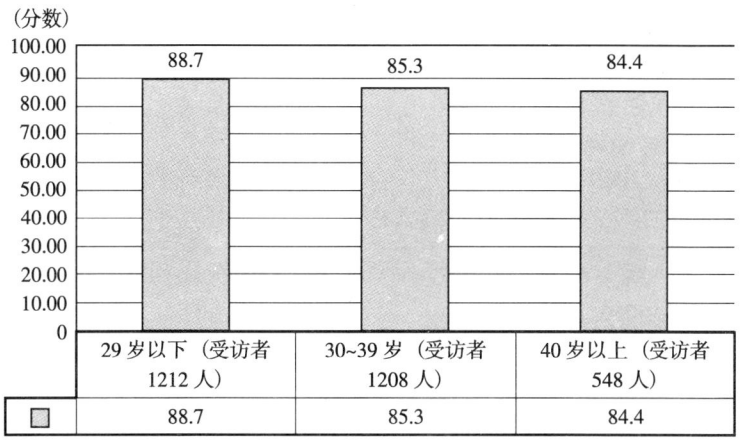

图5-6 不同年龄消费者对各类企业信息关注程度

（三）性别特征

从性别上来看，女性对企业社会责任信息关注程度高于男性。如图5-7所示。

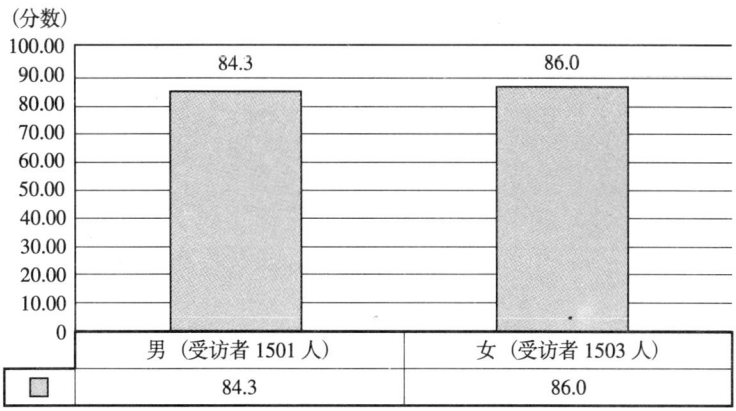

图5-7 不同性别消费者对各类企业信息关注程度

（四）家庭收入特征

从家庭收入情况来看，8000~10000元收入段最为关注各类企业信息，6000元以下收入关注程度最低。如图5-8所示。

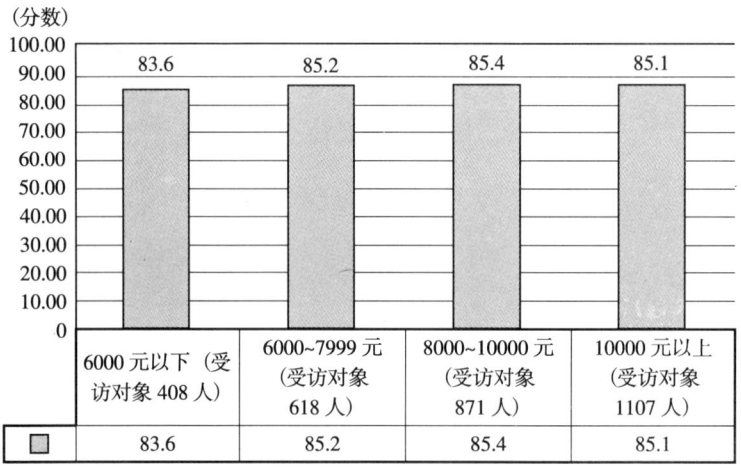

图 5-8　不同家庭收入消费者对各类企业信息关注程度

(五) 城市特征

从城市调查情况来看,各城市对企业社会责任信息的关注情况差异不大。武汉对企业社会责任信息关注程度略高,上海对企业社会责任信息关注程度略低。如图 5-9 所示。

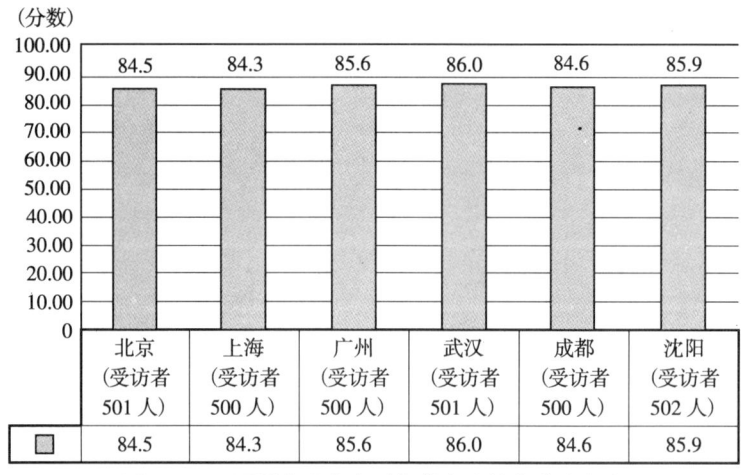

图 5-9　不同城市消费者对各类企业信息关注程度

第三节 购买倾向

一、总体情况

根据调查数据计算得出,消费者对环境友好企业的产品和服务具有较强的优先购买的倾向,得分86.3。其中,消费者对倾向购买环境友好企业的产品和服务赞同值达到86.7;对拒绝购买破坏环境的企业的产品和服务赞同值达到86.0。如图5-10所示。

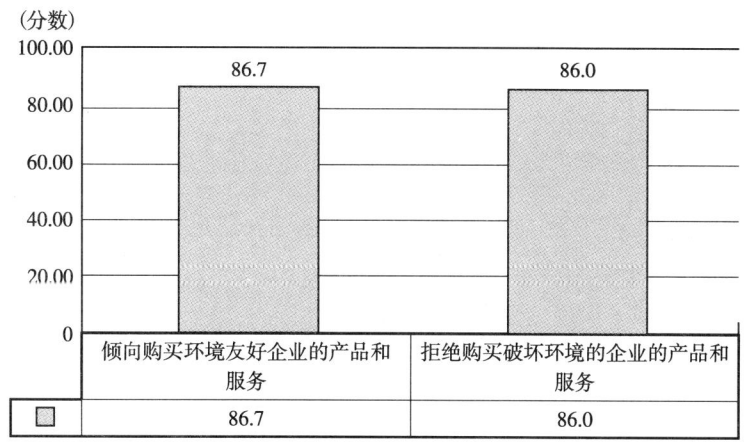

图5-10 消费者对不同企业产品(服务)购买优先程度

二、不同消费者特征分析

(一)学历特征

从调查的情况来看,不同学历的人对企业的产品(服务)优先购买倾向上有差异,对负责任企业的产品优先购买倾向而言,高中及中专/技校学历的人最强,其次是大学本科,大学专科较弱。如图5-11所示。

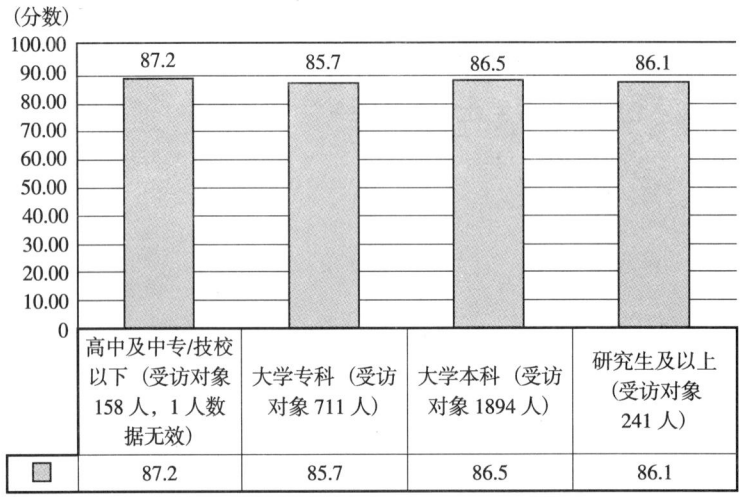

图 5-11 不同学历消费者对负责任企业产品（服务）购买优先程度

（二）年龄特征

不同年龄的人对不同的企业的产品（服务）购买倾向上有较大的差异，就优先购买负责任企业的倾向而言，29 岁以下年龄段的人最强，随着年龄增长呈下降趋势。如图 5-12 所示。

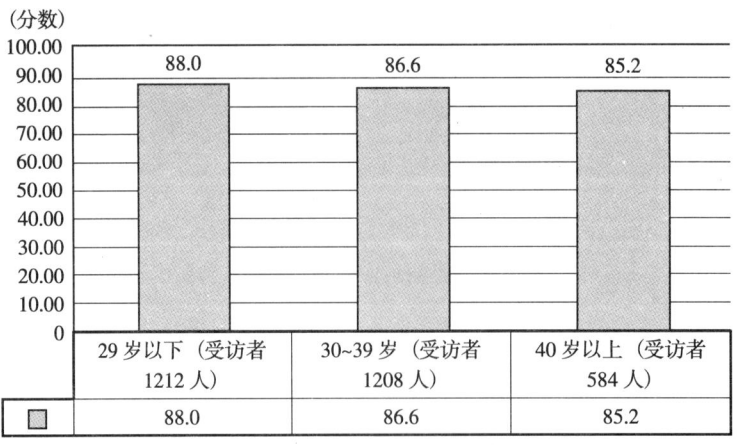

图 5-12 不同年龄消费者对负责任企业产品（服务）购买优先程度

（三）性别特征

男女在可持续消费品购买倾向上有较大的差异，女性比男性倾向更强一些。如图 5-13 所示。

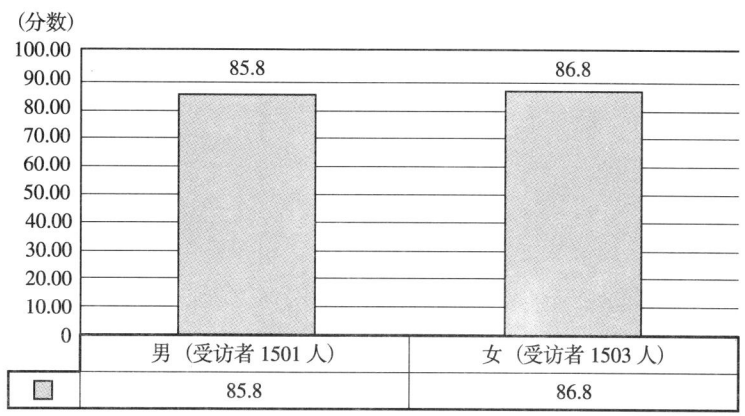

图 5-13　不同性别消费者对负责任企业产品（服务）购买优先程度

（四）家庭收入特征

随着家庭收入的增加，消费者对负责任企业产品购买倾向呈上升趋势，在 8000~10000 元达到最高点，后又有所下降。如图 5-14 所示。

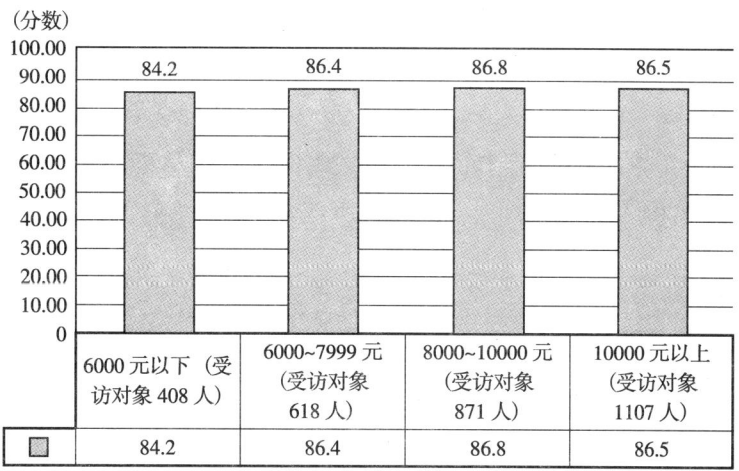

图 5-14　不同家庭收入消费者对负责任企业产品（服务）购买优先程度

（五）城市特征

从各城市对负责任企业的产品与服务的购买倾向来看，武汉、广州、沈阳得分相同，达到 86.8，这些地方更愿意购买负责任企业的产品和服务，同时抵制不负责任的企业的产品与服务。成都得分略低，得分为 85.0。如图 5-15 所示。

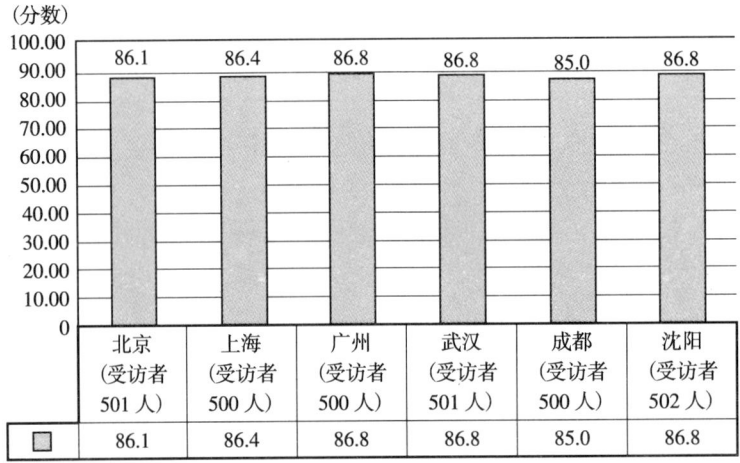

图 5-15 不同城市消费者对负责任企业产品（服务）购买优先程度

第四节 支付意愿

一、总体情况

根据调查数据计算得出，支付意愿维度得分为 44.5，处于 40~60 分，可见被调查者为可持续消费支付高出一般产品的价格的意愿较低。其中，愿意为未使用任何对人体有害的物质的产品的支付意愿相对较高。如表 5-7 所示。

表 5-7 支付意愿维度

一级指标	二级指标	单项值（分数）	综合值（分数）
支付意愿	为生产过程中节约资源的企业多支付	43.9	44.5
	为生产过程中减少污染的企业多支付	43.8	
	为材料可循环或可回收利用的产品多支付	43.9	
	为不含对人体有害物质的产品多支付	46.9	
	为使用过程中能源、资源消耗少的产品多支付	44.1	
	为生产过程中节约资源的企业多支付	43.9	
	为生产过程中减少污染的企业多支付	43.8	
	为材料可循环或可回收利用的产品多支付	43.9	

二、不同消费者特征分析

(一) 学历特征

高中及中专/技校以下学历消费者对某些产品的价格高出一般产品价格的接受程度最高,其次是研究生以上学历人员,大学专科接受程度最低,总体上呈两头高、中间低的趋势。如图5-16所示。

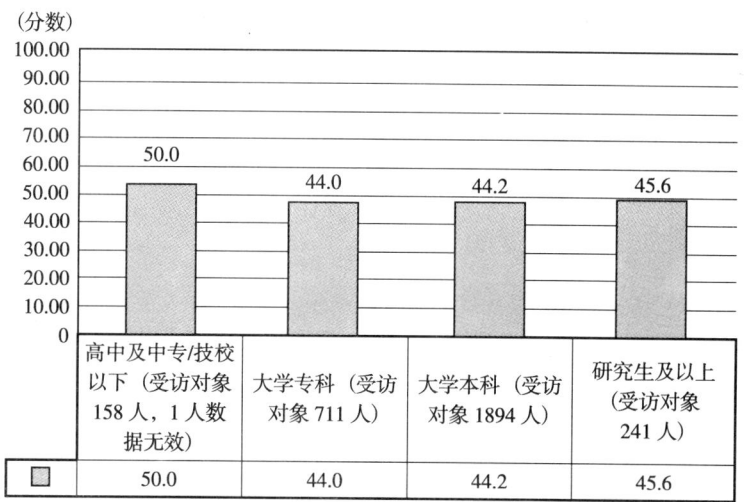

图5-16 不同学历消费者对某些产品的价格高出一般产品价格的接受程度

(二) 年龄特征

从年龄上看,40岁以上人员对某些产品的价格高出一般产品价格的接受程度较高,30~39岁人员接受程度较低。如图5-17所示。

(三) 性别特征

从性别上看,男性对某些产品的价格高出一般产品价格的接受程度比女性高。如图5-18所示。

(四) 家庭收入特征

从总体上来看,6000元收入以下支付意愿最强,随着家庭收入的增长,支付意愿呈下降趋势,8000~10000元达到最低点,然后又有所上升。如图5-19所示。

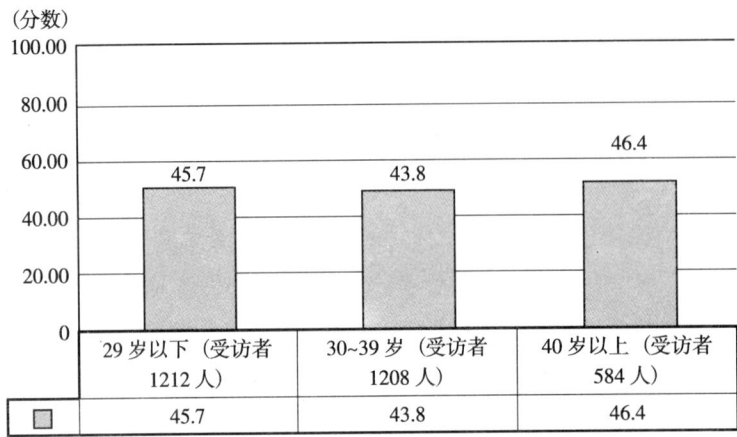

图 5-17　不同年龄消费者对某些产品的价格高出一般产品价格的接受程度

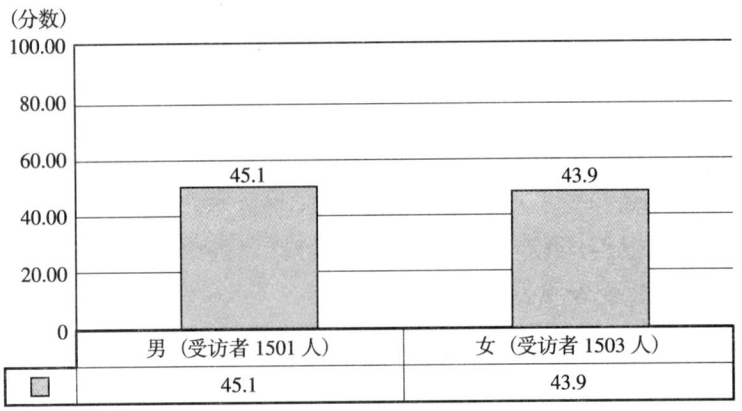

图 5-18　不同性别的消费者对某些产品的价格高出一般产品价格的接受程度

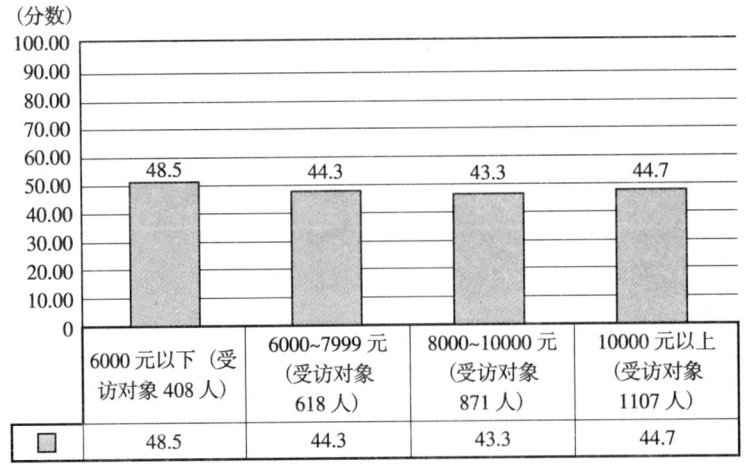

图 5-19　不同家庭收入消费者对某些产品价格高出一般产品价格的接受程度

（五）城市特征

从城市来看，上海的支付意愿最高，沈阳的支付意愿最低，其他各城市比较接近。如图 5-20 所示。

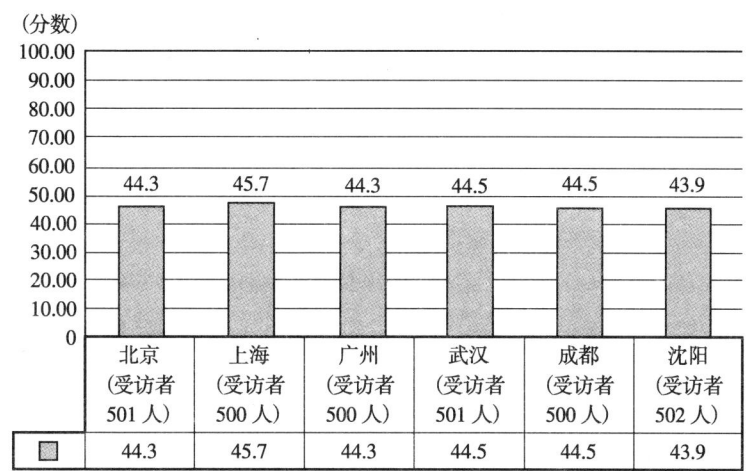

图 5-20　不同城市消费者对某些产品的价格高出一般产品价格的接受程度

第五节　行为表现

一、总体情况

根据调查数据计算得出，可持续消费行为表现维度得分为 82.7，中国消费者可持续消费行为表现较好。其中，消费行为得分最高，为 83.8；处置行为得分相对较低，为 82.0。如图 5-21 所示。

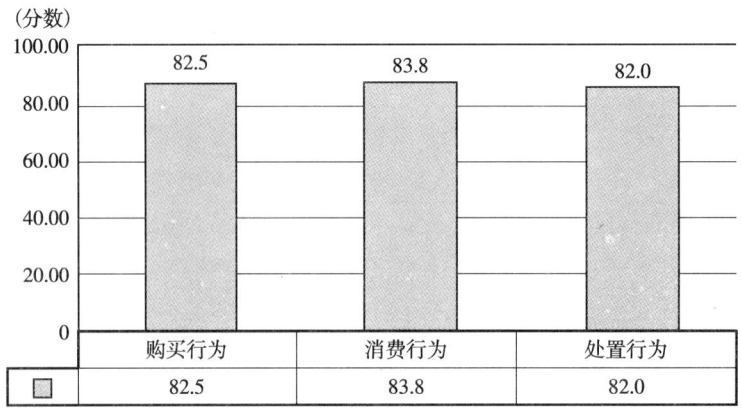

图 5-21 消费者行为表现

二、不同消费者特征分析

(一) 学历特征

从调查的情况来看,高中及中专/技校以下可持续消费行为表现最好,其他学历被调查者得分比较接近。如图 5-22 所示。

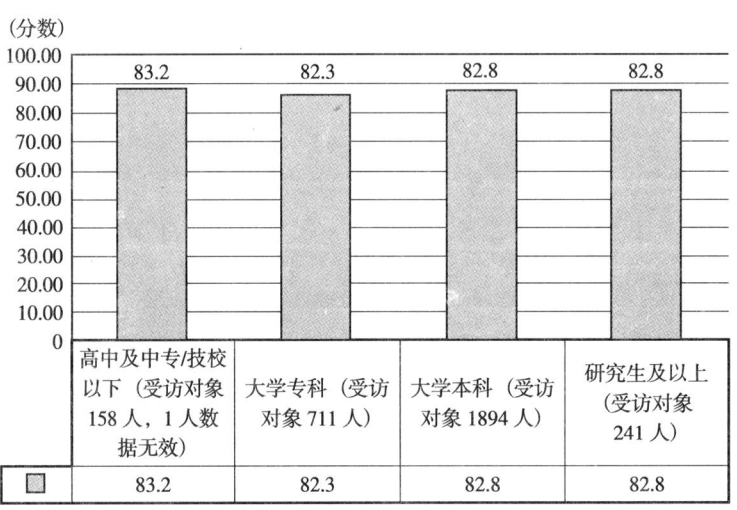

图 5-22 不同学历消费者消费行为表现

（二）年龄特征

从年龄特征来看，29岁以下年龄段的人可持续消费行为表现较为明显，随着年龄的增长，呈减弱趋势。如图5-23所示。

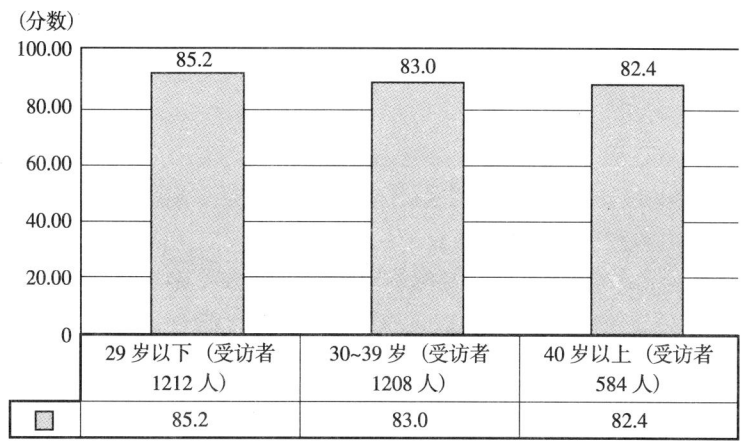

图5-23 不同年龄消费者消费行为表现

（三）性别特征

从性别上看，女性可持续消费行为表现比男性强。如图5-24所示。

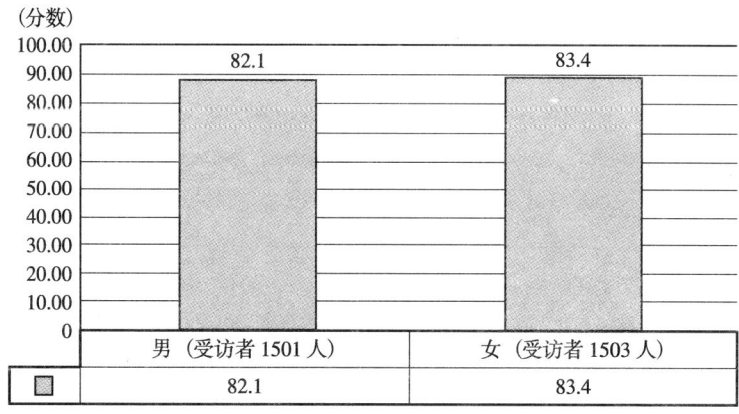

图5-24 不同性别消费者消费行为表现

（四）家庭收入特征

从总体上来看，不同家庭收入状况下，可持续消费行为表现呈现两头小、中间大的趋势。家庭收入在6000~10000元，可持续消费行为表现好一些，6000元以下表现差一些。如图5-25所示。

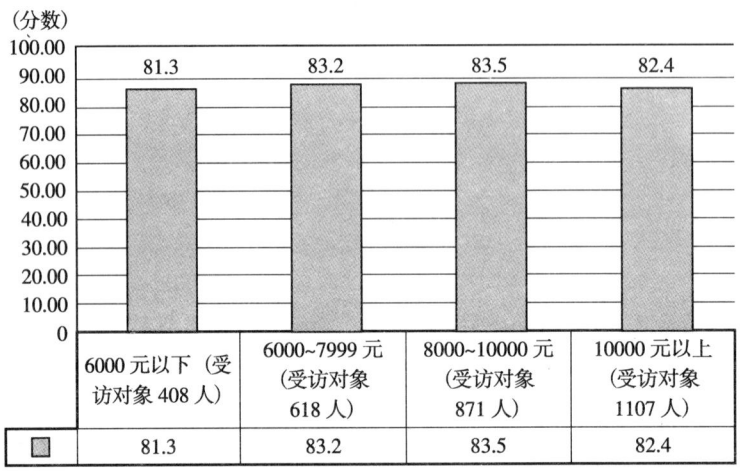

图 5-25 不同家庭收入消费者行为表现

(五) 城市特征

从调查情况来看,各城市可持续消费行为表现比较接近,其中武汉与沈阳得分略高,分别为 83.2 和 83.1,其他三个城市得分略低于 83。如图 5-26 所示。

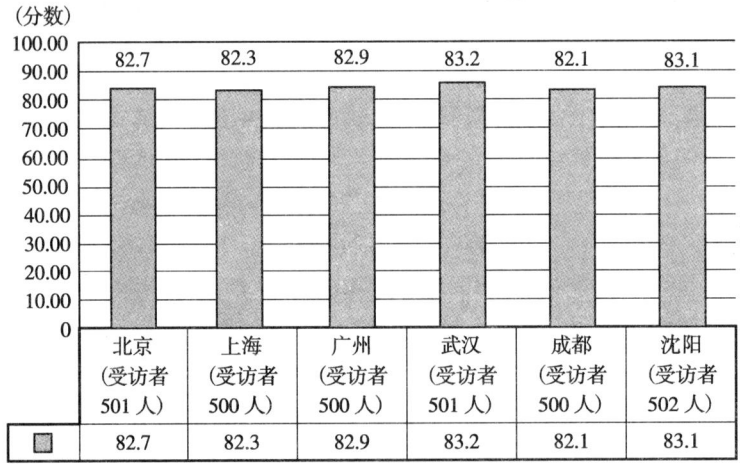

图 5-26 不同城市消费者行为表现

第六节 可持续消费指数

一、指数

综合以上结论,信息关注、购买倾向、行为表现三个维度值处于 80~100,说明消费者对企业社会责任相关信息较为关注,对负责任的企业的产品购买倾向较为明显,在个人购买行为、消费行为和废旧物品处置行为做得较好。支付意愿维度只有 44.54,处于 40~60,可见消费者对产品高出一般产品价格接受程度较低。

四个维度求算术平均值为 74.7,在 60~80,表明中国可持续消费总体情况较好。如图 5-27 所示。

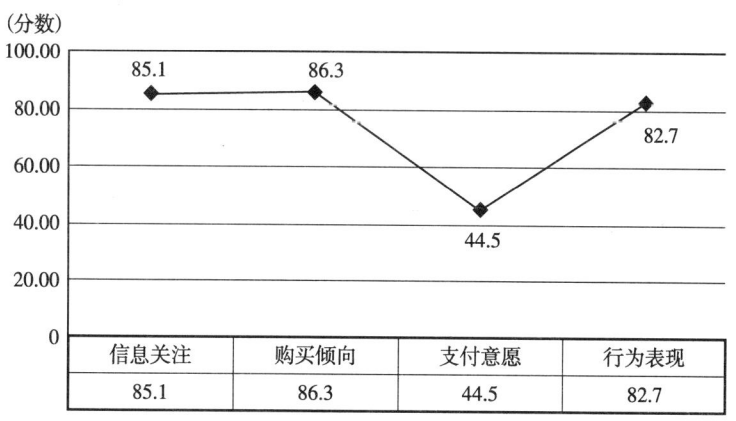

图 5-27 中国可持续消费指数

信息关注、购买倾向和行为表现三个维度数据较高,我们分析,这与样本的选取有一定关系。由于选取调查对象所在城市都是中国的大都市,他们整体上有较好的教育程度、较高的收入水平、较为广阔的视野,可能代表中国可持续消费认识和实践的较高水平,所以指数值较大。同时,本调查是基于网络问卷调查进行的，使用网络作为主要沟通交流方式的人对于新生事物和概念更为敏感，可持续消费理念相对来说更强一些。

二、不同消费者特征分析

（一）性别特征

从性别上来看，女性发展可持续消费指数略大于男性。如图5-28所示。

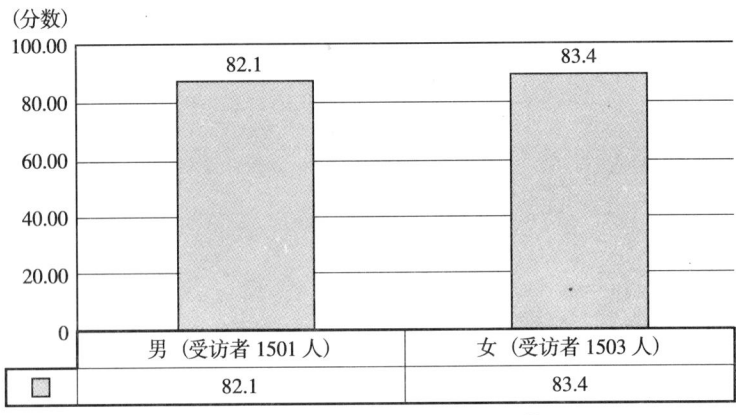

图5-28 不同性别消费者指数比较

（二）年龄特征

从年龄上来看，29岁以上的被调查者可持续消费指数较高，其他各年龄段发展指数接近。如图5-29所示。

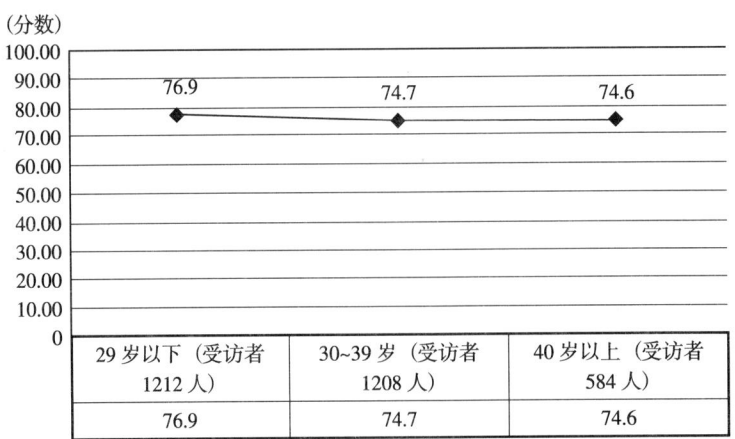

图5-29 不同年龄段消费者不同指数综合比较

(三) 学历特征

从学历上来看，高中及中专/技校以下消费者的发展指数最大，其次研究生以上学历的消费者，呈两头大、中间小的状况。如图5-30所示。

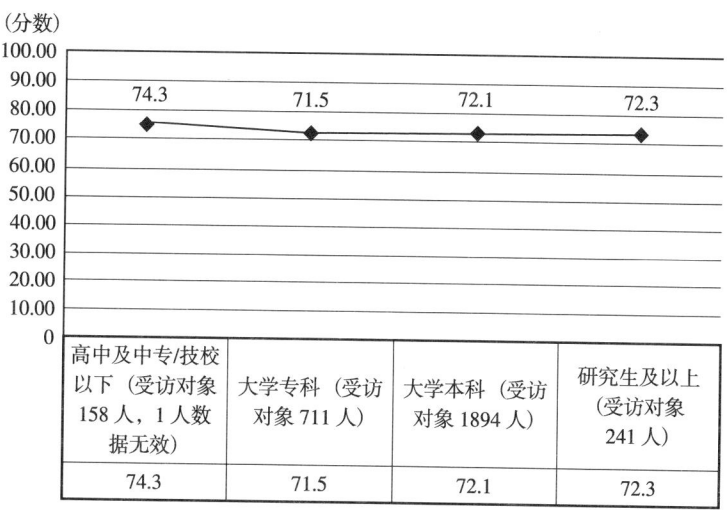

图 5-30　不同学历消费者指数比较

(四) 城市特征

从各城市调查的情况来看，各城市可持续消费指数差异不大，武汉可持续消费指数略高。可见，中国可持续消费水平在主要城市之间未表现出明显的差异。如图5-31所示。

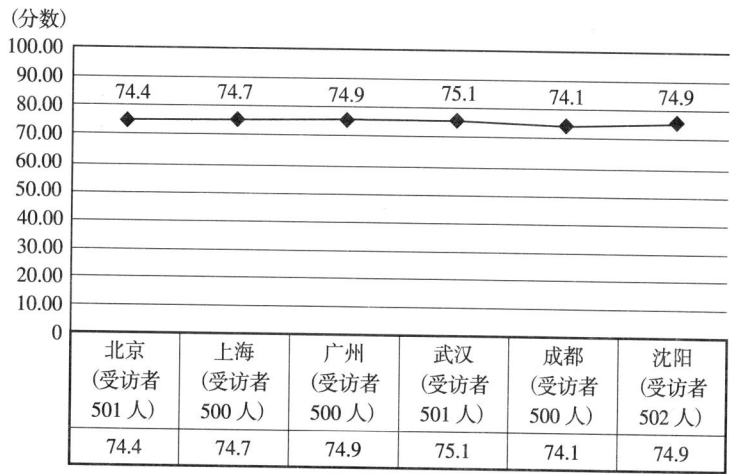

图 5-31　不同城市消费者不同指数综合比较

(五) 家庭收入特征

家庭收入水平对可持续消费影响不大。各收入水平的被调查者的可持续消费指数都在74~75。如图5-32所示。

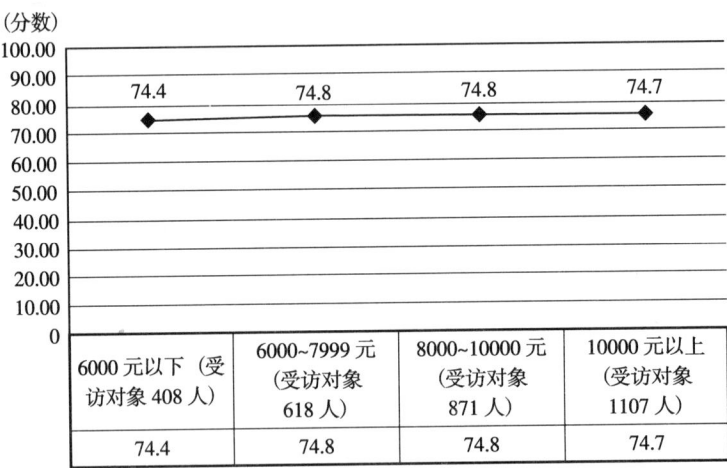

图5-32 不同家庭收入消费者指数比较

第六章 进一步推动中国可持续消费发展

可持续消费是一种新型的消费理念与形式,也是一种消费心理与消费态度,是人类实现美好生活的基本途径。可持续消费是健康消费的理性行为,既不是不切实际的买高价,也不是虚伪的道德姿态,而是基于理性认识的高度自觉行为。调查显示,超过九成调查对象认为政府和企业是可持续发展的主要推动力;认为消费者、非政府组织、慈善组织和也应成为可持续发展主要推动力。可持续发展是注重长远、永续发展的经济、社会发展模式,促进可持续发展需要社会各方力量的参与和推动。

第一节 政府加快制定和实施可持续消费公共政策

一、制定发布国家可持续消费指导方针

(1)明确可持续消费指导思想。结合中国经济社会发展状况和国家宏观发展战略,顺应国际社会发展趋势和人民提高生活质量需求,确定国家可持续消费的主题、原则和主要努力方向。

(2)明确可持续消费建设的主要目标。综合考虑未来发展趋势和国家经济社会发展目标,制定可持续消费目标。

(3)明确可持续政策导向。将可持续消费纳入国家整体建设的一个重要组成部分,统筹考虑,全面规划,明确政策导向。

（4）促进国家管理体制的改革。改进传统经济核算，研究推进生态环境资源核算。

二、建立适应可持续消费需求的产品结构和产业结构

消费结构与产业结构之间存在密切的关系。消费经济学认为，消费结构变化呈阶段性上升规律。随着消费结构和消费需求的变化，产品结构和产业的调整也势在必行。可持续消费注重提高人的生活质量和生活品位，对既有的产品结构和产业提出了挑战。

（1）促进产品结构的更新换代。根据消费需求的多样化和消费结构的高级化，将更多的适合可持续消费的产品源源不断地投放市场，刺激新兴产业和新产品发展，指导改变创新产业结构的组成、匹配关系与运行方式。不断完善产品和产业结构。

（2）引导投资方向。积极培育绿色市场，改善投资结构，促进产业结构升级。

（3）及时淘汰过时的产业和产品。借消费需求的变动，调整资源流向，淘汰落后产能。

三、完善可持续消费相关法律制度

可持续消费涉及消费者、企业和自然环境等多个方面。目前，一些消费品的生产、销售缺乏相应法规和标准。有些产品虽有标准，但比较滞后，特别是对企业社会责任缺乏相应求。在食品、建筑及装饰装修材料、包装等领域，建立健全绿色标准，已成当务之急。

（1）建立健全可持续消费法律法规体系。加强可持续消费立法工作，保障可持续消费的推广和普及。修改完善《消费者权益保护法》，发挥《消费者权益保护法》在提高社会消费质量，确定合理消费水平，优化消费结构的作用。扩充消费者的定义，从可持续消费的视角，明确人人都是消费者，促进全社会消费质量的提高。对消费者合法权益的保护应当兼顾消费者、企业和自然环境之间的均衡，

促进可持续消费。与宪法、民法、刑法、经济法、治安处理条例等相关法律、法规有机结合起来,加大对损害消费者权利的行为打击和惩罚力度。鉴于产品存在信息不对称的情况,消费者在市场中仍然明显处于弱势地位和被动地位,应加强消费权益保护,如规定消费者自由交易权和个人隐私权等权利。根据可持续消费相关要求,进一步明确企业环境保护、不得生产健康精神消费品等义务。加强民事侵权责任体系的建设,与现行其他国家法规、规章接轨,规范强制性检验认证、责任追究和行政调解机制,降低消费者维权成本。调整消费者协会等社会组织的法律地位,提高消费维权工作的权威性、公信力和效率。

(2)制定合理的鼓励政策。完善政府可持续采购政策。政府采购制度是发展循环经济,构筑可持续消费模式的重要措施和突破口。在借鉴国际经验的基础上,尽快建立和完善相关制度,全面实施政府可持续消费品采购制度。优先采购可持续消费品和负责任企业产品,制定采购专业标准和相关准则。采用经济补贴等多种鼓励政策支持企业可持续消费品生产,鼓励企业绿色采购,建立绿色技术壁垒预警机制。构建和完善低碳生产、消费税制。建立完善排污费改税、消费税,用"生态税制代替行政罚款",减少地方保护主义、部门保护主义等干扰。通过税收杠杆,对绿色产品实行减免税政策;对破坏环境的企业增加征收环境成本税,鼓励经营者进行绿色生产,促进公平竞争。引导消费者绿色消费。开展有机食品认证、绿色食品认证、无公害食品认证,以及商标保护、地理标志认证(产地认证)等,为消费者提供有效信息。规范引导消费者应当消费什么样的产品和如何消费,对严重的过度消费实施处罚。

四、构建引导促进可持续消费平台

调查显示,消费者评价、评级、博客或留言板成为消费者确认产品说明真实性最重要途径。

(1)监督规范生产和消费行为。鼓励企业实施环境管理,生产可持续消费品,严格打击违法行为。

(2)积极承担对全民进行可持续消费教育的责任。针对不同层次的对象,采取不同方式进行不同内容的教育培训,动员引导各方面力量提高全民的社会责任意识和可持续消费水平。

第二节 社会力量发挥引导和监督作用

一、媒体充分发挥对可持续消费的宣传引导作用

调查显示，八成调查对象通过媒体报道渠道了解企业社会形象，媒体报道是消费者了解企业形象的最重要渠道。

（1）加大舆论宣传力度，客观公正发布企业社会责任相关信息，树立正确的舆论导向，起到发挥第三方评价监督的作用。

（2）宣传生态消费观念和可持续消费文化，提高社会的责任感和公民意识，推动国家经济发展、社会文明进步，推动企业履行社会责任。

（3）引导健康的生态消费生活方式。引导坚持资源节约的原则，采取适度消费的消费方式，优先选购环境标志产品，减少使用或拒绝使用一次性制品，采取减少垃圾产生量的消费方式。强化绿色消费、适度消费意识，抵制过度消费、超前消费、挥霍浪费现象。

二、社会组织积极发挥对可持续消费支持作用

调查显示，在听过可持续消费词汇的调查对象中，听说过但不清楚可持续消费概念的调查对象最多，听说过并且了解可持续消费确切含义的调查对象不足四成。可见，可持续消费词汇虽然不断进入中国消费者的视野，但是对于可持续消费概念的确切含义仍需要进一步普及和推广。

应充分发挥以中国消费协会为代表的社会组织在可持续消费推进中的作用。中国消费者协会于1984年12月经国务院批准成立，是对商品和服务进行社会监督的保护消费者合法权益的全国性社会团体。中国消费者协会的宗旨是对商品和

服务进行社会监督，保护消费者的合法权益，引导广大消费者合理、科学消费。多年来，中国消费者协会在立法立规、受理投诉、宣传教育、消费警示、咨询服务、国际交流等方面发挥了重要作用。

（1）倡导新的生态消费理念，促进形成科学合理消费观念。开展资源节约的宣传，培养忧患意识和节约意识。加大可持续理念的宣传，唤醒消费者社会责任意识。

（2）加强对消费者的消费教育，引导消费者科学、正确消费。使消费者意识到消费活动不只是一种经济行为，也是一种社会行为。

（3）提高消费者可持续消费的能力。可持续消费不只是一种理念，更是实际的购买行为，是可持续发展的基本组成部分。公益性组织可以提供更多更专业的指导，提高消费者素质和审美鉴赏能力、识别和挑选能力、质量监督能力及适度消费能力，引导消费者寻求更高的需求。

三、消费者大力提高对可持续消费的支持监督作用

可持续消费是转型时期解决社会矛盾和社会需求的必然选择，体现了消费者对身体健康和公共利益的共同关注。可持续消费理念的提出，是因为人类与生俱来即享有高度的道德自觉，能够理性处理消费诉求与文化认同的结合，反映了公民社会的发育与公民意识的提升。

调查显示，多数消费者认为自身购买行为能够影响企业经营行为，近九成的消费者认为自身购买选择可以让环境更加美好。消费者可在推进可持续消费中起到举足轻重的作用。

（1）强化消费者的社会责任观念。消费者在购买、使用商品和接受商品性服务时，自觉抵制直接或间接危害社会可持续消费和生产的商品和行为，以维护社会整体利益和长远利益的道义为己任，践行自己对社会、对国家的责任。

（2）消费者用好自己商品与服务的选择权和抵制权，积极监督经营者的生产经营行为。通过有鲜明价值导向的"选择消费"、"货币投票"和维权监督等方式，去支持、鼓励符合国家标准及产业政策的优质商品与服务，摒弃、抵制不符合国家标准及产业政策的商品与服务，以促进国家经济健康持续发展、社会文明

进步、人与自然和谐相处，推动企业自觉履行社会责任的消费观念、消费态度、消费行为和消费方式。

第三节 企业积极履行企业社会责任

一、积极履行社会责任，创建良好社会形象

调查显示，生产商或服务商的社会形象是消费者选择是否购买的重要考量。从调查情况来看，仅半数企业获得消费者认同。多数消费者愿意为行业内效益较好企业产品支付更多的费用，超过八成消费者愿意为行业内效益较好企业产品支付更多的费用。消费者极其关注企业发布虚假信息，近九成消费者关注企业泄露客户信息，九成以上消费者关心产品质量问题和企业售后服务质量不尽如人意，企业不正当竞争、企业剽窃知识产权、偷税漏税现象、与员工签订合同、男女平等就业、企业捐赠都受到消费者广泛关注。企业参与公益事业对消费者的购买倾向的影响最大。同时，消费者对于认同企业采取积极行动。对于认同的企业，超过七成调查对象会"优先选择相关产品和服务"和"传播企业的正面信息"。

因此，企业一要提高产品质量和服务质量，保持消费者的忠诚，增强消费者对公司的评价和购买意愿，保持经济效益的持续增长。二要促进企业道德提升，积极履行社会责任环境责任，创建良好社会形象，获得消费者认同，企业才能得到消费者长期信任和支持，企业才能持续健康发展。三要加强企业社会责任信息披露，加强社会责任沟通，推动企业全面发展。

二、努力提高产品和服务质量，提高消费者满意度

调查显示，大多数消费者愿意为服务体系健全、服务质量好的产品多支付。消费者愿意为企业经过严格试验、检验，服务体系健全、服务质量好以及研发方

面处于行业领先地位的企业的产品进行多支付的比例超过90%。企业的规模和利润的高低也成为消费者愿意支付更多费用的重要考量因素，这或许与企业的规模较大和利润较高，本身反映了企业产品质量过硬、服务周到、技术含量高有关。

企业要不断提高产品和服务质量，保证持续健康成长。

三、大力开展技术创新，满足消费者日益增加绿色需求

消费者可持续消费理念不断提升，绿色需求不断增加。中国当前的产品市场已经不能满足人们日益增长的物质和文化需要，安全、服务完善和技术含量高的产品受到人们的青睐，人们也愿意为开发这些产品的更多的投入埋单。调查显示，使用安全性和保护环境是消费者购买可持续消费品的主要考量因素，对人体无害是消费者看重的可持续消费品的最主要特征，节能、节水、新产品、具有"绿色标志"的食品是消费者优先购选择。

调查显示，价格因素是消费者选择购买可持续消费品的最主要障碍，但仍有许多消费者愿意为企业更多的研发、产品试验检验以及减少污染、节能降耗未使用任何对人体有害物质生产的产品而多支付。

因此，企业一要建立低耗、高效、少污染的生产体系，建立与生态消费结构相适应的产品结构。二要提倡"绿色包装"或使用替代资源。三要加快高效节能产品的研发等。要把节约的理念贯穿于产品设计、制造、消费、使用和处理、再利用的全过程，从源头抓起，讲究产品设计的科学性与合理性。四要通过技术创新，提高效率，让消费者买到更便宜的绿色产品。

附录一　中国消费者可持续消费指引

为引导消费者可持续消费，提升生活质量，推进生态文明建设，促进经济社会持续健康发展，中国消费者协会发布《中国消费者可持续消费指引》。

一、树立科学消费理念，促进经济社会发展

响应党中央、国务院号召，坚持科学、适度、健康、文明消费。杜绝铺张浪费，培育健康文明的生活方式；物质与精神生活消费并重，促进人的身心健康和全面发展，促进经济社会环境的可持续发展。

二、遵从公民道德规范，摒弃不良消费行为

弘扬消费道德，实现自我完善，全面提高消费者素质。抛弃陈规陋习，戒烟控酒，抵制黄害，远离赌毒；消费量力而行，不铺张浪费，反对炫耀性消费、攀比性消费、奢侈性消费。

三、积极践行绿色消费，人与自然和谐发展

增强生态文明意识，爱护自然环境；节约资源，注重环保；倡导绿色、环保、节能、低碳消费模式，为子孙后代留下更多资源，促进经济社会可持续发展。

四、主动实施责任消费,推动企业履行社会责任

关心企业社会责任信息,关注企业社会形象,购买消费合规诚信、保护消费者(客户)权益、关爱员工、环境友好、投身公益企业的产品或服务,督促企业更好地履行社会责任。

附录二 欧莱雅（中国）的可持续消费之路

一、欧莱雅（中国）简介

欧莱雅集团创立于1909年，总部设在法国巴黎，是世界上最大的化妆品公司，也是《财富》全球500强之一。作为全球化妆品行业的领袖，欧莱雅公司拥有全球28个品牌，涉及五大专业领域：护发、染发、护肤、彩妆及香水；业务活动遍及全球130多个国家和地区，在全球拥有300多家分公司及100多个代理商，并且在世界各地拥有66000多名员工和38家工厂。

1996年底，欧莱雅正式进入中国大陆市场，并选择在苏州工业园区内建厂。1997年2月，欧莱雅在上海建立中国分公司总部，又相继在北京、广州等重要城市设立办事处。此后，欧莱雅集团旗下的国际知名品牌逐步进入中国，包括巴黎欧莱雅、美宝莲纽约、卡尼尔、兰蔻、赫莲娜、碧欧泉、植村秀、巴黎欧莱雅沙龙专属、卡诗、美奇丝、薇姿、理肤泉、修丽可和阿玛尼化妆品等21个国际知名品牌，优质的产品和全方位的服务得到了消费者的好评。

经过16年持续、稳定的发展，欧莱雅已成为中国化妆品市场的行业领袖，2011年的销售额达107.2亿元。目前，欧莱雅在中国拥有一个总部、一个研发与创新中心、两个工厂和三个分销中心，创造超过3万个就业机会。另外，负责欧莱雅亚洲国家所有工业活动的亚太区营运部也同样设立在中国。通过对品牌的成功运作，欧莱雅（中国）在过去的11年中一直保持两位数高速、稳健的增长。同时，作为优秀的企业公民，欧莱雅（中国）也为社区建设做出了卓越贡献。

二、欧莱雅的可持续消费观

作为一家来自法国并走向世界的成功企业,欧莱雅历经百年仍然保持高速的发展,屹立在时尚的最前沿,这不仅仅体现出欧莱雅杰出的企业经营,也反映了欧莱雅对负责任的企业公民行为的思考。在追求企业发展的同时,欧莱雅一直将可持续消费作为企业发展的首要战略,促成了欧莱雅跨越百年的美丽。

(一)欧莱雅探索可持续消费道路的历程始于创始人的责任消费观

19 世纪之前,染发剂产品是以散沫花等植物为原料制成的。这类染发剂产品非但不够精致,还含有对人体有害的毒素,而且染发的过程要耗费 3 个小时甚至更长的时间。作为一位化学家,欧莱雅品牌创始人欧仁·舒莱尔(Eugène Schueller)认为化学也能创造出化妆品,而且能够更新旧的"美容秘方"。如果可以研制出既能够有效保护又可以滋养头发的染发剂,他就可以震撼这个市场。

于是,针对当时美发行业的情况,欧仁·舒莱尔给自己设定了第一个目标:研制一种合成的染发剂,这种染发剂的效果要更自然,并且不会伤害人的头发和皮肤。确立了这一研究目标的欧仁·舒莱尔,立即着手进行一系列相关的实验。终于,在 1907 年研制出第一款化学合成的无毒染发剂。

1909 年,在安德烈·斯佩里(Andre Sperry)的资金支持下,欧仁·舒莱尔成立了法国无害染发公司。借此机会,他扩大了自己的生产规模,并于 1929 年成功推出了针对女性短发而设计的快速氧化染发剂"Imédia"。使用 Imédia 染发后,发色自然而且效果非凡,丝毫看不出刻意染过的痕迹。然而,Imédia 也有不足的地方,那就是它通常会给使用它的人带来不良的反应。在积极寻找解决办法的同时,欧仁·舒莱尔并没有向顾客隐瞒这个问题,而是建议顾客在使用 Imédia 染发前先在皮肤上做个试验,看一下自己的皮肤是否会出现不良反应。欧仁·舒莱尔这种对顾客负责的行为,受到了广大女性及理发师们的称赞和信赖,在看似无意间为他赢得了大量的客户。

1934 年,欧仁·舒莱尔研制推出了第一款大众洗发水——DOP(音译为"多普")。为了让更多的法国妇女和儿童养成卫生、健康的生活习惯,在推广 DOP

洗发水期间，欧仁·舒莱尔通过各种渠道来向妇女和儿童宣传讲卫生的好处。受其广告的影响，法国人也一改先前不常洗发的习惯。DOP 洗发水也正是借着这种转变的契机，风靡法国全国，直至今日仍旧是法国各超级市场上醒目的品牌。

欧仁·舒莱尔研发无毒且安全的合成染发剂，乃至之后的种种责任消费的行为，反映了欧仁·舒莱尔对于责任消费的重视。在这样一个受责任消费影响的过程中，可持续消费理念事实上已经与欧莱雅这一品牌发生了不可忽略的融合。

1939 年，欧仁·舒莱尔将"法国无害染发公司"正式更名为"欧莱雅公司"。从此，欧莱雅展开了它探索可持续消费道路的漫漫征程。

（二）责任消费是欧莱雅可持续消费观的基石

1907 年，欧仁·舒莱尔发明了无毒的合成染发剂，同时也将责任消费这个理念融入了欧莱雅的血液。

1923 年，欧莱雅创立《欧莱雅公报》，为消费者提供使用欧莱雅产品的建议。

1934 年，在推出 DOP 洗发水的同时，欧莱雅也推出了一系列引导妇女和儿童讲卫生的宣传广告。

1936 年，欧莱雅发明出了防晒霜产品，更好地适应了法国人带薪休假的防晒需求。这一年，是法国人第一次开始带薪休假，很多人在夏天开始去海边休假。当人们到海边度假的时候，就可以使用欧莱雅的防晒霜来保护自己和他们的孩子。欧莱雅一直根据变化的节奏来不断推出新产品，陪伴消费者享受不断变化的生活方式。

2008 年，欧莱雅开展了两项独立研究来评估更广泛的碳足迹。第一项研究运用了产品生命周期法（ISO 14040/14044），从八个类别的产品（洗发水、唇膏、染发剂等）推断碳足迹。第二项研究使用了法国环境和能源署的碳值评估法。欧莱雅相关调查人员把结果进行一定的整合，成果显示为"一个产品的碳足迹"。基于调查结果，欧莱雅调查人员发现企业的原材料采购、生产以及分销等只占到了产品碳足迹产生的 40%，但是在消费者使用过程以及后期的处置阶段却占到了 60%之多，由此可见，消费者对于产品的可持续性起着很大的作用。

当意识到协同消费者对于实现可持续消费的重要性，欧莱雅开始充分运用自身所积累的丰富经验，采取一系列的措施，保持与消费者充分的互动交流，共同推进可持续消费。由于欧莱雅消费群体的广泛性，包含直接消费者以及商业客户

等,所以针对不同的消费群体,欧莱雅采取了不同的具体措施:

(1)对于直接消费者,欧莱雅通过让消费者参与自然资源的可持续利用,如包装的可持续回收等活动,促使消费者了解更多可持续消费知识,并践行可持续消费的理念。例如,在美国,欧莱雅集团旗下的卡尼尔品牌通过官网发布可持续包装的相关介绍,教育消费者可持续回收包装的相关知识,让消费者学会正确辨识可持续包装,同时通过线下包装回收活动使消费者能实际参与可持续包装的回收。卡尼尔也通过与 Terra Cycle 的合作,力求正确回收和处理个人护理和美容包装废物,减少废弃物对环境的污染。

(2)对于商业客户,欧莱雅通过培训等形式,提高商业客户的可持续消费理念,然后以他们为媒介,向更广的群体传播。例如,在法国的斯特拉斯堡、西班牙的马德里、智利的圣地亚哥、比利时的布鲁塞尔和德国的汉堡,欧莱雅开办的名为"绿色学校"的新型专业美发学院向商业客户传播可持续消费的理念。学院目标是通过美发新理念与高科技及最专业的学术知识相结合,在工作、学习的同时寻求可持续发展,让本行业的从业人员了解可持续消费理念。学院严格地执行可持续性指标,力求通过科学的设计以及建造,增加对自然资源的利用,如自然光照,减少能耗和废弃物的产生,对垃圾和水进行科学的处理,同时以可持续性要领为基础编写操作手册,方便从业人员学习与可持续相关的知识。

欧莱雅的发展愿景是全球市场的消费者基数翻番,并新增 10 亿新客户。然而,在经历了全球金融危机和随即而来的区域经济波动之后,日趋走向成熟的消费品行业共同面对的局面是消费者变得比过去更精明且挑剔。所以,能否恰到好处地经营责任消费的理念将成为欧莱雅实现上述目标的关键依托。

(三)可持续研发是欧莱雅可持续消费观的支柱

在欧莱雅诞生的 100 多年里,世界经历了战争、经济大萧条……但世事变迁从未阻碍过女性对于美的追求。而作为一家经营化妆品的企业,欧莱雅也从未停止过科研与创新的步伐。翻阅欧莱雅的历史资料,我们可以发现,其创始人欧仁·舒莱尔给后人留下的绝大多数照片都是在他实验室里的工作照,而在他之后继任的四位 CEO,也都与实验室有着不解之缘,他们的科研精神引领欧莱雅建立起可持续研发的企业理念。1957 年,欧仁·舒莱尔生前的得力助手弗朗索瓦·达勒(Francois Dalle)接手公司后,稳健地接过了创始人的科研接力棒。在继任总裁后的第三年，弗朗索瓦·达勒与当时领导集团研究部的夏尔·兹维亚克（Charles Zviak），大胆地推出了一种新的方法，即建立在基础研究之上的应用研究。之后不久，弗朗索瓦·达勒又在此基础上完成了化妆品领域的一个重大的科学进步——建立了集团第一个生物试验室。

在林塞·欧文中（Lindsay Owen-Jones）和让·保罗·安巩（Jean-Paul Agon）的带领下，生命科学的重大惊人发展成了欧莱雅重大转折点之一。公司在这一时期发现了很多种有效的成分，其中亚美尼斯（AMinexil）、Céramide R 胶原蛋白、麦色滤 SX 和玻色因（Proxylane）就是其中最有名的几种。

欧莱雅在 20 世纪 70 年代开始研发重建皮肤模型，旨在替代动物试验，以确保产品安全与可靠。自 1989 年以来，在包括中国的全球范围内，欧莱雅没有在动物身上测试过任何产品。

经过多年的摸索和总结，欧莱雅在研发领域已经形成自己特有的可持续研发流程（见附图 2-1）。结合实际需要，欧莱雅把该流程归纳为三大重要部分，即生态设计、安全评估和功效评估。

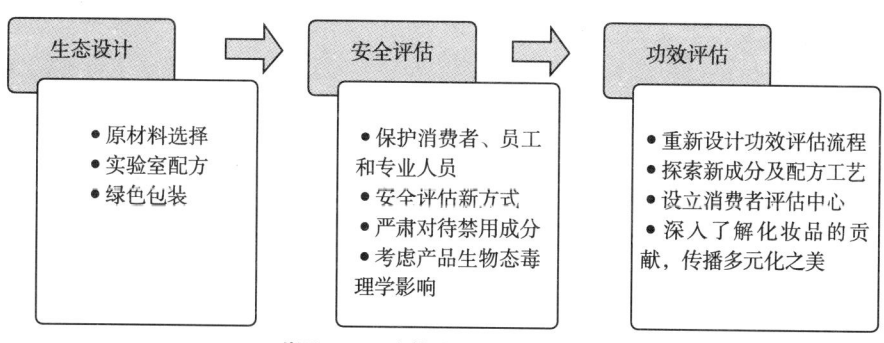

附图 2-1　欧莱雅可持续研发流程

1. 尊重环境的产品生态设计

化妆品成分及配方的生态设计始于原材料的采购和筛选，因此原材料的使用是可持续研发的根本。所谓生态设计，就是在不影响产品功效的前提下，减少成分和最终成品对环境、道德标准和社会产生的影响。欧莱雅的生态设计是一种依据化妆品成分和配方设计的全球性方法，这种方法同样以五大原则为基础，解决了与研发创新活动有关的可持续发展的主要问题。这种产品设计概念涉及创新方法、天然成分选择、转化过程（萃取、提纯和生物技术）以及评估方法等。

2. 产品安全及道德规范的遵守

可持续消费要求产品安全以及遵守相应道德规范，在产品研发过程中，时时刻刻全面考虑产品各方面的影响，有利于更好地实现产品的可持续性。那么，如何更科学、更有效地对新产品进行安全评估，是产品评估的重要课题，也是一个公司研发能力的主要体现。欧莱雅的产品均经过积极有效的安全评估机制检验，从而对可能出现的细微风险迹象进行实时监测，在评估过程中，时刻关注可持续性。

3. 产品的有效性

产品的有效性决定着产品的价值，只有充分保证产品有效性，才能更好地推进消费的可持续性与科学性。欧莱雅集团从未停止创新的步伐，每一款产品的功效都经过严格的科学检测，始终致力于向全球顾客提供安全、高效且优质的产品。研发部门负责对产品功效严格把关，更通过无数次科学测试来探索如何满足中国消费者的独特需求，提供最优质的产品。考虑到不同消费群体的需求差异，欧莱雅整合道德、社会及环境标准，与消费者建立起互信互利的良好关系。

在研发的过程里，欧莱雅追求无止境的开发和探寻新的、可持续的原材料，以便用于为其消费者生产安全和有效的化妆品。欧莱雅采用最为尖端的技术，为客户创造最有价值的创新产品；通过消费者评估体系不断了解消费者使用欧莱雅产品的特点和习惯，并将这些反馈应用到新产品设计中。欧莱雅对于技术追求的重视远远超过任何一家化妆品企业。它在技术上的实力不仅体现在能够找到消费者的需求，还体现在能够及时地研发出满足消费者需求的产品。

在100多年的历史中，研发一直作为欧莱雅发展的DNA，为实现企业可持续的经济增长起到至关重要的作用。作为一家化妆品公司，新产品的不断推出是企业持续盈利的基础。只有产品具有可持续性，才能保证整个产品链条的可持续性，进而真正实现可持续性消费。

（四）采购和生产过程是欧莱雅可持续消费观的天平

20世纪70年代，消费者运动四处兴起。到1984年，全世界有90多个国家和地区设立了消费者保护组织。经济发展和生活水平的提升，促使消费者在购买商品时对质量和功能提出更高的要求，如开始以人权和环保标准要求生产商。消费者越来越多利用自己的自由选择权利，使企业出于对市场和品牌的关心，开始倾听利益相关者诉求，积极主动履行企业公民行为。

2006年，欧莱雅以11亿美元收购国际知名品牌The BodyShop（美体小铺），这是一个创立于20世纪70年代，并凭借其崇尚天然的产品理念在业界享有盛誉的品牌。作为收购协议的一部分，美体小铺创始人安妮塔·罗迪克夫人（Mrs. Anita Roddick）获得欧莱雅社区贸易顾问的职位，使美体小铺的原则和价值观不仅得到了延续，而且以绿色基因形式植入了欧莱雅，为欧莱雅可持续消费注入了新的动力。

在2006年和2007年欧莱雅集团的可持续发展报告中，欧莱雅在能耗优化、水耗降低、二氧化碳减排、废物处理、循环利用等方面取得了巨大的进步。2007年，在能耗方面，在欧莱雅工厂和仓库中，仅有4%依赖石油、47%依赖电力、49%依赖天然气。另外，欧莱雅还在比利时、印度、德国、西班牙等地积极利用可再生能源，包括生物燃料产能、太阳能供热、发电等。在废气物处理方面，欧莱雅2007年固体废物循环再利用指数上升到94.9%，其中37%重复利用、35%循环再生、23%的能源回收。

2007年，欧莱雅集团董事长和首席执行官安巩在公司设立了"首席道德官"的职位，修正并推进欧莱雅在2000年订立的"商业道德规范"。

从2008年开始，欧莱雅就一直致力于开发一种全球性的公平贸易方式——"社区贸易计划"。公平贸易是一个基于对话、透明及互相尊重的贸易活动伙伴关系，以提供更公平的贸易条件及确保那些被边缘化的劳工及生产者的权益。而欧莱雅的"社区贸易计划"则旨在通过制定章程，设定产品开发框架，要求新产品的原材料需要经过公平贸易购得，而且在开始使用某种原材料之后至少连续两年都进行采购。通过"社区贸易计划"，欧莱雅不仅能在获取最优原材料的同时，确保其对环境的最小化影响并保护生物多样性，还能够对当地社区进行扶持，提升当地居民的生活水平，实现环境、经济和社会的多赢。2009年，欧莱雅完成了"社区贸易计划"的合作平台建设。该平台在社会责任方面符合已出台的ISO26000标准，而且适用于欧莱雅旗下的所有品牌及其供应商。通过"社区贸易计划"采购的原材料已经应用到了200多个配方中，而且其购买量仍在增加。2008~2010年，在全球范围内，欧莱雅通过"社区贸易计划"获得的原材料总量增加了一倍，促进了原材料地区的发展。"社区贸易计划"的开展，体现了欧莱雅在采购过程中可持续消费的努力，如附图2-2所示。

附图 2-2 欧莱雅原材料采购地

由于采购和生产是能够直观反映企业应对可持续消费态度的过程，20 世纪 80 年代以来，借助传统媒体乃至新媒体的力量，这种过程越来越容易地被包括消费者在内的利益相关方所掌握。于是，被透明的企业，尤其是跨国企业，不得不随时准备着应对来自利益相关方的关注。而这种关注随着时间的推移也逐渐演化成了企业完善自身可持续消费行为的推动力。

进入 21 世纪后，为了回应利益相关方的诉求，欧莱雅一直都在内部推动着企业的转型。通过并购一系列公司，为企业可持续消费注入新鲜力量，为欧莱雅增加了内部绿色转型的动力，并在企业价值观上强化了可持续发展的理念，同时将该理念渗透到生产经营的每一个细节当中。

（五）员工与社区发展是欧莱雅可持续消费观的砝码

20 世纪 30 年代，欧仁·舒莱尔提出了类似现在所说的计件的"合理工资"，并对此做了大致的解说：传统上，工资就是给工薪阶级因为他们为雇主工作所获得的报酬。但是，这里并没有把技术的进步所引发的深层次变革考虑进去。因此，欧仁·舒莱尔建议，把这个以"时间"计算的工资用以"产品"计算的工资来代替。如此，原来的工资或者至少一部分工资便变得不再固定，它会根据生产的变化而形成一定的比例。

欧仁·舒莱尔将自己的想法付诸实践。于是，在那个时候，欧莱雅员工的部分薪水就适当地与公司的销售额挂钩。这一做法目前已经在全世界的各大公司里应用，而在当时，欧仁·舒莱尔的这一做法可谓具有划时代的超前意义。

之所以将"合理工资"付诸实践，欧仁·舒莱尔的初衷是"大众的生活将因此变得有意义，阶级之间的斗争将大幅度地减少。一切生产过剩都将不再可能，工资本身作为衡量生活水准的基础则将成倍地增长。不再有危机，不再有金融崩溃。人们与其为打仗而拿起武器，不如为了和平而武装自己"。从这么一个初衷，我们不难看出作为一个企业家的欧仁·舒莱尔内心深处隐藏着的难能可贵的企业公民意识；我们不难看出他是站在企业的可持续发展，乃至社会的长久和谐的高度经营企业的。

一个企业家的思想和抱负往往决定了企业本身的文化内涵乃至文化传承。可以说，欧仁·舒莱尔站在员工和社会发展的角度上做企业的胸怀，直接影响着欧莱雅在相关领域的传承与发展。正如在欧莱雅对待企业员工方面，1970年，欧莱雅在法国面向女性员工推出了"舒莱尔月"（Schueller Month），规定员工在生完小孩之后，可以享受30天的额外假期，并要求在两年之内用完。即如果孩子生病的话，员工可以上午上班，下午回家去照顾孩子。这就意味着员工在照顾孩子、家庭的同时，依然可以拥有职业。

欧莱雅（中国）总裁盖保罗（Paolo Gasparrini）曾被派往巴西担任欧莱雅巴西分公司总裁，当时正值巴西经济危机时期，巴西政府采取了极端强硬的措施，导致欧莱雅巴西公司账户上的750万美元瞬间缩水到15万美元，并且在盖保罗到任后的一连15天都没有接到一张订单。紧接着，巴西政府又宣布冻结了所有商品的市场零售价格，但原材料的价格却不在冻结之列。然而，就是在这么困难的情形下，盖保罗没有裁减巴西分公司任何一名员工。这之后，成为欧莱雅（中国）分公司总裁的盖保罗曾经说过这么一句话："你要让员工有幸福感，能够感受到公司给他的温暖，这样你才能够得到更多。"毫不夸张地说，这句话其实也代表了欧莱雅的人才理念。

欧莱雅认为员工在工作中的参与程度与积极性，很大程度上都在影响着外部顾客的满意度。所以，欧莱雅尊重人才并且热爱人才。从员工的招募到职业培训，再到发展晋升，欧莱雅在整个过程中都为员工提供安全而舒适的工作环境、均等的就业机会、良好的生育福利和公平的薪酬待遇。

进入21世纪后，欧莱雅不但鼓励推进员工多样化、多途径提升员工的技能，发掘员工的潜力。与此同时，欧莱雅还鼓励员工投身于环境保护、教育公益以及对弱势群体的关爱,从而为和谐社会的建设,以及公众可持续发展意识乃至可持续性消费理念的提高,贡献自己的力量。

关于社区,欧莱雅认为,作为一个负责任的企业,不能追求单纯的经济发展,还要考虑社区的协调发展,因此欧莱雅主张包容性增长模式。所谓包容性增长,主要是指经济与社会协调发展,让社会成员拥有更公平、更均衡的发展机会,与单纯追求经济增长相对立。在这个转变过程中,更多的人得以享受全球化成果;弱势群体将受到更大的保护;中小企业则会获得更有力的支持。

欧莱雅认为,通过包容性经济增长,能够扶植落后地区发展,使得落后地区的资源得到合理利用。同时,还能将微型企业、残障人士等弱势群体引入到企业的业务发展之中,为弱势群体提供稳定的市场和就业机会,实现企业以及弱势群体共赢的可持续发展。

除了直接的经济合作外,欧莱雅还认为,可以通过一系列的公益活动来促进社区的发展。毕竟单纯的企业力量是有限的。通过企业引导,结合更广的社会群体力量,能够更好地传播可持续发展和可持续性消费的理念,使得更多员工和公众参与到可持续性消费的活动中,促成社区的协调发展。

(六) 可持续性消费战略是欧莱雅可持续消费观的指南针

1992年6月,联合国环境与发展大会在巴西里约热内卢召开,会议重申了1972年6月16日在斯德哥尔摩通过的联合国人类环境会议的宣言,通过了《里约环境与发展宣言》,商定了一项可持续发展全球行动计划——《21世纪议程》等几项重要文件,确定了相关的环境责任保护原则,可持续发展的观念也逐渐形成。

进入21世纪后,世界面临着越来越多来自环境和社会等诸多方面的挑战,这对企业提出了更高的要求,作为一个企业公民,仅仅关注商业目标是远远不够的,公众对企业有更多的期待,而欧莱雅集团也深刻地意识到应对这些挑战是每个人的责任。通过对经济、社会以及生态环境三方面考虑,欧莱雅发现,只有将可持续发展的理念贯穿业务发展始终,以可持续性战略为指导,通过负责任和可持续的发展创新,才能实现欧莱雅在充满活力的化妆品市场上成功运作。

在这样一个背景的指导下,欧莱雅将可持续性消费提升为可持续发展的首要战略,并结合过去一个多世纪里对可持续性消费的持续探索,勾勒出了属于自己的可持续性消费框架,如附图2-3所示。

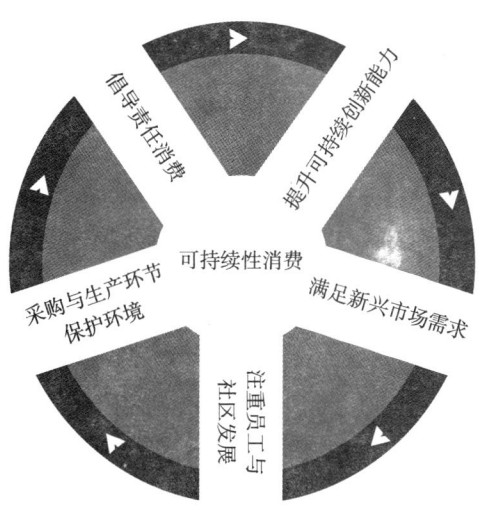

附图2-3 欧莱雅可持续性消费框架

可持续性消费战略涵盖产品的整个生命周期,从新产品构想和设计开始,贯穿产品使用与售后各阶段,主要体现在以下四个方面:

(1)关注可持续性创新。欧莱雅要永无止境地开发和探寻新的、可持续的原材料,用于为其消费者生产安全和有效的化妆品,并绝不进行动物实验,这是可持续性消费的基础。

(2)在采购与生产环节保护环境。欧莱雅致力于保护员工的安全和健康,同时将环境影响降至最低。

(3)倡导责任消费。通过与消费者互动并不断提升客户满意度,欧莱雅将现有消费群体扩大一倍,实现全球范围内新增10亿消费者的目标,并广泛传播责任消费理念。

(4)关爱员工,积极参与社区发展。欧莱雅鼓励并不断推进员工多样化,多途径提升员工技能,发掘员工潜力。同时,通过促进科学教育、环境保护、投身教育公益以及关爱弱势群体,为和谐社会建设贡献力量,并努力提高公众的可持续发展意识,为可持续性消费理念提供根本保障。

从可持续性消费理论框架可以看出,可持续研发和生产是可持续性消费良性循环的基础。

可持续性消费作为可持续发展的重要组成部分，是实现可持续发展的重要途径。然而，仅靠企业不能满足可持续性消费的挑战。在企业通过产品研发和生产以从源头上保证产品的可持续性，最大限度地减少环境影响时，也需要对消费者进行引导，寻求消费者的协同合作，使其能够正确地进行可持续性消费。基于此，通过对企业自身和环境条件的考虑，欧莱雅可持续性消费的具体举措主要体现在以下三个方面，如附图2-4所示。

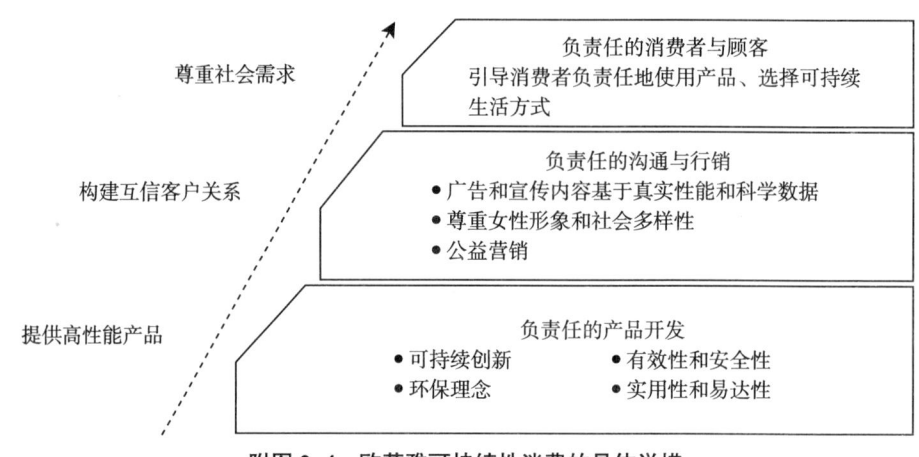

附图2-4 欧莱雅可持续性消费的具体举措

（1）提供高性能的产品是基础。欧莱雅注重可持续性研发，提升产品的效用与安全，在研发和生产时充分考虑环保概念，关注产品获取的广泛性。

（2）与消费者建立互信的关系。欧莱雅与消费者和其他利益相关方在信任的基础上加强联系。可持续性消费承诺包括基于事实和科学的数据来进行广告与推广，尊重女性和社会多样性，以及开展合适的议题营销。

（3）尊重社会的需求。欧莱雅致力于在使用可持续产品和选择可持续的生活方式等方面进行消费者教育，促进消费者可持续观念的形成。

欧莱雅以可持性续消费战略作为指南针，在实现企业经营目标的同时，承担作为企业公民的责任，为社会、经济以及环境的全面发展做出更大的贡献。

三、欧莱雅可持续性消费观在中国的实践

中国是全球最具活力、商机无限的市场之一。从进入中国的第一天开始，欧

莱雅就秉承自己的使命——帮助世界上所有人实现他们追寻美的愿望，充分彰显他们的个性，通过与本土利益相关方之间的良好沟通合作，在尊重人与环境的前提下，采取负责任的举措实现卓越的经济发展成就。

在这一过程中，欧莱雅为本土消费者开发更具有针对性的产品，同时扩大产能，降低生产运营环节对环境造成的影响，并为员工打造良好的职业发展平台。与此同时，欧莱雅（中国）严格遵守集团商业伦理与道德准则，确保经济发展合乎道德，并具有可持续性。

（一）欧莱雅（中国）可持续性消费实践之责任消费

正如欧莱雅的诞生与责任消费有着千丝万缕的联系一样，欧莱雅在中国的步伐也与责任消费有着密不可分的关联。

虽然欧莱雅于1996年才进入中国市场，但早在20世纪80年代，欧莱雅就在巴黎成立了中国业务部，专门从事对中国市场的研究。20世纪90年代欧莱雅在其中国香港的分公司里设立了中国业务部，并在广州、北京、上海等地都设立了欧莱雅形象专柜，测试中国消费群体对欧莱雅产品的市场反响。可以说，为了更负责任地为中国消费者服务，欧莱雅花费了将近20年的时间做准备。

1997年，欧莱雅正式在上海建立中国分公司总部，并相继在北京、广州等重要城市设立办事处。为了更好地满足中国消费者对美的不同需求，欧莱雅在众多的产品中，挑选了适合中国消费者的产品，再相应地把这些产品包装上的使用说明翻译成中文，并把它贴在产品上面，使中国消费者一看就明白。翻译产品的说明书是最基本的，也是最为困难的，因为这不仅涉及诸多化学和技术性词汇，而且在翻译时，还要从消费者的角度考虑这些说法如何尽可能地做到通俗易懂。对消费者负责任的态度使欧莱雅克服重重困难，坚定以可持续性消费理念服务中国消费者。

20世纪90年代，中国的消费者还不太成熟，没有固定的消费理念，他们可以因为受某种外界因素的影响而去消费某种产品，却不怎么注重自己的需求。为了更好地服务和引导消费者，欧莱雅与苏州医学院联合成立了化妆品研究中心。通过设立研究项目帮助欧莱雅了解中国消费者特点，以生产出专门适用于他们的产品。例如，1998年，针对中国消费者开始习惯在药店购买药品的特点，欧莱雅在国内首家采用了在药店销售活性健康化妆品的模式，并且通过时尚杂志中的宣传建立护肤医生形象，向顾客提供皮肤护理常识。

这之后，为了更好地把握消费者的需求，欧莱雅在中国建立了一整套流程研究消费者，即从倾听需求，到实验室开发，再到产品测试，最终到上市。在这样一个过程中，欧莱雅秉持的原则是每个消费者均具有独一无二的外表和身体特征，在年龄、肤质和发质类型上各有不同。基于此，欧莱雅一直都尊重个体差异，并且通过多样化产品和品牌满足各类消费者的需求。例如，在倾听消费者需求过程中，欧莱雅意识到由于中国地域广阔，各个地区的气候、习俗、文化等的不同，人们对化妆品的偏好具有明显的差异。如气候对消费者选择化妆品产生较大的影响。南方由于气温高，人们一般倾向于使用清爽型的护肤品；而北方由于气候干燥，人们一般都比较喜欢滋润型。所以，欧莱雅在中国的市场上按照地区的不同，为消费者提供不同的主打产品。

2009年8月，欧莱雅在北京举行新闻发布会，宣布在中国大陆市场推出巴黎欧莱雅专业修护受损秀发系列产品，由此正式进入中国的大众洗发水市场。然而，鲜为人知的是，为了更好地开发出适合中国消费者的洗发护发产品，欧莱雅全球五大国际研发中心及150名研究人员用10年的时间对中国人的发质及相关的配方进行了研究。10年来，欧莱雅研究人员对近45000名中国消费者的头发做了仔细的分析，进行了超过1000个配方的研究和评估。

基于上述研究，针对中国人的发质特点，同时，为了满足中国人渴求高质量洗发护发产品的极大需求，欧莱雅根据中国人受损发质的不同种类研制出四个不同配方的专业修护系列产品，即深层修复、润养顺滑、绚色修复和卷烫修复。全线产品包括洗发露、润发乳、发膜、精华露等。

伴随着国内消费者消费意识的提升和消费行为的成熟，欧莱雅（中国）也一直都在不断地完善自己的质量文化。

在欧莱雅，每一种成分及最终产品的安全性均经过层层检验，利用了组织工程手段及一系列预测性方法，包括数据结构和数学模型（计算机模拟和结构——活性量化关系），通过多种方法的结合使用，可以大大优化预测能力。这些方法都是欧莱雅集团在内部或通过与外部的合作共同开发出来。自2006年起，共有2000多种成分和12000多个产品配方采用这种方式接受了安全评估。

此外，为了更好地对产品质量进行控制与检测，欧莱雅（中国）的质量控制部门也一直关注顾客的反馈，通过同负责顾客咨询的相关部门保持紧密沟通，及时听取消费者关心的问题，解决意见。

2011年，欧莱雅（中国）将旗下所有品牌的热线和沟通渠道整合成统一的顾客关怀中心。新的顾客关怀中心是对原有"欧莱雅顾客咨询部"从系统架构、服务流程、运营团队架构等方面全面升级而成的，整合了之前的消费者服务、会员服务和电子商务服务平台等。除电话外，消费者还可以通过电子邮件、信件、传真等渠道联系欧莱雅顾客关怀中心。

该部门也收集消费者关于产品包装和质量等问题的反馈及意见，然后将这些数据提供给欧莱雅（中国）的相关部门，以确保欧莱雅的产品可持续性的完善，并满足消费者的期望。

与此同时，为更加及时地与消费者互动，欧莱雅（中国）与上海消费者权益保护委员会达成伙伴关系，合作建立消费者投诉电子整合平台。这将使欧莱雅能够通过上海消费者权益保护委员会网站直接受理顾客投诉并作出回应，有助于其以一种非常透明和高效的方式处理消费者的投诉。

另外，作为上海市消费者权益保护委员会日用化妆品专业办公室的成员，欧莱雅（中国）积极地与协会其他成员分享其成功经验，并帮助日用化妆品行业制定中国本地消费者服务的行业准则。

（二）欧莱雅（中国）可持续性消费实践之科研创新

在欧莱雅集团设立中国研发中心之前，其在中国的研发主要依托集团的研发部门，并结合中国本地的研发力量来进行，这些都是以欧莱雅可持续性消费的理念为基础，反映了欧莱雅对中国本地消费者的重视，注重通过创新研发来实现可持续消费的理念。

1996年，为了更好地了解中国乃至亚洲的消费者，欧莱雅（中国）通过欧莱雅集团研究部门，历时长达6年完成了"中国人皮肤类型学"专题研究。该研究是由欧莱雅生命科学研究所皮肤学专家与来自沈阳、北京、苏州、南京、哈尔滨和成都等地的中国皮肤专家合作，运用全世界临床皮肤学家认可的高科技研究方法，对2000个25~60岁的中国南、北方女性进行了深入调查。该研究填补了中国皮肤学研究领域的空白，有助于开发出更好的适用于亚洲人，特别是中国消费者皮肤的新产品。

1996年，欧莱雅与苏州医学院建立了合资公司。之所以选择苏州医学院作为合作对象，欧莱雅看重的是当时的苏州医学院具有国内领先的科研水平，可以促进可持续创新。欧莱雅就是以这样一种尊重科研创新的方式开启了它在中国市场的旅程。

在这期间，为了加强自身在科研方面的创新，欧莱雅先后与诸多国内的大学、医院和研究机构展开了科研合作，这其中包括北京协和医院、中华医学会、中国科学院上海有机化学研究所等知名医院和机构。

随着中国在欧莱雅集团全球战略中重要性的日益凸显，欧莱雅在2005年9月于上海浦东设立了中国研发中心，专门从事对中国人皮肤、毛发以及中国原材料和配方方面的研究和开发，旨在为中国消费者提供最适合的产品。其中，美宝莲精纯矿物BB霜是最具有代表性的科研产品之一。

为了更好地为消费者量身定制BB霜产品，欧莱雅（中国）研发中心深入研究中国消费者对色彩和彩妆肌理的喜好，还进行了消费者肤色研究，调查了中国各地不同城市的2000名消费者，收集和评估包括色彩偏好、肤色、年龄和地域影响等因素的有关信息，结合彩妆和护肤品的特点，研发出美宝莲精纯矿物BB霜。该产品自2010年推出以来销售表现十分强劲。

2010年，欧莱雅（中国）研发中心全面升级，更名为研发与创新中心，新落成的中心总占地面积为20009平方米，拥有1幢实验楼和1幢技术评估楼以及几个附属建筑。先进的科研实验楼共有3200平方米的生命科学实验室与化学分析实验室。

欧莱雅（中国）研发与创新中心的生命科学实验室是用于研究亚洲人的皮肤特质，特别是中国人的皮肤。其开发出的体外重建皮肤模型，对于欧莱雅（中国）来说可谓一个里程碑式的成就。通过这个体外重建皮肤模型，欧莱雅（中国）不仅能更好地研究并深入了解亚洲人的皮肤特质，帮助开发满足亚洲消费者需求的产品，还能替代动物试验，在满足消费者需求的同时，最大限度地减少了对生态环境中其他物种的伤害，满足了产品研发阶段对产品安全的考虑以及对道德规范的遵守。

欧莱雅（中国）研发与创新中心的化学试验室通过采纳并利用中国传统中医药原理，研究化学与植物原料的再利用。之所以决定采纳和利用中国传统中医药原理，是因为欧莱雅意识到，进入中国后需要着力于结合地方性特点进行科研探索。欧莱雅在收购羽西这个极具"中国元素"特点的品牌之后，就持续不断地在实验室针对这个品牌进行着中国传统医药领域的创新研究和开发。例如，实验室研发人员与中国科学院上海有机化学研究所合作开发了新的源于中草药的植物原生性成分"灵芝孢子多糖"，使中国消费者更好地受益于传统的中草药。

灵芝孢子多糖是萃取自灵芝孢子中的分子。该合作证明了这种多糖可以达到非同寻常的皮肤抗衰老效果。它能够激发皮肤细胞新陈代谢并且加强皮肤内聚力，相比于传统的灵芝萃取物更加有效。2010年成功上市的羽西灵芝孢子多糖系列产品就是其成果之一。

在21世纪的第二个十年开始的时候，绿色环保已经成为全世界都在追求的发展模式，而这也恰恰是欧莱雅百年来所一直倡导的可持续发展理念的全球体现。在科研创新领域，欧莱雅为此也开启了"绿色化学"的新篇章。欧莱雅的绿色化学原则强调环境安全和保护，力求最大限度地降低我们生产过程中造成的环境影响，并坚持以下三个基本原则：①利用可再生原材料，尤其是利用人工种植技术可以获取的成分；②开发低生态毒性、低能耗、低溶剂用量、产生较少废弃物的安全加工工艺；③生产环境友好型化妆品新原料。

作为欧莱雅集团最为看重的分公司之一，欧莱雅（中国）率先应用了由欧莱雅集团发布的化妆品领域的第一个绿色化学成果——Pro-Xylane（玻色因）。该成果不仅在分子合成和生产过程中都秉承环保理念，更是皮肤医学在延缓肌肤衰老领域的革命性成果。Pro-Xylane是从西欧的植物山毛榉中提纯木糖，具有可生物降解、无生物积累以及对环境无毒的特点。它的高效合成只需两步，每一步均采用水作溶剂，优化以减少浪费和能源消耗。Pro-Xylane可作用于皮肤三层结构（表皮、连接层和真皮层），在角质形成细胞的表层刺激透明质酸受体的表达；通过刺激胶原、黏附蛋白和蛋白多糖的合成来加强表皮和真皮的连接；通过纤维细胞引导并刺激粘多糖（GAGs）的产生，以促进皮肤的紧实度和弹性，改善皱纹的显现，从而达到在不同年龄段防止肌肤老化的效果。

截至2012年年底，欧莱雅在中国的研发与创新部门已经从7名员工增长到200多人，为欧莱雅（中国）业绩表现乃至可持续消费的长远发展提供了坚实的支撑。

(三) 欧莱雅 (中国) 可持续消费实践之采购与生产

在产品的生产和分销过程中保持对环境的尊重，是欧莱雅集团可持续性愿景的重要组成部分。以 2005 年为基准，欧莱雅集团对旗下所有工厂（包括中国）设立如下目标，力争在 2015 年之前达成：

(1) 温室气体排放的绝对总量减少 50%。

(2) 单件成品产生的可运输废弃物减少 50%。

(3) 单件成品消耗的用水量减少 50%。

依据这个基准，自 2005 年以来，欧莱雅（中国）不断优化流程、利用绿色能源、投入新设备、改良生产技术，切实降低了自身对环境的影响。

针对过度包装，欧莱雅（中国）启动更为严格的包装材料用量评估流程，要求每一个新包装设计，在进入开发阶段，必须不能超过欧莱雅包装用量的使用上限。欧莱雅所采用的产品包装都经过以下两个原则进行筛选：

(1) 包装方面可持续的"3R"原则。尊重消费者与自然（Respect）、减少包装对原材料的耗用（Reduce）以及可再生材料的使用（Replace）。尊重消费者与自然主要指的是，可持续包装采用无潜在危险的安全材料，所有材料经过风险评估体系评估，且要符合欧盟化学品法规。减少包装对原材料的耗用指的是，欧莱雅会尽可能减少包装的重量和体积，从而减少在生产运输的过程中耗用的能源。可再生材料的使用主要指的是，欧莱雅寻找可降解、对环境无害的可再生原材料来制造包装。

例如，通过对 3R 原则的践行，欧莱雅（中国）对旗下卡尼尔 50 毫升膏霜产品瓶盖成功进行了改良，把瓶盖结构从两件套减化为一件套，从而成功地将单个产品瓶盖重量降低 8 克。

(2) 包装影响快速评估工具。为更好地对包装设计的环境影响进行评估，欧莱雅使用了"包装影响快速评估工具"（Packing Impact Quick Evaluation Tool）。

2011 年，欧莱雅在中国市场 86% 的纸质包装获得森林管理委员会（FSC）认证。植村秀等品牌使用了 100%FSC 认证的纸张，成为市场公认的绿色品牌。此外，从 2011 年开始，亚太区营运部开发的包装产品已经 100% 消除了聚氯乙烯（PVC）材料的使用。

针对废弃物的管理，欧莱雅是从产品生命周期的角度进行系统管理的，包含产品设计、包装材料选择、产品生产、分销、最终使用等环节。例如，为了进一步提高苏州尚美工厂的污水处理能力，欧莱雅投入近1700万元用于污水处理扩建工程，并于2007年2月正式竣工。扩建后的污水处理厂占地面积约7500m²，日处理废水能力为300m³。另外，尚美工厂还启动了"过滤花园"项目，项目整体投入达到200万元。该工程每年可以将尚美工厂污水处理过程中产生的污泥转化为生态花园中的肥料，实现固体废弃物循环利用目标。同时，花园中种植的芦苇等水生植物使"过滤花园"还具有自然湿地的功能，达到美化工厂环境的效果。

针对水资源和能源的消耗，欧莱雅一直都在加大设备投资力度，提高员工节水节能意识，以达成减少水资源和能源消耗的目标。例如，在苏州尚美工厂，欧莱雅启动了反冲洗水的中水回用项目、反渗透浓水利用项目、真空泵改造项目及CIP在线清洗优化项目。这些项目每年可节水3万余吨。与此同时，尚美工厂还致力于有效节省能源的消耗，具体的措施主要包括：控制通风装置的换风效率，在空调系统中根据温度和速率通过传感器控制风扇转速；对于大功率的泵，根据压力通过传感器改变发动机频率，用于控制抽水机用量；对于空气压缩机和制冷机，安装自动控制装置使其根据负荷自动控制，并在低负荷时自行停止。使用更高效率的制冷剂或制冷装置改进现有制冷机容量；对于照明系统，采用能耗大大降低的LED灯管，通过计时机控制照明等。

针对欧莱雅在中国200多家的供应商，欧莱雅为其提供包装材料、设备及工程、外包服务、原材料以及其他商品和服务。2010年，欧莱雅成立供应商关系管理与新供应商开发部门，专门管理其与现有的和新的供应商关系，同时发展和培训新供应商。欧莱雅向供应商提供的培训内容包括质量控制和管理、物流以及社会审计。2011年，为更好地对供应商进行全面评估，欧莱雅建立了供应商评级系统。该加权评级系统以质量、物流、包装开发和创新等变量对供应商进行评估，社会审核没有被纳入加权变量当中，而是被作为前提条件。

另外，欧莱雅一直致力于同供应商分享并遵从一致的道德价值观，自2008年开始欧莱雅引入了第三方审核机制，由欧莱雅出资对供应商在法律遵守、人权及工作安全等方面进行审核，审核主要涵盖了从用工到健康安全等10个方面。

作为建设具有责任感供应链的重要组成部分，欧莱雅（中国）也引入了集团创新型的采购项目——社会责任采购。社会责任采购指的是关注残障人士、微型企业、少数民族、社会融入及公平贸易五个方面,通过帮助社会弱势群体提高工作稳定性,拥有固定收入和机会,从而提高他们的生活水平,以此建设具有责任感的供应链。

欧莱雅(中国)结合集团先进的可持续采购的经验,引入弱势群体参与到可持续供应链的建设中,来实现产品研发和生产的可持续性,推进欧莱雅可持续消费的进程。例如,若邻(西班牙)公司在2004年成立,这是一家为当地残疾人提供工作场所的公司,与欧莱雅在西班牙合作了近7年,是欧莱雅的金牌供应商。2010年,欧莱雅将社会责任采购模式引入中国,同年,欧莱雅(中国)启动与苏州若邻合作,将其选择作为合作包装线和组装供应商。苏州若邻公司现有30多名员工,其中85%以上是残疾人。通过苏州若邻工厂与尚美工厂合作进行产品包装工作,欧莱雅(中国)为苏州若邻提供了稳定的市场,为其员工创造了可靠的工作机会,促进了社会的协调发展。

(四)欧莱雅(中国)可持续性消费实践之员工与社区发展

在企业愿景指引下,通过发挥企业核心能力与优势,欧莱雅(中国)一直致力于与员工和社区共享企业经济发展成果,推动可持续消费实践。

2012年7月,欧莱雅(中国)发布《欧莱雅(中国)可持续发展报告2011》。数据显示,欧莱雅(中国)在过去的一年里创造了3万多个间接工作岗位,直接雇员达到3000人,72%的欧莱雅(中国)员工接受了培训。与此同时,欧莱雅(中国)与员工分享利润超过2650万元。

欧莱雅(中国)曾被包括全球顶尖的优信咨询(Universum)在内的多家机构,连续多年评为中国理想雇主企业之一。这家法国企业为何对中国人如此具有吸引力?2005年加入欧莱雅(中国)研发中心,现任欧莱雅(中国)创新与研发中心彩妆实验室总监的陈静表示,与众多欧莱雅(中国)员工一样,她曾被派往法国总部学习欧莱雅产品研发的先进知识和经验,同时把对中国市场的独到见解与总部同事分享。从法国回来后,她本人的职业生涯也发生了飞跃。在欧莱雅,人才是公司最宝贵、最重要的资源,欧莱雅力所能及地向员工提供多样的工作环境、良好的职业发展机会和切实的指导建议。欧莱雅鼓励每个员工都参与决策,并为员工提供机会表达自己对职业发展的需求,公司在任命员工职务和岗位时，也会充分考虑员工的个人意见。

欧莱雅对这种灵活的用人制度有一个有趣的形容——"诗人与农民"，即充分尊重、信任每一名员工的梦想和灵活性，既要有诗人般的想象力，又要像农民那样吃苦耐劳。企业不作限制、不去定位，每个人都可以"像诗人一样去谋划自己的岗位职责与职业生涯"。正是基于这样的灵活性，在中国，欧莱雅针对不同员工的需求，提供了四大培训计划：

（1）"欧莱雅和我"。这是一项旨在欧莱雅和所有员工之间建立长期互利关系的全球员工发展计划。这个计划已经在中国的全部经营领域推行，其涵盖培训、评估、职业发展以及薪酬福利等方面。该计划通过强化管理者与团队之间的交流，不断提升员工参与度，也进一步增强公司决策过程的透明度。

（2）欧莱雅"融入"计划（FIT）。这是针对所有欧莱雅新员工的为期两年个性化指导计划。它包括互补的学习机会，使新员工获取必要的知识和技能，让他们在公司中感到满意，并找到正确的发展道路。

（3）管理培训生计划。这是一个为应届毕业生设计的为期一年的管理培训方案，打造欧莱雅未来组织内部各个领域内的领导者。每个培训生需要在欧莱雅内部三个不同的职位上进行轮岗，同时也有机会参加许多正式的培训课程以增强他们的业务技能。欧莱雅还会安排一位导师为培训生提供职业发展的指导意见。

（4）"员工的职业发展"。这是一项基于每个员工表现和所具有潜力的基础上，着眼于员工未来长远发展的项目。集团的"有机"组织模式分布在多个品牌和国家，而欧莱雅的增长战略使我们能够为员工提供多元、广泛的职业机会。

2005年4月，欧莱雅将亚太地区唯一的管理发展培训中心迁至中国上海，此举是欧莱雅对中国人力资本进行持久而长期投资的一个重要部分。作为一个以人为本的企业，欧莱雅（中国）希望听到员工的声音，与员工分享公司所有的成功和进步；希望在互信、尊重和关爱的基础上创造一种合作、开放并高效的企业文化。在欧莱雅（中国）总裁盖保罗看来："要让公众信任公司，让员工有幸福感，无论从办公环境的硬件方面，还是公司文化的软件方面都能感受到公司给予的温馨，这样公司才能够获得更多。"

2012年12月，欧莱雅（中国）在上海升级了欧莱雅培训中心。这座7层楼的综合型培训中心含20个培训教室，能同时容纳600人接受培训。中心将致力于对美容顾问、发型师、销售和经理人员等各方面人才的培养，服务于欧莱雅在华所有四大业务部门和二十余个品牌，标志着欧莱雅对中国市场可持续发展的信心和承诺，也是欧莱雅（中国）对员工成长创造最优条件最好的体现。

除了为员工提供良好的职业培训与发展，促成员工的个人成长，欧莱雅（中国）也充分关注员工工作环境以及员工的家庭，以人为本，多方面关怀员工。

2008年底，全球金融风暴来势汹汹。许多企业不断削减成本以应对危机时，欧莱雅（中国）却特立独行地将其总部进行了搬迁，入驻上海南京西路上的顶级写字楼越洋广场，办公楼的其中一层，有专为员工设立的咖啡厅。同时，为了更好地满足员工对工作环境的要求，在装修设计上海总部时，170多名员工参与设计了办公环境。装修设计方案是公司高层管理委员会统一招标讨论的，而每一个管理人员都要统一其部门员工的意见对设计方案进行修改。

与欧莱雅集团一脉相传，欧莱雅（中国）也秉持着"家庭是员工身后的忠实支持者"的信念。正因为此，欧莱雅（中国）一直都致力于为员工改善家庭的生活状况。它与所有欧莱雅在其他国家的分支一样每年都要举行"家庭日"活动。在这个小小的欧莱雅节日里，员工们可以带着自己的家人来到办公室参观、游戏和联欢。2011年和2012年，欧莱雅（中国）分别以"保护地球，腾飞梦想"和"迷你奥运会"为主题，在"家庭日"开展了广泛而多姿多彩的活动，向未来的一代传递环保意识和低碳的健康生活方式。

在社区发展方面，欧莱雅认为通过参与社区发展，不但可以使更多员工和公众参与到可持续发展的活动中，而且能够以实际的活动为媒介，全面提高公众可持续发展意识，推广可持续性消费。为了实现这样的目标，欧莱雅（中国）多年来一直将促进科学教育、保护环境之美、投资教育公益和扶助弱势群体作为社区投资的战略领域。

1999年，欧莱雅（中国）参与并赞助了北京电视台大型电视系列片《环球绿色行》的拍摄，向中国观众展示了其一贯对环保的重视以及所作的巨大贡献。

2003年，欧莱雅（中国）开始与中国青少年发展基金会合作，协同全国主要高校，组织校园义卖助学活动。义卖所得款项全部捐赠给西部高校，设立"欧莱雅助学基金"，用于支持品学兼优的贫困女学生完成学业，为推动西部教育、鼓励人才投入西部开发建设，贡献欧莱雅的一份力量。到2012年为止，基金先后进入了15个城市的23所高校,累计捐赠助学金达1000万元,资助了近2600名贫困大学生,4500多名大学生成为义卖志愿者,是国内备受关注的年度校园公益活动品牌。

2004年,欧莱雅(中国)联合中华全国妇女联合会、中国科学技术学会和中国联合国教科文组织全委会设立了"中国青年女科学家奖"。该奖是欧莱雅和联合国教科文组织一同发起的"为投身于科学的女性"计划在中国的延伸。截至2012年,中国青年女科学家奖已经举办了9届,共有76名青年女科学家获得了此项殊荣,反映出欧莱雅(中国)对于促进科研发展的持续努力。

2006年,欧莱雅(中国)在宋庆龄故居,通过宋庆龄基金会向1万名贫困母亲捐赠了价值100万元的小护士护肤品,以感谢她们在艰苦条件下仍不懈承担着作为母亲的社会责任。

2008年,欧莱雅(中国)正式投入保护母亲河行动,并且独家赞助"母亲河奖"。"保护母亲河行动"是由共青团中央等国家八大部委,共同发起的一个面向青少年、动员全社会的生态环保公益活动。欧莱雅(中国)希望借这个活动能够在青年群体中深化环保意识教育,在公众群体中营造一种人人参与环保的氛围,呼吁大家共建美丽地球家园;并通过实现自身绿色运营,引导环保消费观念,从而推动整个社会的可持续发展。为了更好地资助青少年环保社团和鼓励网民参与环保行动,欧莱雅(中国)还于2010年成立了"保护母亲河欧莱雅基金",连续两年支持长江流域和黄河流域的青少年植树活动,并独家赞助全国青少年环保社团骨干培训和小额资助项目,已有千名青少年直接受益。

2009年,欧莱雅(中国)旗下的巴黎欧莱雅和沃尔玛(中国)宣布,把其在沃尔玛(中国)超市中男士清洁产品年销售额的一部分捐赠给四川,用于震后重建工作和贫困学生营养援助计划。而且,截至2012年,欧莱雅(中国)已经连续四年与沃尔玛(中国)进行合作,持续关注四川灾区的重建以及学生的健康成长。

2011年11月,欧莱雅(中国)携手中国性病艾滋病防治协会、中国美发美容协会,举行主题为"公益美发,携手抗艾"的"欧莱雅携手美发师抗击艾滋病"10周年活动。2001~2011年,在过去10年,"欧莱雅携手美发师抗击艾滋病"项目在全球向130多万名美发师进行了艾滋病预防知识培训,并鼓励他们向顾客义务推广预防艾滋病的知识，其中有4万多名中国美发师积极投身其中。

四、欧莱雅（中国）可持续性消费的未来展望

现在，中国站在经济和社会发展的十字路口。一方面，中国是世界上最重要的经济体之一，在过去30多年实现了经济的飞速发展。但是，随着越来越多的环境及社会问题的出现，高速发展的经济模式受到了挑战。相关政府部门充分考虑到目前中国面临的实际问题，在政策上扶持并加大投资绿色环保产业，如鼓励绿色能源的开发、节能措施的采取以及环境污染的防治等，以构建和谐社会，实现可持续发展。

而另一方面，中国正面临着发展中国家的普遍问题，比如城市化进程及过度消费等。就消费来说，由于中国经济的发展，产品种类日益丰富，中国消费者面临着越来越多的选择。在此基础上，中国消费者需要更加合理地进行消费，需要从过去单纯的价格导向，转变为考虑产品关联价值以及其是否具备可持续性。消费者也需要改变他们的消费行为，如对废旧报纸、包装等进行回收，选择更加高效能的电器，使用公共交通工具等，这些消费者行为都是可持续消费的具体组成部分。可持续消费是解决中国目前的环境和社会问题、实现可持续发展的前沿措施。

从前面欧莱雅的可持续消费之旅可以看出，欧莱雅从创始人开始就注重可持续消费观念，并在实践中也不断践行这一理念。而这一理念被欧莱雅很好地继承下来，并在百年的不断发展过程中形成了自己的可持续发展战略，更好地指导其在推进可持续消费工作方面的发展。作为欧莱雅集团的重要组成部分，欧莱雅（中国）也坚持可持续消费的理念。从欧莱雅自身来说，通过以研发出可持续的产品为基础，在采购以及生产过程中都注重保证产品的可持续性，通过可持续产品从根本上来实现可持续消费。同时，由于可持续消费不是仅靠企业就能实现的，在认识到消费者以及公众力量的重要性之后，欧莱雅也注重对员工以及社区进行可持续消费观念的传播，以改善员工以及社区群众对于可持续消费的认识，从而充分结合消费者的力量，让他们得以通过消费方式以及消费习惯的改变来更广地实现可持续性消费。

为了实现可持续性消费，满足于已有的成就是不可行的，因此，欧莱雅（中国）仍然致力于探索可持续性消费未来的发展道路，并且在集团以及自己现有经验基础上，提出了对未来可持续性消费发展的展望。

（1）推广品牌评估工具。欧莱雅已经开始运用品牌评估工具，可以让品牌在特定的环境、社会和经济的可持续发展中，更加清晰地了解目前的运营状况和未来的机遇。欧莱雅将继续完善品牌评估工具，并在特定品牌上进行测试。这一理念也将被应用于欧莱雅（中国）可持续性消费的实践。

（2）运用媒体资源引导消费者。在过去的可持续消费实践中，欧莱雅通过公司内部的视频资料对员工进行可持续性消费教育，欧莱雅（中国）会将这一方式进行拓展，通过传统媒体和新媒体等媒介向消费者传播可持续性消费主题，引导消费者进行可持续性消费。

（3）加强利益相关方沟通。在论坛及研讨会中，欧莱雅十分关注加强与不同国家的利益相关方的沟通，巩固合作关系，并在世界范围内的企业社会责任探索中发挥作用。2011年7月，欧莱雅在北京举办了利益相关方论坛，来自政府机构、非政府组织、知名学府及研究机构的专家、学者参加了论坛，就欧莱雅在中国可持续发展状况进行了热烈讨论。2012年，在印度和南非举办了利益相关方论坛后。2013年，欧莱雅集团将于法国总部举行利益相关方论坛，同年也将发布利益相关方交流平台。欧莱雅（中国）也将通过开展新的利益相关方论坛活动来推动可持续消费的实施。

（4）构建包容性增长商业模型。包容性增长商业模型作为核心商业盈利活动，可以为新兴市场中的弱势群体创造机遇。2013年，欧莱雅将在企业内发布"包容性增长商业模型"指南，系统性的推动可持续性消费理念在公司内的运作和体系完善。这一模型也将指导欧莱雅（中国）可持续性消费理论构建和业务执行。

然而，可持续消费道路仍在探索之中，作为一个负责任的跨国企业，欧莱雅可以运用其全球优势，将国外先进的可持续性消费经验引入中国，推进整个社会可持续性消费的发展。相信，只要整个社会能够充分认识可持续发展和可持续性消费，通过协同合作的努力，实现欧莱雅乃至整个社会"美丽中国"的永续发展指日可待。

附录三 中国可持续消费状况调查（2012）

A. 基本情况

A1. 请问您所在的城市？（　　）

1. 北京　　2. 上海　　3. 广州　　4. 武汉　　5. 成都　　6. 沈阳

A2. 请问您的性别？（　　）

1. 男　　2. 女

A3. 请问您的年龄？（　　）

1. 18 岁及以下　　2. 19~29 岁　　3. 30~39 岁　　4. 40~49 岁

5. 50 岁及以上

A4. 请问您目前的婚姻状况是：（　　）

1. 未婚　　2. 同居　　3. 已婚　　4. 离婚　　5. 丧偶

A5. 请问您的家庭规模（包括您自己在内的家庭常住人口数）是：（　　）

1. 1 人　　2. 2 人　　3. 3 人　　4. 4 人　　5. 5 人及以上

A6. 请问您的家庭目前的月收入是多少？（　　）

1. 2000 元以下　　2. 2000~3999 元　　3. 4000~5999 元

4. 6000~7999 元　　5. 8000~10000 元　　6. 10000 元以上

A7. 请问您的最高教育程度是：（　　）

1. 没有受过任何教育　　2. 小学　　3. 初中

4. 高中及中专/技校　　5. 大学专科　　6. 大学本科

7. 研究生及以上

A8. 请问您每月的消费支出平均为：（　　　　）

1. 1000 元以下　　　　2. 1000~1999 元　　　　3. 2000~3999 元

4. 4000~5999 元　　　　5. 6000~7999 元　　　　6. 8000 元以上

A9. 请问您的每年的消费支出中花销最大的三项是：（　　　　）（多选）

1. 食品　　　2. 衣着　　　3. 居住　　　4. 教育　　　5. 医疗保健

6. 交通　　　7. 通信　　　8. 文化娱乐　9. 其他（请说明_____）

A10. 花销最大的三项各占总消费支出的比例是：（　　　　）（假设您的总消费支出为100%）

（_____）%

A11. 请问您每月在购物中花费的时间为：（　　　　）

1. 基本不购物　　　2. 1~2 天　　　3. 3~4 天　　　4. 5 天以上

A12. 请问您经常去哪些场所购物？（　　　　）（可多选）

1. 便利店　　　　　　　　　　　　　2. 大中型超市

3. 仓储会员店（如沃尔玛、麦德龙等）　4. 专卖店

5. 购物中心/百货商店　　　　　　　　6. 批发市场

7. 社区周边固定摊位　　　　　　　　8. 其他_____

A13. 请问您是否上网购物？（　　　　）

1. 从不　　　2. 偶尔　　　3. 经常　　　4. 非常热衷于网购

A14. 请问您是否去过国外？（　　　　）

1. 是，出国事项_____（如学习、工作、旅游、出差等）

2. 否

B. 消费认知与消费习惯

B1. 请问您是否听说过可持续消费？（　　　　）

1. 从未听说　　　　　　　　2. 听说过但不清楚其含义

3. 听说过且了解其含义

B2. 请问您是否赞同以下描述？

	完全赞同	比较赞同	说不清	比较不赞同	完全不赞同
a. 消费是个人的事，与社会、环境的关系不大（SS：个人，他人，自然）					
b. 企业是否对社会、环境负责任与消费者的关系不大					
c. 消费者可以通过购买选择影响企业的经营行为，使企业更负责任					
d. 消费者可以通过购买选择和消费行为让环境更加美好					
e. 中国企业总体来说是负责任的企业					

B3. 请谈谈如下描述是否符合您的消费行为。

	完全赞同	比较赞同	说不清	比较不赞同	完全不赞同
a 我购买的冰箱、空调或热水器是节能电器					
b. 我购买的洗衣机或抽水马桶是节水产品					
c. 使用水时，我都节约用水					
d. 我倾向购买采用新技术开发的新产品					
e. 我经常购买具有"绿色标志"的食品					
f. 我经常购买有"环境标志"的日化用品					
g. 我经常购买简约、环保包装的产品					
h. 我乐于购买新能源产品，如太阳能电器、电力车等					
i. 我购物时拒绝使用塑料袋					
j. 我会尽量少购买一次性消费品					
k. 如果家具、家电坏了，可以维修的话，我都会维修后继续使用					
l. 我通常会将垃圾分类，再放入相应的垃圾桶					
m. 我拒绝购买由珍贵动物皮毛制作的衣服					
n. 我拒绝进食珍稀动物					
o. 我尽可能缩短淋浴时间					
p. 我尽可能使用水瓶反复装水而不是购买瓶装水					
q. 我会在购买个人护肤品之前检查产品成分					
r. 我会购买自然有机的食品					
s. 上班时，我会骑自行车，或者使用公共交通工具或者步行，而不是驾驶汽车					

B4. 您如何确认产品说明的真实性？（　　　）（可多选）

1. 独立的第三方认证　　　　　　2. 产品包装上的标志

3. 公司广告　　　　　　　　　　4. 公司网站

5. 消费者评价、评级、博客或留言板　6. 企业社会责任报告

7. 产品体验　　　　　　　　　　8. 电影或纪录片

9. 朋友、家人或同事　　　　　　10. 政府监督

11. 产品成分　　　　　　　　　　12. 网络搜索

13. 媒体报道　　　　　　　　　　14. 社交网络

15. 产品包装　　　　　　　　　　16. 不知道

17. 都不是

B5. 哪些组织应该为可持续发展出力？（　　　）（可多选）

1. 政府　　　　2. 企业　　　　3. 消费者　　　　4. 非政府组织

5. 慈善组织　　6. 其他（　　　　　）

B6. 请问您选购绿色产品最主要的考虑因素是（　　　）（可多选）

1. 从使用安全性考虑　　　　　　2. 从保护环境考虑

3. 从使用成本考虑　　　　　　　4. 跟随时尚潮流

5. 对绿色产品有更好的理解　　　6. 更容易获得

7. 我因此获得了奖励　　　　　　8. 其他（请说明　　　　　　　）

B7. 以下关于绿色产品的特征，您在购买时最看重的是（　　　）（可多选）

1. 产品材料对人体无害　　　　　2. 产品材料可再生、可回收

3. 产品使用过程节能节水，无污染　4. 产品垃圾对环境污染小

5. 产品生产过程中，企业节能节水，无污染

6. 都不关心

B8. 您不选购绿色产品的主要原因是（　　　）（可多选）

1. 与非绿色产品相比价格较高　　2. 不信任所谓的绿色产品

3. 不清楚绿色产品和非绿色产品的差异

4. 其他（请说明　　　　　　　）

B9. 请问您通常如何处理产品包装？（　　　）

1. 直接抛弃　　　　　　　　　　2. 留着多次使用，最终抛弃

3. 留着多次使用，最终进行废品回收　　4. 直接进行废品回收

5. 其他（请说明_____）

B10. 请问您如何处理过时，但依然可以使用的物品？（　　　）

1. 直接抛弃　　　　　　　　　　2. 留着多次使用，最终抛弃

3. 送人　　　　　　　　　　　　4. 其他（请说明_____）

B11. 请问您如何处理使用寿命终结的产品？（　　　）

1. 直接抛弃　　　　　　　　　　2. 废品回收站卖掉

3. 其他（请说明_____）

B12. 请问您如何处理寿命终结，但随意丢弃可能对环境造成重大污染的产品，如废电池、废弃节能灯等？（　　　）

1. 直接抛弃　　　　　　　　　　2. 废品回收站卖掉

3. 交由专门回收组织处理　　　　4. 其他（请说明_____）

C. 企业形象、产品特征与消费行为[①]

C1. 请问您在日常购物或者选择服务时，是否会在意生产商或者服务商的社会形象？（　　　）

1. 完全不会　　　2. 偶尔会　　　3. 经常会　　　4. 非常在意

C2. 请问您平常了解企业社会形象的渠道主要有哪些？（　　　）（可多选）

1. 企业自身的宣传材料　　　　　2. 媒体报道

3. 政府认证　　　　　　　　　　4. 专家学者的研究报告

5. 朋友的讲述　　　　　　　　　6. 自己亲身体验

7. 其他（请说明_____）

---

① 这一部分主要着眼于四个问题：一是企业形象、企业认同感是否影响消费行为；二是消费者是否关注各类企业社会责任信息；三是消费者所了解的各类社会责任信息是否会纳入消费决策的考虑因素中；四是消费者愿意为各类负责任的企业行为承担多少额外支出。

C3. 请问目前能让您产生认同感的企业是否多?（　　）

1. 非常多　　　　2. 比较多　　　　3. 比较少　　　　4. 非常少

C4. 请您说出让您认同感最高的一家企业名，以及为什么您对这家企业的认同感最高呢?

企业名：_____

_____

认同原因：_____

_____

C5. 请问以下哪一种企业最有可能让您产生认同感?（　　）

1. 成功的企业　　　　　　　　2. 被评价很高的企业

3. 值得信任的企业　　　　　　4. 有责任感的企业

5. 都不会产生认同感

C6. 请问对于您认同的企业，您会（　　）（可多选）

1. 关注这家企业的相关信息和发展状况

2. 向他人传播有利于这家企业的正面信息，推荐这家企业的产品和服务

3. 将这家企业作为购买相关产品和服务的优先选择

4. 愿意尝试企业推出的新产品和新服务

5. 其他_____

C7. 请问在您购物时，是否关心以下关于企业的信息?

	非常关心	比较关心	说不清	不太关心	完全不关心
a. 企业不与员工签合同，不办保险，克扣工资					
b. 企业出现生产安全事故，造成员工伤亡					
c. 企业男女不平等，歧视女员工					
d. 企业严重亏损					
e. 企业偷税漏税					
f. 企业贿赂官员或商业伙伴，不正当竞争					
g. 企业生产中高耗能，消耗大量资源					
h. 企业生产中污染环境，破坏生态平衡					
i. 企业压榨供应商					
j. 企业在产品研发、试验中残害动物					
k. 企业剽窃知识产权，窃取商业机密					

续表

	非常关心	比较关心	说不清	不太关心	完全不关心
l. 企业一毛不拔，拒绝捐赠，不回报社会					
m. 企业发布虚假信息，欺骗客户					
n. 企业泄露客户信息，买卖客户数据					
o. 企业产品质量有问题，存在安全隐患					
p. 企业售后服务质量不尽如人意					
q. 企业产品不环保，使用过程中会污染环境					

C8. 请问当您最为认同的企业发生了一起您所关心的负面信息时，您会？（　　）（可多选）

1. 抵触负面信息，帮助企业辩驳
2. 忽视负面信息，坚持选择该企业的产品和服务
3. 感到自己受到了欺骗，改变对企业的看法
4. 近期避免购买该企业的产品和服务，过后仍然会购买
5. 此后都会尽量不购买该企业的产品和服务
6. 其他_____

C9. 请问您是否赞同以下描述？

	完全赞同	比较赞同	说不清	比较不赞同	完全不赞同
a. 如果一家企业的规模和利润在行业内处于领先水平，我会优先购买它的产品和服务					
b. 如果一家企业积极保护消费者权益，我会优先购买它的产品和服务					
c. 如果一家企业在研发、创新方面表现卓越，我会优先购买它的产品和服务					
d. 如果一家企业积极参加慈善捐赠和社会公益事业，我会优先购买它的产品和服务					
e. 我会因为一个新品牌的公益事业推广举措而尝试该品牌或服务					
f. 如果一个产品或服务销售收入的一部分将用于特定的公益事业，我会优先购买该产品和服务					
g. 如果一家企业爱护环境、投身环保事业，我会优先购买它的产品和服务					
h. 如果一家企业切实保护员工权益，我会优先购买它的产品和服务					

续表

	完全赞同	比较赞同	说不清	比较不赞同	完全不赞同
i. 如果一家企业大幅亏损，我会拒绝购买它的产品和服务					
j. 如果一家企业侵害消费者权益，我会拒绝购买它的产品和服务					
k. 如果一家企业拒绝捐赠，不回馈社会，我会拒绝购买它的产品和服务					
l. 如果一家企业对环境造成了严重的破坏，我会拒绝购买它的产品和服务					
m. 如果一家企业压榨员工，我会拒绝购买它的产品和服务					
n. 如果一家企业贿赂官员或商业伙伴，我会拒绝购买它的产品和服务					
o. 如果一家企业剽窃知识产权，窃取商业机密，我会拒绝购买它的产品和服务					
p. 如果一家企业偷税漏税，我会拒绝购买它的产品和服务					

C10. 请问当在您选购产品时，了解到以下关于产品甲的信息，那么在产品功能相同的情况下，您最多能够接受产品甲高出一般产品百分之多少的价格？

	5%	10%	20%	50%	只要价格高出一般产品，就不能接受
a. 产品甲的生产企业的规模和利润在行业内处于领先水平					
b. 产品甲的生产企业切实保护员工权益					
c. 产品甲的生产企业热心公益慈善					
d. 产品甲销售收入的一定比例将用于指定的公益事业					
e. 产品甲的生产企业在研发方面处于行业领先					
f. 产品甲的生产过程注重使用可再生能源，节约资源					
g. 产品甲的生产过程将对环境的污染降至最低					
h. 产品甲使用的材料都可循环、可回收再利用					
i. 产品甲未使用任何对人体有害的物质					
j. 产品甲经过严格试验、检验，质量有保证，安全性高					
k. 产品甲的使用过程消耗能源、资源少					
l. 产品甲售后服务体系健全，服务质量好					

后 记

《中国可持续消费研究报告（2012）》是在多方努力与支持下共同完成的。欧莱雅（中国）有限公司为本书提供了鼎力支持。

本书的内容结构和技术路线由钟宏武、张蒽共同拟订。总报告、调查篇的数据来源于中国可持续消费网络问卷调查，问卷由张蒽、许英杰设计，调查实施和数据库构建由益普索（IPSOS）完成。

第一章"概论"由姜天波、钟宏武、张蒽、许英杰共同撰写。第二章"可持续消费问卷调查概述"、第三章"中国可持续消费基本特征"、第四章"中国企业形象、产品特征与消费行为"由许英杰撰写。第五章"中国可持续消费指数"、第六章"进一步推动中国可持续消费发展"由孙青春撰写。附录一"中国消费者可持续消费指引"由姜天波、张德志、李健撰写；附录二"欧莱雅（中国）的可持续消费之路"由任咸咸、姜明整理；附录三"中国可持续消费状况调查"由张蒽整理。全书由张蒽审阅、修改和定稿。人力资源与社会保障部国际劳工研究所副所长张俊峰、国资委研究局一处副处长陈锋、北京工商大学经济学院副教授郭毅、商道纵横总经理郭沛源、中国消费者协会消费指导部主任张德志、中国消费者协会商品和服务评价委员会负责人李健等专家学者对本书提出了宝贵意见。

中国可持续消费的研究起步不久，还有很多的问题有待探索和解决。希望各行各业的专家学者、读者朋友不吝赐教，以推动中国企业社会责任更快、更好地发展。

中国社会科学院经济学部企业社会责任研究中心

2012 年 12 月